U0087897

智利史

Chile

山海環繞的絲帶國

何國世——著

三民書局

自 序

　　讀歷史，可以讓我們獲取經驗、記取教訓、激盪思考，更可以讓我們敞開胸懷。智利地處美洲大陸的最南端，對國人而言，她是非常遙遠且陌生的國度。然而，智利擁有豐富的礦產、森林以及漁業資源。而且，智利是世界上產銅和出口銅最多的國家，享有「銅礦王國」的美譽。

　　2017 年 10 月，獲得靜宜大學的資助，個人首次遠赴智利，以締結姊妹校並為學生尋找更多的企業實習機會。在近一周的行程中，對其教育素質、人文及民主發展，以及首都聖地牙哥的整潔有序及進步繁榮，留下美好且深刻的印象。基於這樣的感受以及對智利歷史的熱愛，2021 年 3 月，再度與三民書局簽約合作，利用課餘的零星時間，研讀、整理最近幾年蒐集的資料，開始撰寫《智利史——山海環繞的絲帶國》。

　　從本書的目次，讀者會發現筆者並沒有特別偏重描述智利史的某一個時期，更沒有偏重近代史，儘管近代史常被認為特別鮮活與真切。筆者認為，歷史就像一道長河，古往今來任何時期的歷史應該都沒有輕重之分。本書內容以政治、經濟為骨幹，讓讀者能了解歷史發展的脈絡。此外，筆者也非常注意社會現象、文化生活等方面的敘述。

　　本書共九章。第一章「豐富多彩的自然與人文」，綜論智利的
地理與氣候、教育、文化與民情風俗、豐富的飲食文化、自然資
源、經濟發展與對外貿易，以及政治制度與對外關係。第二章「西
班牙的征服與殖民」，則先描述原始居民與馬普切人、再論美洲的
發現與對智利的探險及征服，以及西班牙殖民統治時期智利的發
展狀況。第三章「獨立運動與初期的發展」，主要在闡述殖民統治
末期、獨立運動與獨立初期智利的情勢。第四章「專制共和國與
自由共和國 (1830–1891)」，主要描述保守派與自由派前後執政的
影響。第五章「議會共和國——矛盾與衝突 (1891–1925)」，筆者
敘此時期智利的政治、社會變革及經貿發展。

　　至於第六章「民主實驗——保守與激進 (1925–1958)」，旨在
闡述此時期智利的政治運作、經濟發展與社會變遷。在第七章「保
守、改革與社會主義革命 (1958–1973)」中，我們將討論智利整體
的社會形勢發展，以及亞力山德里政府、基督教民主黨執政與阿
彥德的社會主義政府執政狀況及影響。第八章「軍人統治與民主
轉型 (1973–1999)」，主要在說明皮諾契特軍人統治與新自由主義
的實施，以及之後的民主轉型。最後一章，「迎接二十一世紀——
機會與挑戰 (2000–)」，主要闡述二十一世紀初期二十年拉戈斯、
巴契萊特及皮涅拉政府的施政與影響，以及智利未來面臨的挑戰
與機會。

　　歷史的解釋與時俱進，考據的新發現、新時代面對的新問題
等，不同時期會有不同的看法。本書之作，論點與描述大多是參
考有關智利的各種書籍、期刊及網路資料。由於時間倉促，書中

錯誤在所難免,盼讀者不吝賜正。

　　本書能順利完成要特別感謝內人曾素真及家人的鼎力支持。此外,特別感謝三民書局的編輯群和提供我寶貴資料的靜宜大學蓋夏圖書館。

何國世
2022 年 9 月於臺中大肚山麓靜宜大學西班牙語文學系

智利史
山海環繞的絲帶國

目 次 | *Contents*

Chile

第 I 篇

土地、人民與文化

第一章 | *Chapter 1*

豐富多彩的自然與人文

第一節　地理與氣候

一、國土變遷

　　歷史與地理決定智利奇特的形狀，不同時期，有不同疆界。十六世紀征服時期，如果西班牙人成功從大西洋岸開拓殖民地，智利很可能就成為阿根廷的一部分，然而兩次嘗試都告失敗。因此，征服者決定從北方的秘魯到智利探險與征服。他們先降伏馬普切 (Mapuche) 人，並將開拓的殖民地併入秘魯總督區。之後，智利成為殖民者向東擴張的基地。1550 年代，征服者越過安地斯山，並在庫約 (Cuyo) 地區建立城市，使智利的疆土更寬廣。1776 年，西班牙國王調整行政劃分，將庫約劃歸布宜諾斯艾利斯 (Buenos Aires) 管轄。但是庫約現今依然與智利維持聯繫，貿易與人員也往來不斷。

　　1818 年獨立後，智利的疆界曾多次變遷。世界及智利經濟的發展，促成智利政府將邊界向南北推移。1840 至 1850 年代，政府主導彭塔阿雷納斯 (Punta Arenas) 和南部湖區的墾殖活動。而硝石礦的開採以及爭奪阿塔卡馬 (Atacama) 沙漠地區，則將邊界向北推進。特別是在太平洋戰爭，智利打敗秘魯及玻利維亞後，又兼併兩國不少的領土，也造成玻利維亞失去出海口。後經談判，確定阿里卡 (Arica) 以北為智利與秘魯的邊界。此外，根據 1881 年《智利－阿根廷條約》，劃定兩國以安地斯山峰及分水嶺為邊界。再者，太平洋戰爭結束後，智利軍隊占領馬普切人的領地，疆界再向南推進。

　　二十世紀初，智利政府鼓勵國民前往巴塔哥尼亞 (Patagonia) 西部地區屯墾。上述系列活動，奠定智利現行的疆界範圍。至於 1980 年代對麥哲倫海峽歸屬之爭，最後經過仲裁，獲得解決。❶此外，智利的國土還包含位於太平洋的胡安·費南德茲群島 (Archipiélago Juan Fernández) 及復活節島 (Rapa Nui)，並主張擁有南極洲的部分土地。為了開墾這麼狹長的國土，在十九及二十世

---

❶　自 1881 年以來，智利宣稱麥哲倫海峽周邊島嶼為其所有。1904 年，阿根廷首次提出這些島嶼是其領土。多年來，經過兩國的直接談判以及國際法庭的仲裁都無法解決。最後，由教宗若望保祿二世 (Pope John II, 1920–2005) 調解，兩國於 1984 年簽訂《和平友好條約》。阿根廷承認皮克頓島 (Picton)、倫諾克斯島 (Lennox)、努埃瓦島 (Nueva) 及島嶼周圍三海浬的領海權歸智利所有，但是阿根廷在三島海域航行及捕魚，智利不得干涉。

秘魯

玻利維亞

巴拉圭

智利

太 平 洋

阿根廷

■聖地牙哥

大 西 洋

復活節島

福克蘭群島(英)

圖 1：智利地圖

紀，智利政府運用類似美國開拓西部地區的獎勵辦法，補貼移居南部地區的國民。此外，智利政府在國土最南北兩端設立免稅港口，對願意到該艱困地區工作的公務人員加薪及資助通訊網路。十九世紀，智利政府修築貫通南北的鐵路，而二十世紀則又修築了泛美公路 (Pan-American Highway)。

二、地理位置與地形地貌

在古代印第安人克丘亞語和阿依馬拉 (Aymara) 語中，智利意即「世界邊緣」、「遙遠的人民」。智利遠處南美洲的邊緣，四周又為安地斯山與遼闊無邊的太平洋所包圍，因而有「世界邊緣」之稱。此外，智利是古印第安語的「雪」字轉化而來，寓有「寒冷國家」之意，這可能是因為智利的南端地區接近南極，天氣較寒冷的緣故。智利的人口與面積雖然遠比巴西及阿根廷少很多，但是因為資源豐富，工業較發達，過去曾與這兩國被譽為南美洲 ABC 三大強國。

智利位於南美洲南端的西側，東邊是雄偉的安地斯山，西邊是廣闊的太平洋，北與秘魯接壤，南端接近南極圈，總面積七十五萬六千六百二十六平方公里 (含島嶼面積)。智利是世界最狹長的國家，從最北的城市阿里卡，到南部的火地島 (Tierra de Fuego)，南北長四千二百多公里，東西寬僅九十～三百六十多公里。智利南端伸入海洋，形成許多大大小小的峽灣與島嶼，群島最南端是合恩角 (Cabo de Horno)。穿過火地島再往南，就是冰天雪地的南極大陸。此外，在太平洋上有復活節島等諸多島嶼。

　　智利地形大致是由南北走向互相平行的三條並列帶所構成。東面為高峻的安地斯山脈，約占智利東西寬度的三分之一。安地斯山脈由北向南分為三部分：寬闊高原、中部較窄高原和南部安地斯山區。安地斯山多火山，地震頻繁，其南部和北部的斜坡形態有很大差異，最北部有平均三千公尺高的臺地，往南不但平均高度低，而且山脈的寬度也逐漸變窄。從此開始一直延伸到巴塔哥尼亞、火地島，其地勢高度往南逐漸下降。

　　智利西面為與安地斯山脈平行，全長三千一百公里的海岸山脈，極大部分地段是沿著海岸延伸，向南伸入海水，形成眾多的沿海島嶼。根據海岸線的不同，西部地形可劃分為北部海岸和南部海岸。北部海岸較為平直，缺少變化，天然港灣少；南部海岸線曲折，擁有凹入的海灣、狹窄的峽灣及無數的群島，港灣眾多。

　　智利狹長的國土可分為三部分：1.北部是阿塔卡馬沙漠地區，是全世界最乾旱的地區，舉世聞名的硝石和銅都蘊藏在此地區；2.中部是工農業中心和重要城市所在，其地形是一個大谷地，南北長九百多公里，海拔約一千二百公尺左右，土壤肥沃。此地出產大量的小麥、玉米、稻米、大麥，有「智利穀倉」之稱。全國有三分之二以上人口集中在此地，是殖民時期也是今天智利的重心。首都聖地牙哥 (Santiago) 也坐落於此；3.南部是多雨地帶，到處遍布湖泊及原始森林，是全國木材工業的原料基地；此地也蘊藏豐富的鐵礦，南端的火地島產石油。

　　至於復活節島，位於南太平洋東部，遠離智利海岸三千九百公里左右，以擁有許多巨大石雕聞名。復活節島上多山，有火山

口，山不高。島上沒有河流，只有一些水塘，植物十分貧乏，孤島的環境使動物非常有限。該島屬亞熱帶氣候，年平均氣溫為22°C。1722年，荷蘭探險家雅可布‧洛基文 (Jacob Roggeveen, 1659–1729) 海軍上將率三艘船隻遠航南太平洋，於4月5日在該島登陸，適逢耶穌復活紀念日，就命名為復活節島。但英國人認為是該國探險家戴維斯（Edward Davis，生卒不詳）發現復活節島，他早在1688年便已捷足先登。

三、河流與湖泊

智利境內的河川都發源於安地斯山脈，河道短促，水流湍急，絕大部分不宜航行。發源於智利北部安托法加斯塔省 (Antofagasta) 安地斯山脈的洛亞河 (Río Loa)，全長四百四十公里，是智利最長的河流，但不能通航。該河先由北向南流，而後向西呈一弧形再流向北，流經阿塔卡馬沙漠，再向西穿越海岸山脈，注入太平洋。河水灌溉沿岸綠洲，同時供給安托法加斯塔省居民的飲用水。上游建築水力發電站，主要供給附近銅礦及硝石礦區用電。

位於中部地區的馬波河 (Río Maipo) 橫貫聖地牙哥省，全長二百五十公里。每年11月至隔年2月是漲水期，河水灌溉兩岸農田，同時也提供首都聖地牙哥居民的飲用水及工業用水。而南部地區的主要河流，是位於康塞普西翁省 (Concepción) 的比奧比奧河 (Río Biobío)，它把智利中央谷地分為景觀不同的南北兩部分。該河向西北流向肥沃的中央谷地和海岸山脈的橫向谷地，在康塞

普西翁城附近注入阿勞卡灣，全長三百八十六公里，是智利第二大河流。河中多沙洲，河水除灌溉農田，也提供大量工業用水及發電。比奧比奧河以南的湖區和海峽地區，河流密布、短促，但水量充沛、湍急，適宜發電。此外，該地區由於雨水及冰雪融化，形成許多山間瀑布，也有利於水力發電。

　　智利北部有若干鹹水湖，全年大部分時間處於乾涸狀態。比奧比奧河以南有一系列風景優美的湖泊，由北向南分布在考廷 (Cautín) 及揚基緯 (Llanquihue) 兩省境內。卡雷拉將軍湖 (Lago General Carrera) 是冰川沉積物形成的湖泊，被智利與阿根廷兩國環抱，總面積約一千八百五十平方公里，其中有九百七十八平方公里位於智利境內，是智利最大湖泊；揚基緯湖 (Lago

圖 2：卡雷拉將軍湖

Llanquihue) 面積八百七十八平方公里，則是智利第二大湖泊。智利南部湖泊景色優美，使其成為重要旅遊中心，有「智利的瑞士」美稱。此地區有一些大湖橫跨安地斯山脈以及智利與阿根廷邊界地區，湖中經常有兩國船舶航行。跨越這兩國的湖泊，分別經智利與阿根廷，注入太平洋與大西洋。

四、氣　候

智利地處南半球，從首都聖地牙哥出發，向北天氣越來越熱，向南則越來越冷。整體而言，大部分地區是海洋性氣候。智利由北向南形成五大氣候區：熱帶沙漠氣候、地中海氣候、森林氣候、大西洋沿岸氣候及群島氣候區。北部地區大部分是沙漠，屬熱帶沙漠氣候，是地球最乾旱的地區之一。受冷熱潮流交會影響，這一帶常會出現濃密的濕霧，有利草木生長。

智利中段地區大致位於南緯 30°–43° 之間，是冬季多雨、夏季乾燥的地中海型氣候，年平均降雨量三百～三百五十公釐，年均溫為 16°C，溫差不大。此地區土壤肥沃氣候適宜，是智利的穀倉，全國大部分人口集中在此區。此區氣候與植被，與西班牙地中海地區相似，所以在殖民時期就吸引大批西班牙殖民者定居；目前也是智利的政治、經濟與文化中心。此區及南緯 37° 以南屬全年多雨的溫帶海洋性氣候。年降雨量一般為一千～二千公釐，南部迎風坡可高達三千公釐以上，風大，雨日多，氣候陰冷潮濕。河水以降雨補給為主並有冰川湖的調節，水量充沛穩定。遍布山毛櫸等闊葉組成的溫帶森林，有很大的開發價值，是智利木材工

業的原料基地。

　　南緯 45° 以南是智利群島區。此地氣候寒冷，潮濕多雨，自然條件惡劣，生存條件差，居民稀少。再往南，年降雨量高達五千公釐。群島西部，除布滿海峽和島嶼外，無人居住。最南端屬寒帶氣候，多雪，長年刮風，非常寒冷，近南極地區更甚。智利大西洋沿岸氣候則位於智利最南端安地斯山脈的東邊，麥哲倫海峽的西部，氣候與智利群島區截然不同，具有阿根廷南部氣候的特點。此區因為畜牧業的發展及石油工業的興起，在智利的重要性不斷提高。

第二節　教育、文化與民情風俗

　　智利人口總數為一千九百一十二萬，其中印歐混血最多，占75%，白人占 20%，印第安人占 3%，其他人占 2%。平均人口密度約為每平方公里十六人，但卻嚴重失衡。中央谷地的瓦爾帕萊索 (Valparaíso)、聖地牙哥、奧希金斯 (O'Higgins) 三個地區的面積雖僅占全國約 6%，人口卻占全國總數的 54%。而且，智利人大多數居住在城市。印歐混血人種是智利居民的主要成分，大多是西班牙及英、德、義、南斯拉夫等國移民的後裔。智利的官方語言為西班牙語，但在印第安人聚集區則使用馬普切語。此外，智利民眾以信仰天主教為主，但是周日前往教堂望彌撒者不多。

一、教育與文化

　　在拉丁美洲國家中，智利算是教育較發達的國家之一。智利政府非常重視教育，經費主要來自中央政府的預算，占總預算的12%，文盲率較低，約為 5.75%。智利政府十分重視培訓教師及專業人才，並從 1975 年起，免費培訓林業職工，在大學設立森林系，專門培養高等林業專門人才。目前，智利教育的主要問題是學校招生人數減少、教育質量下降。

　　智利的文學與藝術在世界上享有盛譽，其文學成就非凡，人才輩出。著名詩人米斯特拉 (Gabriela Mistral, 1889–1957) 於 1945年，以富有強烈感情的抒情詩歌，成為拉丁美洲首位獲得諾貝爾文學獎殊榮的作家， 晚年曾出任智利駐聯合國特使 ；而聶魯達 (Pablo Neruda, 1904–1973) 則以政治詩歌聞名於世，開創了拉丁美洲詩歌欣欣向榮的新階段。他以豐富的感情、想像和詞彙，表達對自然、祖國及人民的熱愛，並討論社會及人生的重大問題，成功將文學創作與當代社會問題結合在一起。聶魯達的詩作具有自然力般的作用，復甦美洲大陸的命運及夢想，並於 1971 年榮獲諾貝爾文學獎。

圖 3：米斯特拉　1889 年 4 月 7 日，米斯特拉出生於聖地牙哥北方的維庫納鎮 (Vicuña)。她自幼生活清苦，僅讀過小學，之後靠擔任小學教師的同父異母姊姊的輔導和自學獲得知識。1906 年，在小學任教時，和鐵路職員羅梅里奧・烏雷特 (Romelio Ureta, 1883–1909) 相識並相戀。婚前，對方拋棄了她，另有所愛。1909 年，烏雷特因不得志而舉槍自殺，對米斯特拉造成嚴重的打擊，自此她立誓終身不嫁，對死者的懷念和個人憂傷成了她初期詩歌創作的題材。1914 年的《死的十四行詩》即這時期的代表作之一。

米斯特拉也是優秀的外交官和教育改革者。1922 年，她應邀到墨西哥協助當地教育部推動教育改革。同年，紐約西班牙學院 (Instituto de las Españas) 出版她的第一本詩集《絕望》，1924 年又出版詩集《柔情》，因而一舉成名，且社會地位和經濟條件大幅改善。1925 年退休時，智利政府提供她優渥的條件。隨後，她應邀赴美講學，回國後進入智利外交部任職，並先後派駐義大利、西班牙、葡萄牙、比利時和美國等地。在繁忙的外交公務中，她仍堅持文學創作。

為了打破自身情感痛苦絕望後的孤寂，米斯特拉強迫自己走上遠程的旅途，自我放逐式地遊走世界各地。這雖非最佳的選擇，但至少讓生活始終處於流動的狀態。1938 年，在發表第三本詩集《有刺的樹》後，詩的內容和風格有顯著的轉變。自此，她開放自己，擴展胸懷，將個人的歎息和沉思轉向博愛和人道主義，憐憫窮苦的婦女和孤獨者，並為受壓迫與被遺棄的人們打抱不平。

1945 年，她榮獲諾貝爾文學獎，是拉丁美洲首位諾貝爾文學獎得主，也是至今拉丁美洲唯一的女性得主。1951 年，她獲得智利的國家文學獎。1957 年 1 月 10 日，米斯特拉因癌症在美國紐約長島逝世。她遺言葬在智利北部蒙特格蘭德 (Monte Grande) 的山谷裡，希望藉此讓那裡的窮孩子以及與世隔絕的小村莊，不會被祖國智利所遺忘。

圖 4：聶魯達　1904 年 7 月 12 日，聶魯達出生於智利中部的小鎮帕拉爾 (Parral)。他的母親在他出生兩個月後，因嚴重的肺結核去世，父親再婚。聶魯達與繼母感情深厚，所以他寫作許多詩作獻給繼母。

十歲時，聶魯達就開始寫詩，諾貝爾文學獎得主米斯特拉是他的啟蒙老師。十三歲時，聶魯達的第一篇文章在《明日》雜誌上刊登。1920 年，他開始使用筆名聶魯達在雜誌發表短文和詩。1924 年，年僅十九歲的聶魯達，以詩集《二十首情詩和一首絕望的歌》一舉成名，這本浪漫詩集也成為他的代表作之一。

除了是傑出的詩人，聶魯達也是出色的外交人員。他遊歷多國，並出版《熱情的投擲手》和《土地的居民》。在這兩部詩集中，聶魯達在寫作技巧及思想上都有重大突破。西班牙內戰爆發，聶魯達的西班牙詩人朋友洛爾卡 (Federico García Lorca, 1898–1936) 被殺，這兩件事情促使他投身於民主運動。在 1938 年駐法期間，他幫助大量西班牙難民前往智利定居。

聶魯達是共產主義者，他於 1945 年 7 月正式加入智利共產黨。同年，

他當選議員，卻在公開反對被極端右派掌控的智利政府後，遭驅逐出境，逃往墨西哥。放逐生活後期，他住在義大利海邊的小鎮，繼續寫詩創作、抒發心情。當 1952 年右派政府垮臺後，聶魯達回到智利。1959 年，聶魯達以詩集《英雄事業的讚歌》，熱情歌頌領導古巴革命勝利的卡斯楚。他曾在 1969 年被智利共產黨提名為總統候選人，但為了智利左翼的團結而退出競選。

政治與愛情是聶魯達一生的兩大主題。聶魯達有三段婚姻，1955 年二度離異後，他遇到摯愛、智利女歌手烏魯提亞 (Matilde Urrutia, 1912–1985)。1960 年出版的詩集《一百首愛情十四行詩》，便是獻給烏魯提亞。他們在 1966 年結婚。1973 年 9 月 11 日，智利爆發軍事政變，左派倒臺，聶魯達的住所遭洗劫。同年 9 月 23 日，聶魯達因白血病與世長辭。

　　在殖民前，智利土著藝術的質量都很有限。被征服後，建築風格深受歐洲影響，但也融入當地環境的特色。在殖民時代，智利的建築大都是防禦性建築。到了十八世紀，建築裝飾增多；而十八世紀中期，則傳入洛可可建築風格，新古典主義建築風格也出現在聖地牙哥。1920 年後，智利出現文化的復興，現代建築雖不是很普遍，但已達到一定的水準。此外，智利的音樂文化，既有印第安的傳統，又受歐洲音樂的影響。因為國土狹長，各個地區有不同的音樂風格，像北部與秘魯及玻利維亞接壤，保有較多印加文化的遺跡，而中部首都地區則深受歐洲音樂的影響。

　　智利是拉美國家中文化水準較高的國家之一。首都聖地牙哥是全國文化中心，有眾多的美術館及圖書館，其中智利國家圖書館，規模為南美洲第一。報紙發行量高，其中《信使報》(*El*

Mercurio），是智利最大的西班牙文日報，也是拉丁美洲歷史悠久的報紙之一。而主要的廣播及電視臺有：國家電臺、電視臺、礦業電臺、智利大學電視臺、天主教大學電視臺等。

二、民情風俗與節慶

1.民情風俗

　　智利人勤勞的特質承襲自西班牙巴斯克、加泰隆尼亞人以及德國人。此外，從智利人多次參與太平洋戰爭等國際爭端，也窺見智利人的好戰精神。而原住民馬普切人於 1882 年以前誓死抵抗外來的侵略，又是另一例證。

　　在智利北部地區的印第安人，流行捉迷藏擇偶的奇特婚姻習俗。每年的秋末冬初，遠近的人們群聚載歌載舞盡情歡樂。到了深夜，年輕女子蒙上眼睛，一陣歌舞狂歡後，開始捉迷藏，女子捉到哪個男士就是她的配偶。雖然這種結合是盲目的，但是這裡從沒有發生過逃婚、離婚的現象。而馬普切人是印第安人的一支，他們的皮膚要比美洲其他印第安人白，婦女一般也都很美麗。因為婦女可以買賣，馬普切人歷來有一夫多妻的情況。女孩猶如父親手中的商品，可以任意支配。婚禮實行搶婚，因為人們認為女孩子假裝不同意，用暴力來搶才體面。而孕婦不能在家分娩，也是馬普切人獨特的風俗。分娩之前幾天，孕婦就得隻身搬到河邊去住，直到孩子出生。孩子生下後，用河水洗乾淨，再用布裹好，背在身後，才能回家。

　　另外，在智利也有許多精美的手工藝品。拉比斯拉蘇麗

(Lapislázuli) 是一種藍色的寶石，藝術家會將其作成動物造型、花瓶或馬賽克。全球只有智利和阿富汗生產。再者，智利婦女將羊及駱馬的毛做成披風、毛毯及結繩。通常，這些編織品都是天然的白色或咖啡色，可以在日常及節慶時使用。而且，智利婦女也會做一些具有美學及實用價值的陶瓷用品。陶土是褐色或紅色，藝術家以白色或黑色的波浪形狀來裝飾。由於智利盛產銅，各式各樣實用或裝飾的銅製品，也值得購買。此外，智利南部盛產木材，因此有許多動物或人造型的木雕。同時，也製作許多設計美麗的木盤。

2.節　慶

　　智利的節慶深受原住民及移民的影響。每年 11 月 2 日，首都聖地牙哥市薩卡別開斯村的印第安人都舉行風箏節，以悼念死者，追思親人；拉比斯拉 (Lapislá) 是智利最盛大的節慶，與會者著色彩鮮豔的服裝並佩戴面具。另外，羅德歐節 (Fiesta de Rodeo) 是智利的民俗節慶，它在直徑四十公尺跑道的半圓形場地進行。路面的泥沙混雜著硝石，而看臺則設在跑道周圍。場地設有閘門以管控牛隻的進出。騎士通常成雙成對，追趕牛隻且試圖抓住牠，是智利農村地區非常受歡迎的活動。

　　智利人也慶祝葡萄的收成 (Fiesta de Vendimia)。通常，在葡萄收成後，採收工人會聚集在一起大肆喝酒、唱歌慶祝。再者，整個 9 月分，智利人會以遊戲及遊行歡度 9 月 18 日的獨立紀念日，因為在 1810 年智利宣布脫離西班牙獨立；9 月 19 日軍人節時，會在首都的奧希金斯公園橢圓形場地進行盛大閱兵活動，以

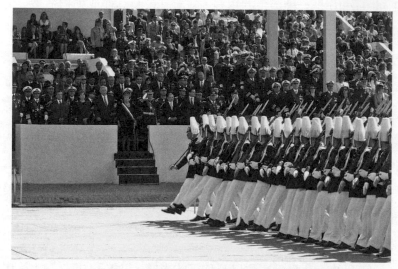

圖 5：2014 年智利軍人節大閱兵

圖 6：智利民族舞蹈「奎卡舞」

慶祝智利歷年來對外戰爭的勝利。此外，受德國移民影響，智利人會慶祝夏天及舉辦啤酒節。在聖誕節，智利人會與家人團聚，布置聖誕樹及享用聖誕大餐。

在智利，各種慶典與聚會，都可以欣賞到歡樂優美的奎卡舞(Cueca)。它是一種不被某種固定歌詞和曲調所約束的舞蹈，起源於十九世紀中葉，是一種歡樂、幽默、詼諧的男女對舞。後來，許多青年人熱衷跳迪斯可，而不大喜歡跳傳統的「奎卡舞」。1979年，智利政府頒布法令，規定「奎卡舞」為智利國舞，要求所有學生、市長、大使等外交官，都必須會跳「奎卡舞」。

第三節　豐富的飲食文化

多樣性的地理區域，為智利的飲食提供種類繁多的海鮮、肉類、水果及蔬菜等食材。此外，歷史的發展也影響智利的飲食文化。從 1541 年起，西班牙人的殖民以及各國移民，陸續帶來各種食材與烹飪方式，並逐漸與印第安人的傳統食物相互融合。再者，十九世紀末，智利在太平洋戰爭（硝石戰爭）中從秘魯及玻利維亞奪取北部的國土，北部的飲食文化深受這兩個國家的影響。因此，不同飲食的交會融合，最終形成今日智利人民的日常飲食。

一、地理的影響

由於智利國土南北長達四千多公里，因此全境地理及氣候條件非常多樣。北部是廣大的沙漠地區，但隨著往南移動，南部則

是廣大的翠綠地區。此外，智利沿太平洋的海岸，綿延數千公里；而另一方面，則是崇山峻嶺的安地斯山，這讓智利全境的動植物，極為豐富多樣。此外，這些地理條件，提供來自

圖 7：油炸南瓜麵包

海洋、谷地及山脈等多元的食材，造就智利成為具有多樣且豐富傳統飲食的國度。

　　每個地理環境都提供智利飲食發展的元素。該飲食使用大量的魚、海鮮、橄欖、葡萄、玉米、馬鈴薯、羊駝肉等食材，並以此烹煮多樣的美食，如鍋物 (cazuela) 是智利的典型食物，以牛肉、雞肉、鵝肉及玉米、馬鈴薯、南瓜等多樣的蔬菜烹煮而成，有時也會加上米飯；燉菜豆 (porotos) 是智利中南部農村夏季典型的熱食，由菜豆、玉米酒或玉米碎粒、洋蔥、南瓜、番茄及蒜頭烹煮而成，通常會搭配沙拉一起食用；不同作法的烤餅及三明治；油炸南瓜麵包 (sopaipillas) 則是智利中部的傳統美食，可以沾甜醬或鹽巴食用，主要材料是麵粉和南瓜。此外，西班牙的入侵與殖民，使得智利的飲食及烹調方式更加豐富與多元。

二、不同文化的影響

　　在智利的飲食文化中，原住民的影響不容忽視。南部土著馬普切人的傳統飲食是以多種穀類混合著各種豆子烹煮作為主食，

其中以玉米最為普遍。他們的肉類主要來自馬、羊、豬和雞；馬鈴薯、藥草、野菇和松子也都是他們的飲食清單。北部土著阿依馬拉人以馬鈴薯為主食，而藜麥 (quinua)、玉米粉、馬肉乾、駱馬肉 (llama) 或小羊駝肉 (vicuñas) 則是其蛋白質的主要來源。他們使用菜豆、南瓜、辣椒、角豆、海帶、藜麥、狼的油脂，以及玉米、茴香、羊駝肉、智利棕梠糖漿等食材，發展出許多典型的美味食物，像是玉米粽 (humita)、蒸玉米粒 (mote de maíz)、燉玉米與馬鈴薯 (patasca)、馬鈴薯燉肉湯 (calapurca)、蔬菜燉肉湯 (carbonada)、玉米肉餅 (pastel de choclo) 等。上述食物經過許多世代的傳遞，今天仍然經常出現在智利人的餐桌上，也造就智利飲食獨特的風格。

　　十六世紀初，西班牙入侵並殖民智利，他們大量使用馬鈴薯、番茄、辣椒和菜豆等許多美洲原生產品，後來西班牙殖民者發現小麥和其他穀物適合在智利、特別是中央谷地種植，因此小麥成為智利人最重要的糧食。雖然殖民者對原住民造成重大衝擊，但也將葡萄、柑橘類水果、橄欖、洋蔥、小麥、糖等作物，以及雞、牛、豬、兔肉、牛奶、乳酪和各式香腸與葡萄酒，以及各式各樣的香料和烹調技術帶進智利。隨後，其飲食與原住民的飲食互相融合，最終形成智利獨特的飲食形態。例如智利式豬排 (chancho a la chilena)，這是一道每年 9 月 18 日智利獨立紀念日，會出現在農村地區的典型食物；海鮮拼盤 (batea de marisco)；燉菜飯 (charquicán)，是由米飯與牛肉、馬鈴薯、南瓜、白玉米、洋蔥，有時還有豌豆和玉米製成的一道菜；番茄、馬鈴薯燉牛肚 (chupe de guatitas) 等。

　　十九世紀初，德國人帶來啤酒、優格和各式各樣的糕點，因此智利的甜點文化深受德國影響；德國人也常製作果醬以搭配肉類食用。至於義大利人，則帶來各式的麵食及冰淇淋並配合智利各類水果做出獨特的風味。而十九世紀中，法國人將不同種類的葡萄酒傳入智利。中東人則帶來烹飪用的藥草及香料。十九世紀末，英國人將茶引進智利，目前智利人仍保有喝下午茶的習慣。

三、飲食習慣

　　用餐時間在智利人家庭生活中占很重要的地位，他們通常在家裡吃飯，只有在特別的節慶才會上館子。早餐非常簡便，大多是烤吐司配牛奶、茶或咖啡。午餐在 1 點到 3 點，是最豐盛的一餐。通常，午餐是沙拉以及肉類混合著蔬菜烹煮的菜餚，搭配麵包。下午 5 點到 7 點是午茶時間，以剛出爐的小麵包、小吐司、奶油、果醬或各式小糕點為主，有時甚至還有乳酪、火腿、炒蛋、酪梨泥以及水果沙拉等。茶或咖啡是午茶最佳飲料。大部分的家庭晚上 9 點左右用餐，晚餐通常就只有一道菜，配上當地盛產的葡萄美酒。

　　葡萄酒是智利飲食文化不可或缺的元素。十六世紀，西班牙人首先引進葡萄酒，但法國的釀酒法卻深刻影響智利的葡萄酒，讓智利葡萄酒的國際地位扶搖直上。此外，因擁有四千多公里的海岸線，各式各樣精緻的海鮮佳餚成為智利料理的特色。智利料理通常不辣，即使是辣的菜餚，也大都將辣醬放在旁邊隨個人喜好沾取。此外，因為地形、物產、風土民情及生活習慣的不同，

智利料理大致上可區分為北部、中部及南部料理。在太平洋海域中復活節島的料理主要是混合了波里尼西亞 (Polynesia) 和智利南部的口味，自成一格。

第四節　自然資源

一、農　業

　　智利土地資源相對豐富，氣候條件佳，應該很適合農業的生產，但有諸多因素，使得生產不盡人意。首先，土地集中在少數大地主，但大地主同時經營工商及金融業，對農業生產不關注，因此土地利用率低。造成智利有許多土地無人耕種，而大批農民卻沒有土地。1960、1970 年代，雖然智利曾進行兩次土地改革，但後來的軍政府又將被分配的土地歸還原主。其次，政府不夠重視農業發展，政策缺乏連貫性。對農業投入少，長期控制農產品價格，都直接損害農民的利益，加上未能提升機械化和技術，也導致生產力下降。因此，農村人口大量移入城市，造成勞動力不足。不過近年來，隨著財政改善，政府大幅投資農業部門，讓農業朝多樣化、機械化與現代化方向發展。

　　智利農業可分為傳統及出口農業。傳統農業以生產小麥、大麥、玉米、豆類等供國內消費的產品為主，而出口農業則以水果和蔬菜為主。長期以來，傳統農業發展起伏不定，相對落後，機械化程度不高。基本上，因為傳統作物種植面積大幅減少和產量

下降，智利糧食無法自給，每年需從國外進口。此外，受聖嬰現象影響，乾旱或水災也影響農作物、蔬菜和水果的生產。農漁業就業人口，約占全國就業人口的 14%。

　　小麥是智利居民的主要糧食，但是 1970 年後，小麥的種植面積和產量逐漸下降。燕麥產於智利中南部地區，供食用兼做飼料。而大麥則產在中部地區，提供牲畜飼料和啤酒原料。至於玉米則產在中部地區，主要供國內消費。1932 年引進水稻後，稻米生產不僅自足，還可出口。但是長期以來，水稻的種植面積和產量很不穩定。此外，豆類在智利民眾日常飲食中占有重要地位，產量僅次於小麥。而馬鈴薯在智利的消費量僅次於小麥和豆類，是居民最常吃的食品之一。甜菜則是主要經濟作物，有利智利發展本國製糖業，以減少蔗糖的進口。向日葵是智利食用油的主要原料，但是長期以來的種植面積和產量都起伏不定。

　　1980 年代後，出口農業成為智利經濟活動中活躍與強勁的部門。出口農業以蔬菜及水果為主，是 1970 年代智利經濟改革，讓出口更多元化下的產物。而安地斯山、太平洋和北部的阿塔卡馬沙漠，是智利水果和蔬菜免受病蟲害的天然屏障。1990 年代以後，該產業大量引進外資和先進種植技術，並培訓專業人員。由於智利水果鮮美、生產成本及風險低，在國際市場具有較大的競爭力。此外，具有與北半球季節及氣候相反的特點和優勢，能將蔬果銷往美國、加拿大等北半球國家。智利水果外銷居拉美首位，美國是最大買主，占出口總額的 35%。

　　智利中部是地中海型氣候，乾燥季節很長，而且日夜溫差大，

所以盛產葡萄。葡萄種植，無論是種植面積與產量，都居各種水果之首，這使得智利成為世界五大葡萄生產國之一。近年來，智利葡萄酒成功打開亞洲市場，特別是廣大的中國市場。智利主要出口的水果有：葡萄、蘋果、水梨、李子、櫻桃、酪梨、檸檬、奇異果等。

二、林牧及漁業

　　智利牧草資源豐富，全國牧場一千三百多萬公頃。殖民時代，因人口稀少，經濟以畜牧業為主。十九世紀初，大批德國移民到來，大力發展養豬業。隨後，畜牧業逐漸移向南部地區，養羊業迅速發展。十九世紀中，種植業發展時，畜牧業一度遭到忽視，生產停滯，迫使政府再度重視。目前智利畜牧業中，以養牛為主。南方的麥哲倫省為主要牧羊區，智利綿羊能提供優質的肉、毛、脂肪和皮革，羊毛主要出口到英國。此外，智利畜牧業產值成長率不高，各種肉品及乳製品仍無法滿足國內需求。

　　智利南部有一望無際的森林，堪稱智利的綠色寶庫。智利也是南美洲森林資源最豐富的國家之一，林地面積二千一百多萬公頃，占國土面積的 28%。主要是落葉松、智利柏樹、智利南美松、智利羅漢松等硬質木；人造林，主要種植松樹及桉樹。智利林業快速發展，除了有豐富自然資源的客觀因素，也與智利政府高度重視有關。1970 年代以來，智利政府推動系列鼓勵林業發展的措施，並於 1974 年頒布第一部《林業法》，對恢復和保護林業資源、促進人工造林以及生態保護，發揮重要作用。1980 年代，

政府又頒布合理開發和保護天然森林的規定，禁止在保護區砍伐
樹木。全國第二大港口城市康塞普西翁所在的比奧比奧區，是智
利人造林和林業生產比較集中的地區，有林業之鄉的美稱。此外，
林業占智利經濟重要地位，林業的發展為木材加工業和造紙業的
發展奠定雄厚基礎。 木材和林產品出口， 占智利外銷出口的
13%，是繼銅、水果和漁業產品後，第四大出口商品。

　　智利漁業資源非常豐富，綿延四千三百多公里的海岸線，讓
智利盛產魚貝類和海藻等多樣產品。早在 1980 年代，智利的漁業
發展已是南美第一、世界第五。智利魚產品國內消費量較低，大
部分用於加工成魚粉和罐頭出口。此外，智利的鮑魚、龍蝦及帝
王蟹也在國際市場享有盛名。1990 年代後，過度捕撈現象日益嚴
重，因此智利政府制定專法，嚴格限制各種魚類的捕撈量，並擴
大引進和開發養殖技術。1998 年，智利成為世界第一大鱒魚養殖
國，不受環境汙染的湖泊與河流，且冬天日照充沛，是智利重要
的天然養殖場。

三、礦　業

　　由於地形複雜、地勢層次分明、氣候多樣，智利自然資源相
當豐富。硝石和銅礦在智利經濟發展史上，甚至在拉美及全球都
占有重要地位。在十六、十七及十八世紀，智利分別發現金礦、
銀礦及銅礦。

　　智利是礦業大國，以盛產銅和硝石聞名於世，素稱「銅礦王
國」。銅在智利經濟中扮演重要角色，也與智利人民日常生活緊密
相連。2017 年秋天，個人有機會到智利拜訪廠商及學術交流，對

銅融入智利人的日常生活，以及到處可見的銅製藝術品，印象深刻。早在 1869 年，智利就成為世界上產銅最多的國家。銅給智利人民帶來財富，也帶來苦難。智利在宣布獨立後，英國人取而代之，控制智利銅礦。1905 年以後，美國取代英國主宰智利的銅礦。1927 年起，美國壟斷資本完全控制智利的經濟命脈，占有智利銅礦開採的 90%，而且使智利極度依賴銅的生產。

阿彥德就任總統後，把美國壟斷資本控制的五個銅礦收歸國有。智利不但銅產量大，而且銅的加工業也很發達。1973 年後，智利軍政府雖然實施國有企業私有化政策，仍然維持國家對銅礦生產的控制。智利銅礦資源遍布全境，但主要分布在北部及中部的安地斯山脈。整體而言，智利銅礦業發展前景穩定。但是，國有企業產量占比逐漸下降，私人產量則逐漸上升。

智利是世界上唯一生產天然硝石的國家，主要產地在北部沙漠地帶的塔拉帕卡 (Tarapacá) 和安托法加斯塔兩個地區。從 1880 年代到第一次世界大戰期間，是智利硝石生產的極盛時期，當時智利財政收入的一半來自硝石出口。由於人造硝石的競爭，智利的硝石逐步失去世界市場，並失去在國民經濟中支柱產業的地位。

第五節　經濟發展與對外貿易

一、經濟發展

1.發展不平衡

智利區分三個經濟地理區，其地理位置不同，經濟差異大。

北部地區，面積占全國的 40%，人口僅占 10%。該地區各種礦產的儲量相當可觀，因此經濟發展以採礦業為主，生產全國大部分的銅、鐵和全部的硝石。此區有眾多港口及鐵路，有利銅礦出口。此外，因遍布沙漠，氣候極端乾旱，農業生產薄弱。安托法加斯塔是本區最大城市，經濟活動以礦區服務和出口銅、硫磺為主。

中部地區面積僅占全國的 15%，人口卻占全國的 75%。該地區氣候宜人，交通便利，資源豐富，是智利工業最發達的地區。首都聖地牙哥是全國政治、經濟、文化中心和交通樞紐。工業以機械製造、紡織、食品為主；瓦爾帕萊索為一港都，工商業發達，是南美太平洋岸的主要港口，智利大部分進口商品由此輸入，與首都聖地牙哥交通連絡便利，觀光業也很興盛；康塞普西翁生產全國 86% 的林產品，同時生產智利 90% 以上的煤，也是智利主要的農產品集散地和工商業中心。該地區的中央谷地是智利的心臟，約占全國面積的 12%，其中三分之一為耕地。這裡灌溉發達、氣候條件較好，盛產穀物、蔬菜、水果。

南部地區，面積占全國的 45%，人口只占全國的 15%。蒙特港 (Puerto Montt) 以北地區是糧食、甜菜的主要產地和林、牧業區；工業則以甜菜製糖、牛乳、木材和麵粉加工等為主；往南，除南端的石油開採和養羊業外，廣大地區因氣候寒冷人煙稀少，幾乎未開發。彭塔阿雷納斯為世界最南端的大城市，現為養羊區的服務中心和家畜的集散地，因距南極較近也是旅遊勝地，更是往南極大陸主要的中轉站。

2.經濟發展歷程

1818 年獨立後，智利國民經濟的發展以礦產品的開採和出口為主，礦業占生產總值的 60%。一次世界大戰前，智利的銅和硝石在國際市場占有重要地位。後來人造硝石出現，智利硝石的重要性急遽下降。1929 年，世界經濟大蕭條後，智利開始實施進口替代工業化政策。1970 至 1973 年，社會黨的阿彥德，推動銅礦等產業國有化，徵收或干預大批外資或私人企業，以及進行土地改革等措施。但因為行動過於激烈，以及採取過多福利措施，造成國內社會階級矛盾激化，並導致經濟情勢嚴重惡化，通膨日益嚴重。

1973 年 9 月，智利軍政府成立後，實施對內緊縮和對外開放政策。此後，智利經濟曾一度好轉，平均約成長 8%。但是，從 1981 年下半年起，經濟連續兩年下降。此外，國內投資下降、通膨回升、失業人數增加、實際工資下降，以及市場萎縮。同時，國際收支惡化、國際儲備減少、外債激增。經濟情勢惡化，加劇社會動亂。為此，皮諾契特 (Augusto Pinochet, 1915–2006) 軍政府邀請新自由主義學派的 「芝加哥弟子」 (Chicago school of economics)，進行改革。內容包含：將大量非戰略性國營企業私有化、精簡政府機構與員額、降低關稅及擴大出口、努力改善投資環境，以吸引外資。這些激烈的調整政策，嚴重衝擊社會。但是，因為軍政府採取高壓統治，所以沒有出現大規模的抗爭運動。

1980 年代，拉美各國經濟普遍不景氣時，因軍政府及隨後艾爾文 (Patricio Aylwin, 1918–2016) 的經濟調整， 智利經濟持續穩

定成長，通膨也得到控制。此外，外國投資猛增，外債也減少19%。因此，創造智利奇蹟。自1990年代起，隨著實施外向型改革，智利社會經濟發展迅猛起飛，在人均收入超過一萬美元後，持續保持穩健成長。2007年已達到一萬零五百零二美元，按世界銀行標準，智利進入中等收入國家行列。2010年1月，智利與「富國俱樂部」經濟合作暨發展組織簽署協議，正式成為該組織第三十一個成員。根據世界銀行，2017年智利人均所得超過一萬五千美元，是拉美最繁榮穩定的國家之一。

二、對外貿易

1.整體狀況

　　長久以來，智利是依賴外貿、外資和外債發展的國家。此外，智利也是以礦業為主的國家，硝石及銅礦先後成為國家經濟的支柱。在1930年代前，智利主要以輸出礦產品以交換國內市場所需的工業產品。1930至1970年代，進口替代工業化時期，初級產品出口是創造外匯的主要管道。1949年，智利加入關貿總協定。1950年代後期，為擴大出口，開始採取貿易多樣化措施。為此，智利積極參加及建立地區多邊組織。1953年，智利政府將北部的阿里卡城，開闢為自由貿易區；1979年增設伊基克 (Iquique) 自由貿易區。1969年，智利加入安地斯共同體。

　　1970年代中期起，智利軍政府推動出口導向發展政策，重視外貿發展。同時，推出一系列關稅制度及重大改革外貿體制。此外，過去，智利一直堅持單邊開放主義。目前，智利積極奉行自

由貿易政策，其進出口總額已經占國內生產總值的 50%。由於智利出口產品競爭力強、進口關稅低、貿易保護機制少等諸多優勢，因此已經和許多貿易夥伴，簽署自由貿易協定。

與許多發展中國家一樣，智利對外貿易主要以出口初級產品及進口製成品為主。然而，從 1970 年代中期至 1980 年代，智利政府增加蔬果、木材、紙和紙漿、漁業產品等的出口，讓出口產品更多元化。1990 年代，智利提高工業製成品在出口商品中的比重，進一步優化出口商品結構，並形成以銅、漁業產品、林業產品及蔬果四大類產品為主的出口結構。智利的主要出口對象為美國、日本、南韓、中國、臺灣等；而進口主要來自美國、墨西哥、日本、中國、南韓和加拿大。長期以來，智利的主要進口商品以中間產品、資本貨物及消費品為主。1990 年代以來，智利進口商品結構最明顯的變化是，消費品進口比重不斷增加。

2.與臺灣的貿易關係

1975 年 8 月，臺灣在智利設立辦事處，而智利則於 1989 年 9 月 22 日正式在臺設立商務辦事處。智利與我國經貿交流尚稱順暢，但基於政治考量，與臺灣交往並不密切。智利雖然已經與五十八個國家簽署自由貿易協定或互補協定，但仍未將其第八大出口市場臺灣列為對象。但因我國是智利水果出口重點市場，智利對檢疫議題與合作事項較為積極，雙方交流頻繁。

依我國海關統計，智利為我國在中南美洲首要進口來源，主要進口水果、紙漿、木材、銅、葡萄酒及其他產品。由於南韓、中國大陸、日本及印度等國產品藉由自由貿易協定免關稅進入智

利市場，對我產品造成市場排擠效應。此外，我國對智利出口成長減緩，係因我國鞋類、自行車、電腦及周邊設備、紡織品、運動器材、汽車零件廠商已轉往中國大陸生產。此外，由於智利生產之銅、魚粉、木材及紙漿等原料為我國經濟發展所需，同時各類溫帶水果、葡萄酒及水產品因價格具有競爭力，普遍受到國人歡迎，因此與智利雙邊貿易一向處於逆差。

第六節　政治制度與對外關係

一、政治制度

　　獨立以來，智利先後制定多部憲法，其中 1833 年及 1925 年憲法施行時間最長，對智利中央集權制國家的形成和代議制民主的建立，發揮重要作用。1833 年憲法在當年 5 月 25 日公布，後經部分修改，一直實施至 1925 年。至於 1925 年憲法旨在恢復政府的權力和權威。該憲法重新明確規定，智利是總統制國家並確定行政機構的充分權力，同時剝奪參眾兩院利用譴責方式罷免內閣部長的權力。1973 年，這部憲法因軍事政變而終止。而 1980 年憲法，是皮諾契特軍政府時制定，並於該年 9 月 11 日由全民公投通過，1981 年 3 月 11 日起實施。新憲法實施時，智利仍由軍人統治，沒有議會、未開放黨禁，憲法條款未能全面實施，因此附加二十九條臨時條款，作為補充。

　　1988 年 10 月，智利舉行全民公投，否決皮諾契特成為總統

候選人。隨後，智利於 1989 年 12 月舉行大選，選出新總統及議
會，這標誌智利結束軍人政權以及恢復民主。從 1980 年代後期
起，智利各派勢力對於修憲一直存在不同的意見。最後，憲法雖
經 1989、1991 及 1993 年多次修正，但未有重大改變。總統任期
由八年改為四年，且不得連任。1993 年，又將總統任期改為六年
且不得連任。智利憲法規定，中央政府由總統負責。年滿四十歲
且在智利出生的公民，均有資格參選總統。此外，智利行政區劃
分為大區及省，省以下為市鎮。而智利國民議會實施參眾兩院制。
眾議院議員，任期四年；參議院議員，任期八年。此外，智利是
多黨制國家。

二、對外關係

傳統上，智利外交採取親美政策，並在重大國際問題上追隨
美國的立場。1970 年代初期，社會黨阿彥德執政期間，為了維護
國家主權及民族獨立，支持第三世界國家反帝及反殖民。但是
1973 年軍政府上臺後，宣布恢復與西方的傳統關係，強調執行務
實的開放政策。皮諾契特軍政府時期，由於美國政府在人權問題
上施壓，智利與美國關係處於低潮。1980 年，智利提出向太平洋
開放的外交新方針，加強與亞洲及太平洋沿岸國家的關係。

1990 年民主化後，智利大力推行多元化、全方位的外交戰
略。而且，因為智利經濟發展模式轉為出口導向，因此需要進一
步對外開放，擴大國際參與，所以經濟外交日益突出。再者，外
部環境因為冷戰結束，智利外交政策在保持歷史傳統外，也進一

步調整以適應新環境。此時，智利除了維持與歐美大國傳統關係，優先發展與拉美鄰國及南方共同市場的關係。此外，為了擺脫軍人執政時期的外交孤立及改善國際形象，智利政府積極參與國際政治活動，曾在 1996 至 1997 年及 2003 至 2004 年兩度成為聯合國安理會非常任理事國。同時，智利也積極參與聯合國轄下各組織的活動，並多次參與聯合國維和部隊。此外，智利也曾主辦美洲高峰會議及亞太經濟合作會議。2010 年，智利成為經濟合作暨發展組織的成員國。總之，智利在國際經濟問題及西半球自由貿易方面，扮演重要角色。目前智利與全球一百六十多國維持外交或領事關係，並於 1995 年與古巴復交。

　　長期以來，美國一直是智利最主要的貿易夥伴和投資國。然而軍政府時期，因為美國推行人權外交，兩國關係逐漸出現衝突與裂縫。1990 年代文人執政後，與美國關係大幅改善。1992 年 5 月艾爾文總統訪美，成為三十多年來，第一位訪美的智利國家元首。此外，經過多年磋商，最終兩國在 2003 年 6 月，簽署雙邊自由貿易協定。目前，美國仍然是智利最大的貿易夥伴、主要債權國和投資國。同時，在反對軍人統治及推動民主過程中，智利曾獲得西歐國家的大力支持。西歐也是智利的重要貿易夥伴及傳統市場，歐盟國家是智利主要投資國，和取得貸款及發行債券的重要融資國。因此，智利重視鞏固和發展與西歐國家的傳統關係，並積極推動與歐盟的各種貿易談判。2002 年 5 月 18 日，智利和歐盟簽署協議，建立全面合作夥伴關係。

　　此外，從地理、歷史文化、政治、經濟和安全因素，智利特

別重視加強與拉美各國的關係，並積極推動拉美地區一體化。由於邊界問題，智利與阿根廷時有衝突。1991 年 8 月 2 日，雙方簽署《關於邊界問題的聲明》，平分具有爭議的領土。1999 年，智利與秘魯簽署協議，解決自太平洋戰爭以來的爭議。再者，智利與玻利維亞存在太平洋戰爭遺留的歷史問題。多年來，玻利維亞政府堅持獲得太平洋沿岸出海口，雖經雙方多次談判，沒有獲得結果。1996 年，智利與南方共同市場簽訂自由貿易協定，成為南共市的聯繫國。

　　智利政府認為二十一世紀將是太平洋國家的世紀，與該地區發展關係，對智利的經濟發展具有重要戰略意義。目前，智利與大部分亞太地區的國家維持外交關係，並於 1994 年成為亞太經濟合作會議組織的成員，而且智利與亞太地區的經濟關係是以貿易為基礎。1970 年 12 月 15 日，智利與中國正式建交，成為南美洲第一個與中國建交的國家。隨後，雙方元首互訪頻仍，關係日益鞏固。二十一世紀以來，隨著中國經濟的蓬勃發展以及對原物料的需求日益增加，雙邊貿易大幅成長。1915 至 1970 年間，中華民國與智利維持邦交關係。斷交後，雙方都於對方首都互設具大使館性質的代表機構。此外，智利是中華民國在拉丁美洲第三大貿易夥伴，僅次於巴西及墨西哥。

Chile

第 II 篇

征服、殖民與獨立

第二章 | *Chapter 2*

西班牙的征服與殖民

　　智利是一個年輕的國家，獨立至今約二百多年，但其歷史卻相當悠久。早在一萬二千年前，在今天的智利就有人類的活動。大約在六千年前，智利西部沿海、中央谷地及北部地區，出現發達的社會群體。而南部的麥哲倫地區，當時的居民以漁獵為生，他們是來自巴塔哥尼亞的土著。

　　西班牙征服者到達以前，智利北部和中部就居住著不同的印第安人。十五世紀起，他們被印加人征服，成為印加帝國的一部分。印加人在此建立移民區，並向居民徵收貢稅。但在智利中南部一帶，主要是馬普切人也稱阿勞卡諾人 (Araucano)。在印第安語中，馬普是土地，切則是人，意為「土地的主人」，他們使用相同的語言與習俗。

　　西班牙征服者到達智利的時間相對較晚。1520 年 3 月 1 日，麥哲倫通過現今的麥哲倫海峽，首先到達智利。1540 年，瓦爾迪維亞 (Pedro de Valdivia, 1497–1553) 開始征服智利。殖民地時期的智利是西班牙帝國的窮鄉僻壤，長途跋涉的西班牙人，通常是為

了開發莊園或礦山抵達智利，並實施強制勞役制。但是在南部的
居民則頑強抵抗，暫時保住獨立。

從 1561 年到 1818 年獨立，西班牙殖民統治智利約兩個半世
紀。殖民者逐漸在智利北部及中部定居，國王對殖民地擁有至高
無上的統治權。此時，智利被劃為都統轄區，實施委託監護制
(Encomienda)。此外，因為沒有發現貴金屬，當時智利的主要經
濟基礎是農業。且由於西班牙壟斷美洲殖民地的貿易，嚴重阻礙
智利的經濟發展。

第一節　原始居民與馬普切人

一、原始居民

智利的人民及文化，大致上都是由北向南遷移擴散。文物考
證，早在一萬二千年前，在今天的智利就有人類的活動。大約六
千年前，智利西部沿海、中央谷地及北部地區出現部落，而且其
文化顯示很深的安地斯文化烙印。考古學家在此發現遠古時代的
房屋、墓地等遺跡，同時發現手工製作的石器、陶器、木器及古
代動物的化石等。而南部的麥哲倫地區，居民來自巴塔哥尼亞，
以漁獵為生。

早在西班牙征服者到達之前，智利北部和中部就存在阿塔卡
梅尼奧 (Atacameño)、昌戈 (Chango) 和狄亞吉塔 (Diaguita) 等印第
安部族，並掌握初步的農業知識。西元 600 至 1000 年間，蒂瓦納

科文明在秘魯高原興起，透過交易及征服活動，將製陶、紡織和建築技術傳給智利北部的狄亞吉塔人。蒂瓦納科文明還帶來馬鈴薯、玉米、菜豆、辣椒等作物。此高度發展的秘魯文明衰落後，過了四百多年，印加帝國才擴張至智利。

　　十五世紀起，印加人征服這些部族，將其納入帝國的一部分，並向居民徵收貢稅，因此當地印第安人深受印加文化影響。而在智利中南部一帶，主要是馬普切人，他們還處在原始社會階段。此外，智利北部的原始居民主要群聚在由安地斯山積雪融化注入河流所形成的河流盆地，並有一些人居住在海產豐富的太平洋沿岸地區，或住在內陸地區，過著狩獵採集的生活。起初，這些人居無定所，追逐羊駝，採集野果維生。隨後，從秘魯引進農耕文化，他們才定居下來。

二、馬普切人

　　十六世紀西班牙人抵達智利時，馬普切人是智利主要的原住民，居住在智利中、南部，使用相同的語言與習俗。幾世紀以來，人寡勢弱的馬普切部落，先後對抗印加人、西班牙人及智利人等強大的敵人；然而，馬普切人都沒有屈服，但是他們的土地卻越來越少。

　　當印加人首次征服智利時，馬普切人居住在智利中央谷地和南部地區。由於有長達九個月的雨季及低溫，河谷地帶森林密布、濕地沼澤廣大。當時人口多達五十至七十萬，且獵物有限，因此農業就成為首選。他們通常種植馬鈴薯、菜豆、辣椒和玉米等作

圖 8：馬普切婦女

物，並以此做成玉米粥、玉米餅及玉米酒。沿海地區的馬普切人則以捕魚為生。至於住在安地斯山區的馬普切人則採集大量松果、飼養羊駝，以使用羊駝的毛。

　　馬普切人組成氏族或部落，戰時結盟。皮昆切人 (Picunches)，意為北方人，是居住在智利北方的印第安部落，文化上受印加人的影響較深。維利切人 (Huilliches)，意為南方人，他們精於毛皮業，婦女則從事編織鴕鳥毛地毯和羊毛衣；從前非常好戰，常和馬普切人結盟對抗西班牙人和土生白人的統治。而佩文切人 (Pehuenches)，生活在智利南方的安地斯山西麓，以捕捉動物及採集松果維生。

　　這些部族相互貿易，但也互相偷襲。因為居住在不同地區，所以各自為政，似乎很難團結一致對抗敵人。可是，印加人兩次出征都未能打垮馬普切人；即使西班牙人一時間制服他們，但馬普切人卻不斷反抗，捍衛本身的自治權。西班牙殖民統治期間，與馬普切氏族的結盟時斷時續。鑑於此結盟的不穩定，有些西班牙殖民者認為應該落實統治；另外有些人則希望透過談判，簽訂和平協議解決問題。

　　在巴塔哥尼亞南部有喬諾斯人 (Chonoses)、阿拉卡盧菲人

(Aracalufe) 等四個族群。喬諾斯人和火地島人一樣，過著野蠻原始的生活，以魚類及海貝維生。阿拉卡盧菲人生性好鬥，也是有名的弓箭手。他們人口少，地廣人稀。因此歐洲人到來之後，極易受歐洲習俗影響，容易感染歐洲疾病，以至於生存面臨重大挑戰。1470 年後，印加人開始侵吞並征服智利北部河谷地帶的各族群。中央谷地各氏族也相繼淪陷。但在南部卻遇到馬普切人的頑強抵抗，而未得逞。

在印加人統治下，智利印第安人雖然要承擔納貢的義務，但似乎未曾發生過因迫害與戰爭所造成的流血衝突。因此，十五世紀末、十六世紀初，智利中、北部印第安人生活明顯進步，人口有所增加。此外，因為普遍種植玉米、馬鈴薯、菜豆等農作物，使得他們的食物更為豐富。陶器製作、金屬開採和冶煉、利用駱馬毛的技術，也獲得廣泛傳播。馬普切人也用黃金和原物料交換印加人的手工製品。最後，他們學會印加人的手工藝，特別是紡織技術。

十六世紀初，西班牙征服者終於踏上遙遠的智利土地，打斷土著居民平靜的生活，掀開智利歷史新的一頁。

第二節　美洲的發現與對智利的探險及征服

一、美洲的發現

1492 年 10 月 12 日凌晨，哥倫布登陸加勒比海的小島，並將

該島命名為聖薩爾瓦多，意為救世主。此後，哥倫布又三次航行至美洲。直到 1506 年去世，他還一直認為所到之處為印度，而非新大陸，因此美洲才有西印度群島，以及印第安人的稱呼。後來，義大利航海家維斯普西歐 (Americo Vespucio, 1454–1512) 確認此處為新大陸，後人以他的名字命名這塊新大陸。

其實，美洲的發現是歷史的偶然，是西班牙人為了尋找新的海上通商航路，以獲得更多財富的探險過程中，誤打誤撞的結果。從哥倫布發現加勒比海的第一個小島起，在短短半世紀，歐洲殖民者就在美洲建立龐大的殖民帝國。他們從美洲帶回大量的金銀財寶及印第安奴隸、用劍與十字架征服美洲土著居民，無情地摧毀璀璨的美洲印第安古文明，殖民統治美洲近三百年。

因為智利位於美洲最南端的太平洋沿岸，所以西班牙人到達的時間相對較晚。首位到達智利的歐洲人是葡萄牙航海家麥哲倫，在環繞地球的航行中，於 1520 年 3 月 1 日，從美洲南部的大西洋海域，向西通過海峽即後來的麥哲倫海峽。水手看到岸上的人，體型高大並在雪地留下大腳印，因此稱他們為巴塔哥尼亞人，亦即大腳漢。今天南美洲的巴塔哥尼亞高原，也因此得名。

後來，在海峽的探險中，他們發現海峽南岸的土著點燃篝火，因此稱當地為火的土地 (tierra de fuego)，即今天的火地島。麥哲倫發現可以進入太平洋的海峽，解決美洲與亞洲間的距離難題，並為他自己帶來極大的榮譽。此外，他完成哥倫布未竟之業，發現向西前往亞洲的通路。然而，西班牙人認為此處太危險了，因此並未利用他所發現的海峽航道。最後，西班牙人選擇走陸路，

經墨西哥及巴拿馬運輸來自亞洲和太平洋岸的貨物。所以,麥哲倫雖然發現通往亞洲的新航道,但是初期並沒有為智利及其居民帶來太大的影響。

二、初期智利的探險與征服

殖民時代,智利是西班牙帝國中最偏遠的疆域。在發現麥哲倫海峽十六年後, 1535 年, 西班牙征服者阿爾馬格羅 (Diego de Almagro, 1475–1538) 率領遠征軍從秘魯進入智利北部。他曾協助皮薩羅 (Francisco de Pizarro, 1478–1541) 征服印加帝國,並開啟其征服與探險的生涯。當他聽說印加帝國還包含智利這一屬地時,就決定前往探險及征服。雖然此舉未獲得皮薩羅的許可,但是西班牙國王卡洛斯一世 (Carlos I, 1500–1558) 卻支持此一探險活動,並下詔特許阿爾馬格羅征服及治理從秘魯南部到智利中部,稱為「新托雷多」(Nueva Toledo) 領地的權力。

當時,印加人勸阿爾馬格羅不要走智利北部及其荒涼的沙漠地帶,因為此處無法提供人馬食物。最後,他決定迂迴前進,從秘魯出發,先穿越今天的玻利維亞和阿根廷北部,再翻越安地斯山進入智利。過程中,他們遇到許多艱難險阻,遭遇印第安土著的抵抗,隨行的土著僕役紛紛逃走。此外,山洪暴發及天寒地凍,也造成探險隊人員傷亡十之八九。歷盡千辛萬苦,1536 年探險隊終於抵達智利北部的柯皮亞波 (Copiapó)。稍作休息後,阿爾馬格羅繼續率眾前進。由於往南都是河谷地帶,且沿途有許多印第安村落,因此行動開始變得順利。他們沿路搶奪印第安人糧食,並

強迫印第安人為其勞動。種種惡行，造成印第安人仇恨後來的探險者。遠征軍繼續南進，最後在阿空加瓜 (Aconcagua) 河谷紮營，並以此為基地，展開對智利的探險與征服。

當時，有一支探險隊繼續往南前進。但時值寒冬、下大雨、河水氾濫，探險隊克服重重困難，終於抵達今天康塞普西翁附近的伊塔塔河 (Río Itata)。在此，西班牙征服者首次與印第安馬普切人發生衝突。探險隊看到印第安人大都衣不蔽體、家徒四壁，而且沒有找到他們垂涎已久的大量黃金，因此大失所望。不過，智利肥沃的河谷卻讓阿爾馬格羅印象深刻。他原想在此建立殖民地，但是手下因沒有找到貴金屬，不想在這南美遙遠的地區定居。阿爾馬格羅被迫北返，隨即回到柯皮亞波谷地。最後，阿爾馬格羅決定不走原路，而是冒險穿越阿塔卡馬沙漠地帶。他們再次歷盡磨難，最後兩手空空回到秘魯。

1537 年，阿爾馬格羅回到秘魯後，占領庫斯科城。他和手下向皮薩羅要求分享印加帝國的財富，但是遭皮薩羅斷然回絕，內戰隨之爆發。皮薩羅在瓦爾迪維亞的協助下，擊敗阿爾馬格羅，並將其處決。雖然，阿爾馬格羅對智利的探險沒有成功，而且最後遭處決，但是其智利之行仍有多方面的意義。首先，他提供安地斯山兩邊地理及氣候狀況的第一手資料。他觀察到印第安人定居谷地的情況、生產的東西，以及可以為西班牙人殖民時提供的物品與勞力。但是探險過程中，他強搶食物、強徵勞力，在原住民心中留下西班牙殖民者的殘暴形象。其次，他發現從柯皮亞波谷地以南，草木逐漸繁茂。而且阿空加瓜谷地及位於聖地牙哥的

馬波喬 (Mapocho) 谷地適合發展農牧業。雖然當時大多數西班牙人不願在此紮根，但是後來有些西班牙人逐漸認識智利此地的潛在價值。

三、瓦爾迪維亞的探險、征服與殖民

自從阿爾馬格羅無功而返後，似乎沒有人再對智利的探險感興趣。再者，阿爾馬格羅被處決後，皮薩羅宣布阿爾馬格羅的後代失去繼承新托雷多的權力。而為了報答瓦爾迪維亞協助擊敗阿爾馬格羅，皮薩羅未徵得西班牙國王同意，就特許瓦爾迪維亞征服智利，開拓殖民地。由於阿爾馬格羅的探險歷經磨難且一無所獲，造成瓦爾迪維亞很難招募到探險隊的成員，最後只有少數人一起上路。

1540 年 1 月，瓦爾迪維亞從秘魯的庫斯科出發。他們沒有走阿爾馬格羅探險的老路，而是沿著太平洋岸向南前進。由於阿爾馬格羅時留下的經驗，不難理解印第安人對新的探險隊態度冷漠，甚至懷有敵意。1541 年初，探險隊抵達智利中部的馬波喬河流域，並建立第一個城市（即今天聖地牙哥城的前身）；此時探險隊人數已增至一百五十二人。為了使自己的權力更具合法性，他囑咐下屬成立市政會 (Cabildo)，之後再由市政會選舉他為都統。市政會由兩名負責司法的市長及六名市政會議成員組成，負責地方行政的管理和參與政府及社區重大事務的決策。

聖地牙哥是西班牙人征服智利的基地，其周邊地區很快被統治。根據西班牙國王的規定，瓦爾迪維亞將聖地牙哥規劃成棋盤

圖 9：瓦爾迪維亞　瓦爾迪維亞是探險者、征服者及智利都統。1540年，他從秘魯經陸路抵達智利中央谷地，並於 1541 年 2 月 12 日創建現今的聖地牙哥城。市政會先推舉他為都統，後來西班牙國王確認其職務。他將土地與印第安人委託給部屬後，於 1550 年向南進入森林密布的馬普切人中心地區。在此，他肆意攻擊印第安人、興建要塞與城鎮，並實施委託監護制。然而，他卻低估馬普切人及其軍事才能。1553 年，馬普切人在圖卡佩爾 (Tucapel) 戰役中，殺死瓦爾迪維亞。

狀，建立中心廣場、教堂、辦公大樓及一般住房。此後，殖民者不斷遭受先前受虐待印第安人的騷擾。1541 年 9 月，趁瓦爾迪維亞帶領部分士兵離開聖地牙哥時，印第安人襲擊並將建城不到七個月的聖地牙哥付之一炬，完全摧毀，殖民者損失慘重。之後，西班牙人殘酷鎮壓印第安人起義，並重建該城。聖地牙哥城的毀壞與重建，顯示西班牙人對智利的征服絕非輕而易舉。

　　此後，瓦爾迪維亞開始進一步的探險活動，希望搜刮當地的黃金和印第安勞力。為此，他實施委託監護制，徵調印第安人開採金礦，並強迫不分男女都須到河裡淘金。這使許多印第安人失去自由、受苦受累，因此不斷有人死亡，也造成印第安人對殖民者產生強烈的仇恨情緒。由於瓦爾迪維亞偏愛黃金，雖然他引進穀物和牛，專供西班牙人食用，卻沒有開發其潛在的價值，直到

後繼者才終於發現智利農牧業的潛在價值。

四、馬普切人的反抗與征服

1546 年，瓦爾迪維亞完成征服智利北部與中部的進程。然而，他對比奧比奧河以南的馬普切人，卻一籌莫展。1550 年代初，瓦爾迪維亞進入馬普切人的領地開採黃金。在不清楚先前印加人被馬普切人擊敗的原因下，他認為憑藉西班牙人優勢的軍事就可輕易打敗敵人。初期，他的確很快征服馬普切人，並在這森林密布、遍地濕地的地方，建立防衛城鎮。他推行委託監護制，強行將印第安人委託其部屬監護，以獎賞他們。隨後因發現金礦，他們便迫使委託監護的印第安人開採，但是這卻違背西班牙國王規定印第安人的貢賦是物品而非勞動的旨意。

馬普切人務農、尚武，卻非常不習慣採礦的苦差事；再者，因殖民者對馬普切婦女性侵與虐待，激起他們的怒火。於是馬普切人用心學習西班牙人的戰術，伺機作亂。年輕人甚至先充當西班牙征服者的馬夫，學會騎馬，最後盜馬走人。他們開始建立騎兵隊，個個身手矯健，令征服者望而生畏。由於騎術精湛，並善用叢林地形，常常成功襲擊西班牙的巡邏隊及殖民據點。

1553 年 12 月，勞塔羅 (Lautaro, 1534–1557) 指揮部隊襲擊圖卡佩爾要塞，並將其燒毀夷平。瓦爾迪維亞聽聞後，立即帶兵討伐作亂者。但是他的部眾顯然不是勞塔羅的對手。馬普切軍隊逮住瓦爾迪維亞，並將其處死。倖免於難的西班牙人沒有留下有關這次大災難的任何文字，但卻衍生出流傳智利民間的傳奇故事。

圖 10：勞塔羅　勞塔羅是馬普切人的軍事領袖，也曾經是瓦爾迪維亞的隨從。他曾經在一些戰役中，擊敗過西班牙人。1553 年，他率領馬普切人在圖卡佩爾殺死瓦爾迪維亞，並接連獲得一些勝利。1556 年，攻占康塞普西翁城。他原先計畫攻打聖地牙哥，但 1557 年，瓦爾迪維亞的繼承者——維亞格拉突襲其營地，並將勞塔羅殺害。勞塔羅是西班牙征服美洲時的智利民族英雄，被譽為智利民族救星。殖民軍稱勞塔羅為「印第安之虎」、「馬普切戰神」。詩人埃爾西亞 (Alonso de Ercilla, 1533–1594) 在其史詩《阿勞烏干之戰》，曾描述勞塔羅的英雄事蹟。

有人說，瓦爾迪維亞被逮後，馬普切人將融化的黃金灌入其喉嚨，以消除他對貴金屬的渴求。

　　這次戰役，除了顯示馬普切各族群團結一致將西班牙人逐出家園，也讓殖民者快速意識到，他們的生命財產受到威脅，因此隨即放棄一些南方的城鎮和要塞。同時，征服軍的將領明爭暗鬥，都想爭取瓦爾迪維亞遺留下來的都統職位，最後由維亞格拉 (Francisco de Villagra, 1511–1563) 勝出。他率眾反攻，打敗勞塔羅，並保住聖地牙哥，甚至整個殖民地。勞塔羅陣亡的悲劇，顯示智利印第安人的光復事業大勢已去。但是，勞塔羅永遠是智利人民酷愛獨立、自由、英勇不屈的象徵。而印第安勢力瓦解後，

西班牙征服者又回到原來的城鎮。他們很快恢復委託監護制，並重新控制馬普切人的領地。

五、新領導與新衝突

在平定印第安人之亂後，維亞格拉認為國王應該會任命他為新的智利都統。但事與願違。在殖民時代，功勞的重要性一直落後在政治影響以及家族關係之後。最後，秘魯總督任命其子門多薩 (García Hurtado de Mendoza, 1535–1609) 為智利都統。具有貴族身分的門多薩帶著一批律師、教士和忠實的士兵，一抵達智利就逮捕維亞格拉及另一位征服者阿吉雷 (Francisco de Aguirre, 1507–1581)，這為其新政蒙上酷吏的色彩。門多薩要求這些征服者，言談舉止應該像西班牙貴族對國王那樣唯命是從。這讓原來以為已經享有委託監護權，而且社會地位已經上升的征服者恍然大悟，其實他們的出身依然卑微。

新人新政。首先，門多薩鼓勵西班牙人到安地斯山東邊開拓殖民地。他的下屬在庫約建立門多薩和聖胡安城，在 1770 年代前庫約地區一直歸智利管轄。之後，他領軍向南挺進，建立奧索爾諾 (Osorno) 城，因為行動未受印第安人阻礙，他自以為又控制了馬普切人。他推動勘查智利

圖 11：門多薩

海岸線，向南直到麥哲倫海峽。為了獎勵自己的追隨者，他取消征服者原來享有的委託監護權，而將其分配給下屬。此外，他還制定一系列條例，並於 1559 年公布，規定善待印第安人，以示自己的寬厚。然而，委託監護主很少在意這些規定。二十年後，都統魯伊斯‧德甘博亞 (Martín Ruiz de Camboa, 1533–1590)，想要以納稅取代強迫勞動的情形，然而與先前的條例一樣，此改革仍無法實現自由勞動以及讓馬普切人免受虐待的願望。此後，歷任都統都無法解決此一棘手問題。

後來，門多薩不斷向馬普切人的領地推進，馬普切人領袖考伯利坎 (Caupolicán, ?–1558) 在康塞普西翁附近起義並獲得初期的勝利。但是在一場突襲中，西班牙將其逮捕並殺害。考伯利坎的犧牲意味著西班牙基本上完成對智利的征服，但是馬普切人並未屈服且在往後的日子仍然頑強抵抗殖民者。1598 年，馬普切人襲擊並殺害正在南部地區巡視的都統。他們攻占南部的所有城市。即使西班牙人後續換了四位都統，但都無法收復失地。1602 年，西班牙被迫與馬普切人訂立協議，以比奧比奧河為界，以南歸馬普切人，以北歸西班牙秘魯總督區管轄。1773 年，西班牙殖民者正式承認馬普切人獨立，直至 1887 年，共和時代的智利政府才再次將馬普切人納入管轄。

為何馬普切人能先後抵抗西班牙殖民者及智利政府？其原因如下：一則人數眾多。西班牙人初到時，馬普切已經約有五十萬人；二則馬普切人的根據地是山區，森林密布，河水湍急，而且遍地沼澤。此地形不利於西班牙的騎兵奔馳，但有利於馬普切人

圖 12：考伯利坎遭俘

與西班牙人長期作戰；再者，此地有七十多種野生植物，而且還可狩獵，食物無匱乏之虞；最後，南方多雨，氣候不利於殖民者的征服活動。

　　總之，十六世紀智利征服時期的特點是，西班牙人與印第安人之間的矛盾與衝突。印第安人認為，西班牙人到來代表他們失去土地、自主權和必須屈從於陌生的勞動制度。因此，許多印第安人被迫不斷往南遷徙，最後移居至比奧比奧河以南。此外，因為西班牙人的奴役及所帶來的疾病，使印第安人人口急遽下降。同樣是印第安人，南方的馬普切人比中部的印第安人遭受的痛苦

和不幸少很多。再者，征服時期，智利的主要經濟活動是淘金。
而西班牙人則在小莊園，種植日常所需的玉米、小麥，以及飼養
少量的山羊與綿羊。同時，商業活動有限，只在中心廣場和小市
集出售各類家庭剩餘的產品。

第三節　西班牙殖民統治時期

一、政治制度

　　西班牙對智利的殖民統治，大約從 1561 年起至 1818 年智利
獨立，約歷經二百五十年。西班牙征服智利以後，殖民者逐漸在
智利北部和中部定居。當時，西班牙國王對殖民地擁有至高無上
的統治權，包括統治所有的土地與公共財產，並對各項事務有最
後決定權。理論上，因為智利是西班牙帝國的一部分，由都統治
理，其官員則隸屬於秘魯總督區。智利都統大多死於任內，由秘
魯總督指派臨時代理，但是由國王正式任命。秘魯總督雖在緊急
及重要事務上有決定權，但由都統實際掌管殖民地的行政、軍事、
財政、宗教等事務。都統有權任命轄區的地方官和教會負責人，
並參與審理重大司法案件。通常，都統透過市政會或其他地方行
政機構，行使行政管理權。至於司法則相對複雜，市政會成員是
初級法庭的法官，負責審理民事與刑事案件。都統的顧問及地方
長官也擁有司法權。

　　檢審法庭是殖民地的重要司法機構，具有行政和立法職能，

有時也制定法規。檢審法庭開庭審訊的法官人數因時間和地點有異。王室賦予檢審法庭干預不同機構事務的職能，並作為都統的諮詢機構。智利的檢審法庭於 1605 年在聖地牙哥成立。此外，檢審法庭特別著力解決委託監護權、採礦權、土地和行政當局決議的爭議。雇得起律師的人可以對檢審法庭的決議和都統的決定，向西印度院 (Consejo de Indias) 提出上訴。因為智利都統常常與秘魯總督意見相左，所以經常使用上訴權。而市政會則是西班牙殖民者在美洲建立的地方行政管理機構，由兩位市長或法官和六位地方長官以及國王的高級官員組成。市長及市政會成員每年由市政會選舉產生。

　　再者，因為受到西班牙王室尊奉君權神授觀念的影響，在智利及所有美洲殖民地，天主教會擁有很大的權力。不但成立宗教裁判所，而且擁有民事審判權等多種特權。西班牙殖民政府常以讓印第安人皈依天主教為藉口，使征服活動披上合法外衣。教會有效協助王室擴大統治，而且教會常勸誡印第安人須忠於國王及殖民政府。總之，西班牙王室透過此系列的行政機構、教會和軍隊，維持對美洲的殖民統治以及掠奪殖民地財富。

　　智利因為遠離秘魯及西班牙，天高皇帝遠，這讓官員有相當大的自主權。而且官員明白，他們執政需要當地權貴的大力支持。因為若缺乏在智利出生的西班牙人——克里奧約人 (Criollo) 的合作，殖民官員便收不到稅，執不了法，也因此，礦主與地主知道如何影響政府首腦和教會領袖才對自己有利。雖然，從未有克里奧約人出任過都統，但是曾經有人出任主教、市政會成員、政府

官員及顧問。他們常利用這些職務，實施一些有利於莊園主、礦主和商人等的政策。

二、經貿活動

　　西班牙在美洲殖民地實施委託監護制，將大片土地授予征服有功的人員，並將大批印第安人委託他們監護。印第安人成為領主的奴隸，而領主須提供食物及微薄薪資給印第安人，並勸誘他們皈依天主教。1503 年，西班牙女王敕令將新大陸的委託監護制合法及制度化。西班牙在美洲殖民地推廣委託監護制，是印第安人死亡人數日益增加的重要因素。在委託監護制下，印第安人被集中勞動和居住，結果造成源自歐洲的天花、傷寒、麻疹及流行性感冒等疾病快速蔓延。因為沒有免疫力，在殖民統治的最初五十年，智利印第安人就減少一半。此外，雖然殖民者開始在智利建立城市及發展經濟，但是到十七世紀末，智利經濟仍然很落後，而且首府聖地牙哥只有約八千居民。

　　從十八世紀後半葉起，情況逐漸改觀，智利商業漸漸活絡。首先，智利人口不斷增加，導致農產品和礦產品的出口增加，也使進口商品相對增加。進口商品來自遙遠的地方，絲織品來自中國，而紡織品、鐵製品和水銀則來自歐洲國家。另外，從秘魯及厄瓜多進口優質毛料，而且智利也是巴拉圭馬黛茶和菸草運往秘魯的必經之地。再者，西班牙廢除對智利商品進口的壟斷，而且開放智利港口，這讓智利的貿易更加活絡。同時，智利出現白人經營的商業以及工人階級。但因為擔心影響宗主國，西班牙當局

竭力阻撓智利經濟發展。整體而言，殖民地時期，智利經濟發展
對西班牙並不重要，其農業與畜牧發展無法與其他美洲殖民地比
擬。對王室而言，智利反而是負擔。不但無法上繳大量錢財，還
需王室拿出大量稅收，花費在行政管理及公共工程上。

　　儘管對外貿易額度小、周期長，但是對智利仍然極其重要。
由於智利城區市場不足，因此莊園主更需要海外市場以出售牛脂、
牛皮、穀物及葡萄酒。此外，因信貸有限，商人以分期付款出售
進口商品來彌補。再者，因為需要進口鐵製品和水銀來挖掘和提
煉礦石，因此採礦更需要對外貿易。但諷刺的是，改善智利貿易
條件和促使莊園主和礦主增加生產的卻是走私貿易的猖獗。直到
十八世紀末，因為國內市場的擴展，才使得智利能與重要的境外
市場競爭。

　　總之，雖然智利中部地區土地肥沃，氣候溫和，有利於發展
農牧業。但在殖民時期，智利的經濟活動不像其他西班牙殖民地
那樣發展和繁榮，有諸多因素。首先，西班牙對美洲殖民地實施
貿易壟斷，嚴重阻礙殖民地經濟發展。其次，與馬普切人戰爭不
斷。長期戰爭造成經濟與社會發展不穩定，而且戰爭需付出巨大
人力與物力，因此無暇顧及生產與發展。再者，經常受到海盜襲
擊以及嚴重的天然災害。智利是地震及海嘯頻繁的地方，特別是
地震造成的損失最為嚴重。最後則是印第安人口銳減。印第安人
是殖民地經濟的主要動力，而西班牙殖民者的壓迫，導致印第安
人種族滅絕，對勞動力資源造成極大破壞。因此，殖民初、中期
智利經濟發展很緩慢。直到後期，因為來自西班牙的移民增加、

銅礦開採獲得發展、交通運輸及基礎建設相對改善，以及與阿根廷及秘魯的貿易增多，使得智利的生產獲得一定程度的推動。

三、社會、宗教與文化發展

1.階級分明

　　殖民地時期，西班牙人在智利建立的社會結構，只是西班牙宗主國封建制度的延伸，也是依照家長制莊園所形成的階級森嚴的社會。十八世紀末，除了南方十萬的馬普切人外，西班牙人控制的區域大約有五十萬人。當中，純粹的西班牙人約二萬人，他們主要是來自西班牙的軍人、官員和商人，其在殖民地的政治、經濟和社會占據要津，屬於特權統治階級。此外，在當地出生的克里奧約人即土生白人，約十五萬人。這些人是智利中央谷地大莊園和領地的主人，是殖民地社會中最富有的階層，也享有良好的文化教育。雖然他們擁有強大的經濟影響力，但缺乏政治權力。西班牙人和土生白人形成殖民地社會的上層階級，亦即貴族階級。

　　至於高級手工藝者、大管家、低階官員等，則是殖民地社會的中間階層。他們附屬於貴族階級，沒有自己的聲音，在公共活動中也沒有自己的代表。此外，印歐混血人種麥斯蒂索人 (Mestizo)，人數最多，主要散居在農村。他們是社會的主要勞動力，深受西班牙人及克里奧約人歧視。黑白混血的穆拉托人 (Mulato) 以及印第安人與黑人混血的桑博人 (Zambo)，處境比麥斯蒂索人差很多。在委託監護制下，印第安人被牢牢禁錮在莊園中。到殖民後期，土著印第安人所剩無幾。西班牙人的征服與殖

民，對智利印第安人而言，是萬劫不復的災難。

　　殖民時代，大多數的智利人生活在鄉村，很少有機會接觸政府官員。支配他們生活的主要是委託監護主、莊園主或礦主。因為受西班牙殖民管轄，北部及中部谷地的印第安人除了順從，別無選擇；而住在南部的馬普切人則不時騷擾殖民者。至於麥斯蒂索人具有一定程度選擇職業的自由，但通常在礦山或某些莊園工作，因為得不到政府的保護，只能任憑雇主擺布。此外，早期到智利的西班牙人大多是窮人，他們必須借錢購買武器和馬匹以參加征服活動。完成征服後，由於國王授予他們委託監護權、土地或採礦權，財富大增，社會地位也大幅提高，他們的財富及社會地位不是很牢固。隨著印第安人減少，歷任都統都不斷撤銷監護權，甚至沒收監護權，以犒賞自己的親信。因此，一貧如洗的前監護主和其子嗣，又回到社會的下層階級。他們的地位雖高於印第安人、奴隸和麥斯蒂索人，但遠低於委託監護主及商人。

　　除控制印第安勞動力，與征服者合作是當時提高社會地位的另一途徑。有錢人常資助征服者，一旦征服成功，他們就可以分享利益。此外，十六世紀以後，從商成為提高社會地位的重要門路。通常商人將經商所得利潤投資在採礦與莊園。因此，十八世紀智利顯赫的家族大多是商人而非征服者的後代。此後，隨著城鎮發展，殖民地社會趨於多元化，像是鐵匠、鞋匠、裁縫、木匠、蠟燭製作者、屠夫、麵包師等雖獲利較少，但卻是日常生活不可或缺的職業。然而，大多數智利人終身受雇於莊園或礦山，社會地位難以提高。

圖 13：十八世紀後期智利的鄉村景象　畫中右側為身穿智利傳統服飾
的西班牙人，遠處則可見牛群與屠宰場。

　　在殖民地的西班牙人，除保持傳統習俗外，也力求延續老家
的鄉村生活。因此，他們通常以養牛業為主。後來，採礦業成為
智利經濟的支柱，但是礦主也想擁有一片牧場，以顯示自己的身
分地位。

　　此外，殖民時期的智利婦女也很難擺脫社會階級的束縛。當
時，印第安婦女很少與西班牙人結婚，但有可能同居或遭性侵。
這種關係對印第安婦女沒有任何好處，但其混血女兒就有可能與
克里奧約──土生白人結婚。殖民初期，單身女性移民少，中後
期逐漸增加，並特別受到歡迎。至於已婚婦女，地位不高，由丈
夫控制所有家產。丈夫去世後，妻子繼承一半，另一半則由子女
平分。但大多數的寡婦不願為此操心，寧願再嫁。

　　隨著時間的推移，殖民時期智利出現種族與文化的融合，有些是強制的，有些則是自然形成。像是原來盤據南方的馬普切人，其語言、飲食與習俗，後來逐漸與西班牙的文化融合。當時權貴階級堅持西班牙的傳統，而一般中下階級則有比較濃厚的馬普切色彩。由於雙方不斷地交互影響，後來逐漸形成有別於西班牙的智利特性。在受到殖民二百五十年後，因為拿破崙入侵並占領西班牙，使得智利人決心創建新的國家。

2.傳教與文化發展

　　從西班牙開始征服及殖民美洲起，教會的使命就是讓印第安人皈依天主教。通常教士都是跟隨征服者到達美洲，因此他們也都目睹征服者殘酷剝削印第安人的景象。但初期為了傳教，教士大多對此視若無睹，後來他們才向剝削印第安人的征服者即委託監護者威脅，要將其逐出教會。其中最著名的拉斯卡薩斯 (Bartolomé de las Casas, 1474–1566) 神父，他向西班牙國王彙報，懇求嚴加管束濫用印第安勞力。然而，第一批到智利的傳教士並不贊同拉斯卡薩斯的正義觀，所以不反對當時的都統瓦爾迪維亞對印第安人的征服與虐待。瓦爾迪維亞去世後，道明會的岡薩雷斯 (Gil González,

圖 14：拉斯卡薩斯

1527–?) 才宣稱瓦爾迪維亞所發動的是非正義的戰爭 ﹔並表示參
與的人將永劫不復且受罰下地獄。而智利南部地區的第一位方濟
會神父聖米格爾 (Antonio de San Miguel, 1520–1590) 支持此一說
法，並拒絕聽取與印第安人對抗的西班牙士兵的告解，也拒絕赦
免他們的罪過。由於這些神父的言行有違征服者與委託監護主的
意願﹔再者，教會的財富主要來自征服者對印第安勞力的剝削，
因此，教士們維護社會正義的運動，功敗垂成。

　　1593 年，耶穌會到智利後，認為馬普切人起義，是因為遭受
西班牙征服者壓榨與剝削的結果。因此提議所有西班牙人撤出馬
普切人的領地，只允許負責讓馬普切人皈依天主教的耶穌會教士
進入。雖然此提議遭到委託監護主的堅決反對，不過，耶穌會最
終說服國王批准此一政策。起初事情進行順利，但耶穌會教士面
對的不僅是五十多年來征服者與馬普切人間的戰爭與互不信任，
還有在戰爭中的既得利益集團。一方面，征服者靠出售俘虜的印
第安人增加自己的收入，而莊園主和礦主則想獲得更多的勞動力。
另一方面，有些馬普切人也從偷盜西班牙莊園主的財務獲得利益。
因此，耶穌會有何能改變這一情形呢？最後，此政策遭到大多數
西班牙人及其他教派、世俗教士的反對。因此殖民者重啟對馬普
切人的戰爭。儘管 1620 年代，耶穌會提出的和平計畫失去效用，
但是後來此計畫的精神不時體現。例如 1640 年代，當時的都統就
承認馬普切人在南部地區的自主權。

　　在征服者、商人與馬普切人的關係未定時，教會集中精力試
圖讓西班牙控制區不斷增加的人民皈依天主教。教會需要教堂，

但因為當時智利較窮，教堂興建過程非常緩慢。初期教堂建築的技術與材料都不佳，常不出數年就垮塌。後來因為資金較充裕，技術也較進步，當時所建造的聖佛朗西斯科大教堂及道明會修道院，至今依然是聖地牙哥的地標。

當時，教區富有的教徒會捐贈或抵押土地以支持教會，並且鼓勵子女從事教士工作。宗教節日期間，他們會參與並吟唱讚美詩。權貴家的人去世後，可以葬在教堂內的地下室；而普通百姓只能葬在一般公墓。教會除了建立教堂外，也興辦醫院、孤兒院和學校。所需經費通常來自包括政府徵收，而後撥給教會的稅款。當時的教堂是民眾生活重心，教堂鐘聲整點報時、通知彌撒、示意某人去世，或宣告新國王加冕等重要活動。大多數智利民眾也都認為，必須用洗禮、婚禮、懺悔及聖餐等聖禮，以確保自己的今生和來世，因此教會地位相當崇高。然而，政教合一使得殖民地容不下非天主教徒，並常透過宗教裁判所壓抑異教徒。為了強推信仰一致，因此形成「罪可赦，但反教會不可恕」的觀念。

隨著教會財富的增加及投資土地，教會以 6% 的利息貸款給莊園主及礦主，儼然成為殖民地時期的銀行。此外，耶穌會經營自己的莊園，改良耕作與放牧方式，並以莊園收入資助所興辦的學校與教堂。因此許多殖民地的領導人大多受過耶穌會的教育就不足為奇了。智利鄉間富有的莊園主，也會在自己的莊園建立小教堂。一年中教士只去幾次，其他時間民眾只能自行滿足精神上的需求，使得許多夫妻無法舉行教堂婚禮，小孩也無法受洗。一般人民生活清苦、缺乏醫藥，所以生病或遇到家庭危機時，只能

祈求聖母瑪利亞拯救自己。

　　殖民時代，智利的文化生活非常落後與貧乏。期間未曾建立任何公共圖書館與印刷廠，學校也很少，而且書報刊物完全靠進口並受到嚴格審查與控制。在十七世紀前，智利每個教區只有一所初級學校，此外還有四所神學院，其教育目的只是為了培育教士；課程內容只是神學。遲至 1758 年，才建立聖菲利普大學（Real Universidad de San Felipe，智利大學的前身），開設法律、醫學、哲學、神學、拉丁文和數學等課程，但事實上只注重法律，變成一所法律專門學校。十八世紀末期，在聖地牙哥建立聖路易斯專科學校，目的為提供貴族子弟入學，絕大部分人民沒有受教育機會，印第安人、麥斯蒂索人以及後來由非洲引進的黑奴，幾乎都是文盲。

第三章 | *Chapter 3*

獨立運動與初期的發展

　　十八世紀時，移民增多以及教育發展和財富的累積，讓智利社會面貌一新。當時，移民為農礦業及貿易發展注入活力與新的理念，他們盡量減少對殖民政府的依賴，積極和其他地區貿易往來，開拓市場。如果遇到官方的箝制與阻撓，他們就進行走私，甚至起義造反。在教育方面，當時智利興辦多所學校及一所大學，培育許多專業人才和教士。後來這些人才大多擔綱殖民政府及教會的領導人。到十八世紀下半葉，這些領袖人物逐漸意識到，他們已經具備治理國家和管理經濟的能力。

　　1700 年，波旁王朝入主西班牙。登基的新國王實施一系列讓帝國現代化和增加稅收的改革措施。此外，他們也改組政府，讓貿易自由化，並支持一定程度的社會變革。然而到十八世紀末，西班牙在美洲的殖民統治開始發生危機。西班牙在長達二百五十年的殖民統治中，殘酷剝削、壓迫民眾並阻礙經濟發展，早已引起智利民眾的怨恨與不滿。十九世紀初，因為拿破崙入侵西班牙等諸多因素，智利等拉美國家紛紛獨立。

　　獨立初期，智利政局動盪，貝爾納多‧奧希金斯 (Bernardo O'Higgins, 1778–1842) 所領導的新國家，局勢不穩且百廢待興。但是，在平定南方保皇黨的勢力後，局勢才趨於穩定。此外，他實施新的稅制，以增加國庫收入；實施社會改革，並大力發展教育文化事業，讓智利成為有秩序與自由的國度。

第一節　殖民統治末期

一、殖民晚期概況

　　1700 年，因為哈布斯堡王朝沒有子嗣，西班牙爆發王位繼承戰爭，最後簽訂《烏德利奇條約》(*Tratado de Utrecht*)，承認波旁王朝的菲利普五世 (Felipe V, 1683–1746) 為西班牙國王。波旁王朝主政後，重組政府、讓貿易自由化，並進行社會改革。西班牙王室放寬貿易壟斷政策，允許具有優良港口的巴斯克及加泰隆尼亞與美洲殖民地直接通商。不久，這兩個地區的商人就控制智利的貿易，並逐步掌控礦業及農業。為了讓國庫更加充裕，西班牙國王將貴族頭銜出售給商人或莊園主。巴斯克及加泰隆尼亞人趁機花費巨資蒐購，以提升自己的社會地位，許多征服者的後代反而陷入經濟困境。傳統勢力的衰敗以及新移民家族的興旺，導致智利社會局勢趨於緊張。

　　殖民地時期，王室禁止非西班牙人進入智利。但是十八世紀時，逐漸有些外國人到智利定居。在獨立戰爭中，他們及其後代

曾扮演重要角色，像是奧希金斯 (Ambrosio O'Higgins, 1720–1801) 及馬肯納 (Juan Mackenna, 1771–1814) 都是愛爾蘭移民。奧希金斯曾擔任智利都統及秘魯總督，而其子貝爾納多則領導智利的獨立戰爭，後來成為智利獨立後首任最高執政官。另外，馬肯納也曾為智利獨立戰爭出力，但為時不久。此外，法國移民定居在康塞普西翁、葡萄牙人移居聖地牙哥，而英國移民則在銀行業及政治上發揮重要作用。

由於王室擔心，如果提拔殖民地人士出任要職，這些官員只會謀求個人及當地而非王室的利益。因此殖民期間從未選拔智利人出任都統的職位，並規定未獲國王允許，官員不得與智利女子結婚。但是在十八世紀，波旁王朝給智利人更多出任高官的機會，並有許多智利人在軍隊中擔任要職。教士出任領導職位的機會也大增，在十八世紀的十七名主教中，便有十三名是智利人。

當時擔任都統的西班牙人，幾乎都缺乏民政經驗及法律教育。直到 1758 年，因為開辦聖菲利普大學法律專業，而找到若干有能力的顧問。然而，這些顧問多出自顯貴家族，足以左右都統以支持家族的權益。雖然智利人因出任顧問，了解行政系統的運作，但是殖民時期西班牙並未設立類似議會機構，讓智利人能參與辯論有關稅收、預算及防禦等相關議題，國王頒布所有民法與刑法，而當時唯一解決問題的機構就是市政會。市政會不是選舉產生，是由西班牙人及智利人組成，可以授予特許經營權、調節物價及維護地方治安。

二、波旁王朝的改革

1.教會的改革

雖然波旁王朝允許更多智利教士擔任教會領導階層，卻又不放心教會擁有過多的自治權。十八世紀，歐洲的天主教君主都盡全力讓教會接受國王控制。而且，當時西班牙波旁王朝也注意到，殖民地的教士人數超過行政官員、各教派擁有大面積的免稅地產，教會的收入甚至超過政府的稅收。教會對所有農業生產徵收什一稅，並接受許多私人地產的抵押權。再者，教會還控制所有學校，以顯示其影響力。

當時，耶穌會最讓西班牙國王忐忑不安。耶穌會教派是由西班牙人羅耀拉 (San Ignacio de Loyola, 1491–1556) 所創立，其誓約就是服從教皇。這讓西班牙國王認為，耶穌會對教皇的忠誠勝過對西班牙國王。1767 年，西班牙國王卡洛斯三世 (Carlos III, 1716–1788) 下令將所有耶穌會教士逐出帝國範圍，以消除耶穌會對教皇的忠誠。當時智利都統雖與耶穌會教士私交甚篤，但迫於國王的命令，不得不將所有耶穌會教士軟禁，關閉學校與修道院。最後將他們驅逐到義大利，沒收其財產並出售或承接近六十處的莊園。卡洛斯三世沒有估算到，此一行動會對教會及帝國產生什麼樣的影響？結果在獨立運動爆發後，耶穌會不再支持西班牙王室，而全力支持獨立運動。

西班牙國王最堅決的改革措施是驅逐耶穌會，其他像是貿易改革時並未放棄重商主義，而是讓其現代化，也就是透過補貼、

保護及公共工程建設來進行改革，以刺激私人企業的發展。智利的歷屆都統都積極修路、開採水銀礦、建火藥廠並實行新稅法，然而當時殖民地的發展大多仰賴商人和礦主。他們都希望獲得更大的自由，也預示獨立時機的到來。

2. 礦業及農業發展

十七世紀起，傳統淘金逐漸被淘汰，改採挖井開礦，促使智利開採銅礦及銀礦。當時採礦方法簡單，但是坑道和礦井狹窄，勞動條件危險。通常礦主將熔煉後的銅，以騾子駝運至港口。商人再將其裝船運至秘魯，以鍛造成青銅。然而，商人經常將這些金屬販售給非西班牙的商人。初到智利，西班牙人就以委託監護制，強迫馬普切人為廉價礦工。但是到十七世紀時，高死亡率及馬普切人反抗，使用印第安勞動力已經不可行。此外，由於沒有現金支付工人，礦主就以工人每天所挖礦石的一部分作為勞動補償，以吸引麥斯蒂索人成為新的勞動力。通常會在下班時將最後一袋礦石歸工人，而工人則以礦石與商人換取生活必需品。

十八世紀黃金增產，聖地牙哥市政會要求西班牙國王開辦鑄幣廠，讓礦主不須將礦石運往秘魯，就能在當地鑄幣，以降低成本。西班牙國王認為，不須自己花錢、可以徵收鑄幣稅，而且能減少走私活動。因此授予賈西亞‧維多伯羅 (Francisco García Huidobro, 1697–1773) 特許經營權。1749 年，鑄幣廠開工，年均生產四萬至六萬美元的金幣。如此龐大的業績，促使國王撤銷特許權，直接接管鑄幣廠。因為白銀增加，1772 年西班牙當局接管鑄幣廠時，也開始鑄造銀幣。初期走私活動暫時減少。但後來因

為鑄幣及鑄幣廠費用高，而且礦石定價只有實際價值的 30%，所以礦主急欲從事走私。因為與布宜諾斯艾利斯進行貿易以及往來西班牙、英國及美國的商船日益增多，使得貴金屬走私更加猖獗，憑藉走私，控制貴金屬的商人持續獲利。

顯然，殖民地時期智利貿易的主軸是採礦業。1770 年代，智利每年出口的黃金價值高達六十五萬美元。三十年後，則增加為八十五萬美元。黃金是所有出口礦物總值的兩倍。此後，因為大量供應水銀，有利提煉含銀量低的礦石，白銀出口增加。1770 年代，年均白銀出口達十三萬美元；1810 年代，則達四十萬美元。此外，因為銅價攀升和運費下降，十八世紀下半葉，銅的利潤持續增長。因此 1770 年代，銅的出口達十二萬美元；1810 年代，則攀升至二十萬美元。雖然採礦業是智利最蓬勃的行業，但是大部分礦場規模都比墨西哥及秘魯的小很多。

因為資金取得困難，礦主常以低於市場的價格將礦石賣給商人。為了與商人競爭，政府也設立礦石收購處及貸款機構。但可惜的是，政府沒有足夠資金提供給這兩個單位。獲得貸款的礦主也不一定將資金都用於採礦，而遲遲無法還款又影響新貸款的取得。此外，西班牙在其他殖民地設立採礦同業公會和礦業仲裁法庭，以限制和管理採礦業。但直到十八世紀，智利採礦業繁榮時，波旁王朝才在智利設立該機構。但公會成員覺得稅太重，常進行非法交易。

成功的礦主通常會購買智利北部地區河谷地帶的莊園，放牧騾、驢等用來運輸。如果土地面積夠大，他們也會種植小麥和養

牛，以供出口。另外，商人發跡後也購買土地，大多是智利中央谷地的地產，用來養牛、種小麥、種葡萄及其他果樹，產品供應內外銷。波旁王朝統治後，授權貴族實施長子繼承制，並提供購買貴族頭銜的機會。估計兩千家大莊園主擁有智利大部分的土地。

　　當時智利鄉村地廣人稀，居民有 15% 是擁有小面積土地的自耕農；30% 是在大莊園生活及勞動的佃農；另外的 30% 是外地來的臨時工；至於僕役和奴隸分別占 10% 及 5%。鄉村婦女平日在自家園地勞動，收穫季節則幫莊園主工作。在鄰近城鎮土地耕種者，種植馬鈴薯、玉米和蔬菜，並拿到城鎮販售。當時智利的主要作物是小麥，播種及收成都還是依靠人力，就算是十八世紀末的移民也未做出任何改變。

3. 貿易發展

　　殖民時代，雖然大多數農產品都是供智利本身消費，但市場有限，因此出口對莊園主而言相對重要。當時農產品占出口總額的 35% 至 40%，而且秘魯是智利商品的最大買主，以小麥、牛脂、皮革、繩索和木材為主。此外，除了向巴拉圭購買馬黛茶外，智利與其他西班牙殖民地農牧產品的交易很少。由於西海岸市場有限，而翻越安地斯山成本又高，這限制農牧產品的出口。再者，受殖民貿易保護主義的限制，莊園主不容易找到新市場；但是對西班牙人而言，則能保護他們免遭外來的競爭。

　　當時貿易是最吸引西班牙移民的職業。殖民末期，西班牙人在智利控制 70% 的重要公司。後來克里奧約人控制的小公司數量有所增加；但是由於缺乏海外關係與貿易技能、無法擁有商船，

一直居於劣勢，且破產案例不少。不過若能經商成功，又能跟豪門聯姻，並購置大地產，他們就能晉升到智利的上層社會。

　　1700 年，波旁王朝入主西班牙，西班牙對殖民地貿易壟斷有所改變。菲利普五世時，允許法國南海公司到南美西海岸活動，但禁止從事貿易。不過，由於官員疏於防範或是都統遭受賄賂，1701 至 1724 年間，南海公司船隻繞過合恩角到智利、秘魯及以北港口貿易者，不計其數。這讓西班牙商人及國庫受到嚴重損失，因此菲利普五世下令海軍艦艇將南海公司船隻逐出太平洋。1720 年，西班牙國王實施商船註冊制，力圖重新控制南美貿易。當時西班牙與秘魯的貿易，在回程中都會停靠智利的瓦爾帕萊索，商船在此銷售數百萬披索的製成品，並換回銅、貴金屬和皮革。

　　受到美國獨立戰爭及拿破崙入侵西班牙等國際衝突的影響，西班牙船隻前往美洲，特別是智利，變得很少。船隻減少，也相對造成來自西班牙的進口物品減少，這迫使智利另覓他途，拉布拉他地區就成為智利最好的新市場。1770 年代，只有 15% 的貨物從此地區進口；但是到 1810 年代，已增至 60%。至於從秘魯及厄瓜多等傳統市場的進口額則急遽下降。1870 年代，因為美國船隻的到來，造成西班牙更難在智利實施貿易壟斷政策。雖然西班牙政府規定，美國船隻只能捕魚，不能貿易。但是美國船隻常以修船及補充淡水為藉口，請求靠岸。若經允許，他們就大肆進行貿易。然而當時從事製衣、建築和製造運輸工具的工匠，受到殖民主義貿易的影響甚微，大多數的工作都沒有引進新技術，特別是鄉村地區零星的傳統手工藝。

4.公共工程

　　為了改革，波旁王朝國王任命有能力、有革新精神的人士出任都統。這些新都統大多熱衷公共工程，因此大興土木，修築道路、港口、建鑄幣廠、貿易法庭、市政會、海關及醫院等公共建設。這些建築大多是新古典主義風格，反映出殖民當局的革新精神。另外，他們也對財政進行新式管理，並改革市政會和警察等單位。波旁王朝在智利等美洲殖民地實施小政府政策，慈善事業、醫院、郵政及服務性活動，都由教會或其他社會公共機構負責。再者，殖民者在智利建立正規軍，由國庫提供經費，以因應馬普切人反抗所造成的威脅。另外，也建立一萬六千人的民團，由志願人士組成。發生暴亂時，私人提供兵力、武器和資金，以補充政府之不足。

5.賦　稅

　　殖民時代，智利農業的主要賦稅是什一稅，此稅歸教會，不歸政府。農礦產品出口時要繳納出口稅，出口稅由商人繳納，但這也相對降低農礦產品的出口價格。此外，政府特許私人代為收稅、經營鑄幣廠、菸草專賣等行業；同時還出售官職，以增加稅收。由於智利人民從未參與賦稅問題的討論，也缺乏相關管道提出異議，因此唯一的辦法就是設法逃漏稅。雖然賦稅問題並非智利爭取獨立的主因；然而獨立運動開啟後，經貿問題就發揮重要作用。

第二節　獨立運動

　　十八世紀末期，西班牙的殖民統治開始出現危機。西班牙人在智利長達二百五十年的殖民統治，殘酷壓迫智利人民，阻礙各項發展，造成智利各階層人民的怨恨和不滿。期間，智利人曾零星反抗西班牙的殖民統治，但都沒有發揮太大作用。十八世紀末，反抗的力道才不斷加強。

一、獨立的背景

　　十九世紀初，殖民者的種種壓迫是智利甚至拉美獨立運動的基本原因。對於個人自由的爭取和反抗西班牙帝國控制，美國獨立所爭取的民權，法國革命所宣揚的自由、平等、博愛的思想，加上美、法成功推翻君權的事實，這一幕幕在智利克里奧約青年心中，種下革命的種子。另外，那些外來的強大力量，自由主義的哲學家，走私商人、旅行家和外國人帶來了許多啟蒙時代的書籍或其他宣傳品，給已經不滿的克里奧約人帶來了更多的啟發。這些外在的因素也直接或間接促成智利的獨立運動。

　　另外，西班牙對智利經濟上的控制與壟斷更是造成智利人民反抗的重要因素。西班牙王室嚴格規定，殖民地只能和宗主國而不能和其他國家地區直接貿易。因此智利的貿易必須經由西班牙才可以運往其他國家；外國貨物也只有經西班牙才能運送到智利。雖然在十八世紀中葉以後，西班牙國王卡洛斯三世曾減少貿易上

的限制，殖民地一度嚐到貿易自由的味道，但種種經濟和貿易的限制，造成智利人的不滿而群起反抗。

再者，殖民制度歧視克里奧約、麥斯蒂索和印第安人，西班牙殖民者建立宗教裁判所以控制殖民地人民的思想、剷除異己也是革命不容忽視的因素。然而，若非拿破崙在 1808 年入侵西班牙，罷黜卡洛斯四世 (Carlos IV, 1748–1819) 及費南多七世 (Fernando VII, 1784–1833) 造成王室權力真空，西班牙帝國對拉丁美洲的殖民與控制仍不至於土崩瓦解。

二、獨立的過程與結果

拿破崙占領西班牙的消息傳到智利後引起強烈的反應。當時，智利的殖民者面臨實際的法律問題，是被軟禁在法國的費南多七世，還是拿破崙的弟弟對西班牙有統治權？因此，上層社會人士中出現捍衛王權和尋求獨立兩種不同的政治傾向與集團。以聖地牙哥市政會為代表的土生白人主張，智利應該利用此時機獨立，他們被稱為愛國者或愛國派；另外，以都統賈西亞‧卡拉斯科 (Francisco Antonio García Carrasco, 1742–1813) 為代表的殖民政府高官和宗主國白人，則形成效忠國王的保皇派，且嚴厲鎮壓愛國者的活動。

1.領導權危機

拿破崙入侵西班牙時，智利都統剛好過世。但是檢審法庭沒有意識到事態的嚴重性，一如往常選定臨時的代理都統，但遭到康塞普西翁地區人士馬丁內斯‧德羅薩斯 (Juan Martínez de

Rozas, 1759–1813) 的反對,並推舉西班牙軍隊司令賈西亞‧卡拉斯科。經過一翻折衝,檢審法庭改任命賈西亞‧卡拉斯科為新的都統,而土生白人馬丁內斯‧德羅薩斯很自然地成為他的顧問。只是很不幸的,賈西亞‧卡拉斯科隨即捲入智利聖菲利普大學校長人選的紛爭。此外,當獲悉英國天蠍號在智利沿海走私貿易時,賈西亞‧卡拉斯科不是逮捕船長並沒收船隻,而是設計殺害船長,並私吞全船貨物。此可恥勾當毀了他的名聲,遭到贊同與英國人進行走私貿易的智利權貴大力反對。

當時,英國人兩度入侵阿根廷,都遭到當地人趕走,總督又私自逃跑。事後,這位總督想返回布宜諾斯艾利斯,遭到人民反對,人民成立自己的政府。賈西亞‧卡拉斯科擔心智利人會步阿根廷人的後塵。所以他以密謀推翻政府之名,逮捕三位知名人士,並將他們放逐到秘魯,這引起政治風暴。聖地牙哥市政會召開緊急會議,迫使賈西亞‧卡拉斯科取消放逐令,並逼迫他辭職,同時任命以「征服伯爵」聞名的托羅‧德桑布拉諾 (Mateo de Toro de Zambrano, 1727–1811) 繼任都統。賈西亞‧卡拉斯科終於了解,沒有國王做後盾的西班牙軍官是敵不過智利的貴族集團,但為時已晚。

2.獨立之路

⑴改革與內鬥

1810 年 9 月 18 日,愛國者召集聖地牙哥最有影響力的市民參加市政會的會議,決定成立首屆國民政府,聲明效忠費南多七世,絕口不提獨立,以避免遭到敵視及遭到秘魯總督採取軍事行

動。他們認為，如果能推遲衝突發生的時間，將更能使獨立政府立於不敗之地。

　　為了促進智利經濟發展，新政府認為必須廢除西班牙封閉的貿易制度；但是西班牙人認為此作法將危及他們在智利的權益，群起反對。有鑑於其他殖民地已開放貿易，1811 年 2 月 11 日，執政委員會頒布《自由貿易法令》，宣布開放智利四處港口進行國際貿易，此措施嚴重打擊西班牙的重商主義，智利的領袖則深信，國際貿易將會帶來財富。但是也有些人擔心，廉價進口貨品將打擊智利工業的發展，而且外國商船可能損害本國商船運輸，因此提高關稅因應。

圖 15：卡瑞拉　卡瑞粒為獨立運動領袖。他對議會的爭議不休感到厭煩，遂強行實施個人獨裁統治。此舉不但加快獨立運動的步伐，也使獨立運動產生分裂。不幸的是，1814 年，他和貝爾納多．奧希金斯的內鬥，讓西班牙殖民者再次征服智利。事後他逃至阿根廷，與其兩兄弟謀劃東山再起。此次再度與奧希金斯及聖馬丁的行動發生衝突。失敗後，他和其兄弟遭到處決。今日，智利人仍根據各自對當時獨立運動領袖的崇拜，分成卡瑞拉派和奧希金斯派兩大陣營。

　　貿易改革後，其他的變革加速，然而支持新政府的輿論也隨之分化。首先是政治體制的變革，執政委員會宣布召開國民代表大會，但對代表人選存在極大爭議，最後經各方妥協，大會終於在 1811 年 7 月 4 日召開。然而，激進派和保守派的爭論，不久後就讓代表大會裹足不前。當時極具號召力但性情急躁的軍官卡瑞拉 (José Miguel de Carrera, 1785–1821) 決定解散國民代表大會，由他行使一切權利，以解決僵局。但另一派則支持前總督的兒子貝爾納多‧奧希金斯，而群起反對。雙方各自組建軍隊，並在 1812 年兵戎相見，使得智利陷入癱瘓，對外防禦能力盡失。

圖 16：智利國父奧希金斯　奧希金斯是智利獨立運動的領袖、卓越的政治家、英勇善戰的軍事家，更是智利獨立後首任最高行政長官。被智利人尊稱為國父。1778 年 8 月 20 日，他出生於智利南部的土生白人家庭。父親安布羅西奧曾任智利都統與秘魯總督，母親則是名門閨秀。他從小就接受良好教育，曾到秘魯及英國留學，並通曉英語及法語。1799 年，他再度到西班牙，並與許多拉美著名的愛國及知名人士交往甚密，這增強他爭取智利獨立的信念。1801 年，其父過世，他返回智利並積極參與政治活動。1814 年出任智利愛國軍總司令。同年 9 月，在蘭卡瓜 (Rancagua) 保衛戰中，因為敵強我弱及彈盡糧絕，奧希金斯雖然率眾突圍，但聖地牙哥還是落

入殖民者手中。之後，他率領三千部眾越過安地斯山，在門多薩與聖馬丁會合。在此，奧希金斯訓練慓悍的安地斯軍，準備爭取智利獨立。1817 年，安地斯軍終於擊潰殖民軍，收復聖地牙哥。奧希金斯被推選為智利最高執政官。1818 年 2 月 12 日，智利成為獨立共和國，奧希金斯出任首任執政長官。同年 4 月，在聖馬丁的援助下，奧希金斯在聖地牙哥與殖民軍進行決定智利命運的馬普 (Maipú) 戰役，並獲得最終勝利。自此終結西班牙在智利的殖民統治。

擔任最高執政官時，奧希金斯制定許多自由主義法規，特別是《自由貿易法》，但卻遭到頑固權貴家族的反對。1823 年，他辭職以避免引發內戰。隨後他流亡秘魯，並盼望能被召回重新治理智利，但都未能如願。1842 年 10 月 24 日，他在異鄉秘魯過世。此外，奧希金斯曾組建智利軍隊、成立軍事學院並於後來改制為奧希金斯軍事學校、制定單顆星及三顏色的智利國旗。此外，他創建智利海軍，並在瓦爾帕萊索成立海洋警衛學院，即今日的布拉特海軍學校 (Escuela Naval Arturo Prat)。任內，他也完成馬波運河工程，此灌溉系統將首都附近乾旱地區，變成肥沃的農業種植區。同時，他建立公墓區、實施免費基礎教育，以及成立師範學校以培養師資，下令重啟國家圖書館及研究院，積極推動研究工作。

(2)智利再淪陷

由於秘魯商人認為從智利直接進口歐洲商品，讓他們失去市場。因此，極力遊說秘魯總督，設法阻止智利的貿易改革。1812 年，秘魯總督派遣遠征軍再度征服智利，並允許海盜船截捕所有進入智利殖民地港口的外國船隻。遭受攻擊後，智利全力反擊，禁止向秘魯輸出穀物。但保王派立即攻占穀物重鎮康塞普西翁，造成禁售穀物措施失敗。在政治上，卡瑞拉和貝爾納多‧奧希金斯暫時捐棄成見、政爭，團結一致對外。但因太晚行動，很快即

告敗北。英國介入斡旋，說服雙方簽署和平協議，並確保中立國船隻在智利貿易的權利。但是秘魯總督及利馬商人卻難以接受此協議，試圖重新開戰。總督向利馬商人籌資十萬美元，並任命奧索里歐 (Mariano Osorio, 1777–1819) 為新的遠征軍司令。

卡瑞拉等獨立派激進人士也難以接受此和平協議；而奧希金斯等穩健派則認為，此協議有助智利人整頓內部事務。然而，卡瑞拉再次先下手為強，控制政權。不過，奧希金斯則以武力驅逐卡瑞拉，智利內部再度兵戎相見。等到察覺奧索里歐遠征軍造成威脅時，再聯合抗敵已為時太晚。奧索里歐遠征軍打敗聯合部隊，聯合部隊越過安地斯山，逃往阿根廷。

為了保住戰果，奧索里歐終止智利與阿根廷的所有聯繫，以防止智利軍事將領潛入智利。然而，奧索里歐的貿易和財政政策再次嚴重傷害智利。根據其政策，所有翻越安地斯山的進出口都被視為走私貨。因此在奧索里歐執政的兩年多期間，對安地斯山地區的貿易，從 1813 年的十三萬多美元，降到幾乎為零。海運政策較為寬鬆，開放與秘魯及中立國的貿易。此政策有利關稅收入，從 1814 年的七萬多披索，上升至 1816 年的十三萬多。其他項目，特別是菸草專賣收入降幅更大。為了彌補財政缺口，奧索里歐沒收愛國者約二‧四萬披索的財產；另外透過貸款和徵稅增加六‧四萬披索。然而，財政收入仍不及革命前的半數，而且軍費支出倍增。1815 年，秘魯總督解除奧索里歐的統帥權，由龐特 (Casimiro Marcó del Ponte, 1765–1819) 接替。為了增稅，龐特不計後果，大肆增稅及扣押中立國商船。

(3)愛國者的反攻與秘魯的解放

　　此時，流亡阿根廷的智利領導人積極籌畫如何推翻殖民者的統治。奧希金斯與阿根廷革命英雄聖馬丁 (José de San Martín, 1778–1850) 結盟，卡瑞拉則前往美國購買武器，再返回阿根廷後組建部隊，但卻與奧希金斯和聖馬丁的聯軍爆發衝突。戰敗後，卡瑞拉順利逃脫；但其兩位兄弟遭到逮捕、槍決。此悲劇性事件，導致卡瑞拉家族與奧希金斯的支持者間，長期不睦。1817 年初，奧希金斯和聖馬丁的聯軍翻越安地斯山進行突襲，在查卡布科 (Chacabuco) 戰役中，打敗保王軍。一年後，在馬普戰役中，再度獲勝。這導致潰敗的保王軍及西班牙大商人逃回秘魯，智利獲得獨立。逃回秘魯後，這些人致函費南多七世，要求干預，以保護他們在智利的財產。而愛國者則高唱凱歌，返回智利故鄉。當時，愛國者擁護聖馬丁出任最高執政官，遭聖馬丁婉拒，於是他們再推舉奧希金斯，但因為曾目睹第一次獨立時內部的紛爭，奧希金斯對成立立法機構有所保留。

　　獲勝後，奧希金斯全力支持聖馬丁，以推翻秘魯總督。因為他認為唯有推翻西班牙在拉丁美洲最後的殖民者秘魯總督，才能確保智利的永久獨立。但這時國庫空虛，沒有足夠軍費提供遠征軍支援攻打秘魯。為此，奧希金斯沒收保王分子的財產、向他們徵稅，同時也向愛國者徵稅。1817 至 1824 年間，國庫中有九十萬披索來自沒收敵對勢力的財產，而四十多萬則來自強制徵稅。

　　此外，奧希金斯設立海軍，以控制海權。他任命前英國海軍軍官科克倫 (Thomas Cochrane, 1775–1860) 為智利艦隊司令，並

圖 17：奧希金斯（右）與聖馬丁（左）聯軍翻越安地斯山

委派多名美國有經驗的軍官輔佐他。1819 年 3 月，科克倫宣布封
鎖秘魯各港口，並禁止西班牙商船活動。此外，智利艦隊將聖馬
丁的遠征軍運送至秘魯南部地區，遠征軍從此地向利馬進軍。不
久，聖馬丁攻克利馬城，並宣布自己為秘魯護國者，但他沒有趁
勝追擊撤退的總督部隊。同時，科克倫殲滅太平洋上的西班牙艦
隊。不過，他在指揮戰鬥的方式，與聖馬丁發生齟齬，最後科克
倫辭職。然而，此時委內瑞拉的解放者玻利瓦爾 (Simón Bolívar,

1783–1830) 也正準備攻打秘魯，他在厄瓜多的瓜亞基爾與聖馬丁舉行歷史性的會晤後，說服聖馬丁交出指揮權，最後聖馬丁前往歐洲。1824 年，玻利瓦爾的部隊在阿亞庫喬 (Ayacucho) 戰役中打敗秘魯總督。歷時十四年 (1810–1824) 的戰鬥，南美終於完全解放。雖然沒有任何一位智利司令官參與此最後戰鬥，但在人力及財力上貢獻良多，這也讓智利免於遭受任何西班牙殘餘勢力的反撲，獲得真正的獨立。

第三節　獨立初期的發展

經過長期艱苦的戰爭及付出大量的鮮血和生命代價，智利人民終於打破西班牙的殖民枷鎖，贏得獨立，建立共和政體。這場獨立運動，雖然讓政治權力由西班牙統治集團轉移到智利土生白人集團手中，但是並沒有改變大地主的經濟基礎，更沒有根本觸動財產、家庭、勞動、宗教與法律賴以建立的社會基礎。當時，大部分人民，特別是印第安人，仍然處於被奴役的悲慘境地。因此對智利而言，要建立真正的民主共和制度，還需要長期的奮鬥與努力。

一、奧希金斯執政時期

在支持秘魯獨立期間，奧希金斯也開始著手讓智利成為獨立自主的國家，但是獨立初期，智利政局仍然動盪。奧希金斯領導的新國家也還面臨根基不穩，百廢待興的艱難時刻。為此，這位

開國元勳毫不留情地剷除革命陣營中，某些覬覦國家最高權力的對手，並逐步平定南方保王黨人軍隊的叛變，使國內局勢趨於穩定。同時，他下令沒收保王黨人的財產，實行新稅制，以增加國庫收入。另外，他了解智利貿易的潛力，所以將總海關從聖地牙哥，遷移至港都瓦爾帕萊索，使該城進一步成為太平洋西海岸的貿易中心。不過，智利商人不滿當時貿易都控制在外國商行手中，對此提出抗議，並疏遠新政府。此外，奧希金斯政府制定嚴厲的反走私措施。1822 年，他修改《基本貿易法》，卻同時受到外國及本國商人的反對，並因此延緩半年實施。

奧希金斯想在智利建立較平等的社會，盡力廢除特權制度，同時提高平民百姓的文化水準。他禁止貴族頭銜、禁止懸掛盾旗，以打擊權貴家族傲視萬物的習性。他也試圖廢除長子繼承制，但未能如願。同時，他興建公墓❶，並在一定程度允許新教徒存在，以削弱天主教會的勢力。他還大力發展教育文化事業，創辦公立學校、鼓勵進口外國書籍和雜誌、建立公共圖書館、出版書報，希望以健康的文化生活取代愚昧落後的社會陋習。至於在城市建設方面，他局部改善一些較重要的城市，如修建聖地牙哥的林蔭大道、開闢新市場、鋪砌街道、改善街道照明，使聖地牙哥市容大為改觀。此外，奧希金斯大力禁止鬥雞、賭博及一些經常引起酗酒、鬥毆的娛樂活動，以端正社會風俗，還設立城市警察，以打擊盜匪。而為了發展農業，他修建當時拉美最大水利工程之一

---

❶　因為當時墓園都由教會控制，政府興建公墓代表擺脫教會控制。

的馬波運河。雖然這些改善措施在一定程度上促進智利的發展，但是並沒有根本上動搖智利的大地主制度，也沒有擺脫外國人控制智利經濟的情形。

　　總之，奧希金斯嚴謹正直、一片好心但是他把許多變革強加給民眾，因此得不到民眾的支持。讚賞、支持他的人認為，他是開明君主；反對他的人則認為，他是獨裁者。他動用軍隊維持秩序，甚至強制智利貴族服從他。他自豪的認為，沒有這些人的配合，他也能在智利翻天覆地的進行改革。但是，他錯了！1822 年末，他先失去在康塞普西翁指揮軍隊的老部屬弗萊雷 (Ramón Freire, 1787–1851) 的支持。之後，聖地牙哥的權貴集團召開市政

圖 18：奧希金斯被迫辭職

會會議,要求奧希金斯辭職。起初,他自信滿滿,拒絕市政會的要求。然而,市政會仍執意要他交出政權,使他別無選擇,隨即發表引退聲明。最後他黯然離開智利,終老秘魯。1869 年,其遺體被送回智利,安葬在聖地牙哥大公墓中。

二、後奧希金斯時期與財政問題

1. 初期的變革與發展

　　奧希金斯引退後,新生的智利共和國因地主集團間的爭權奪利而混亂不堪、內戰頻仍、政變迭出。1827 至 1829 年,就爆發五次政變或暴亂。此外,1820 年代,智利上層社會分裂成自由派與保守派兩大陣營。起初,由臨時執政委員會掌管智利,但為時甚短。臨時執政委員會頒布新貿易法,用意為降低並簡化關稅,

圖 19:弗萊雷　弗萊雷於 1823 至 1827 年出任智利領導人,並曾成功將殖民者趕出奇洛埃島。他支持自由黨人的聯邦主義等思想,但卻未能解決國家的財政問題。他曾實施以商品專賣,分期償還英國貸款,但以失敗告終,且讓智利完全喪失國際信譽。1830 年內戰期間,他的軍隊在利爾卡伊 (Lircay) 戰役中失利,他被迫流亡國外。1836 年,在秘魯的支持下,他試圖推翻保守黨政府,但未能成功。

因此很快獲得商人的喜歡。之後由自由派的軍隊指揮官弗萊雷出任最高執政官。弗萊雷同意召開國民代表大會，默認代表人選。但大會代表爭吵不休，弗萊雷將其解散，獨攬大權。弗萊雷執政期間，智利在 1823 年廢除奴隸制度、開始發展工藝專科教育，並制定三權分立的 1823 年憲法。1826 年，弗萊雷奪取保王黨人的最後據點奇洛埃 (Chiloé)，完成智利的統一事業。此外，弗萊雷獨排眾議，沒收教會財產。此行動以及與聖地牙哥主教的衝突，讓到訪的梵蒂岡使者，對其抱持敵對態度，也因此推遲智利與教廷關係的正常化。

　　弗萊雷軍人出身，缺乏治國思想。1826 年，他召集立法會議，將權力交給布蘭科・恩卡拉達 (Manuel Blanco Encalada, 1790–1876)，布蘭科成為智利史上首位被稱為總統的執政者，但執政卻不到一年。1826 年，智利制定《聯邦組織法》，實行聯邦制。但因為聯邦制脫離當時智利的實際情況，所以很快就失敗了。1828 年，智利形成自由黨與保守黨兩大勢力。自由黨以改良和民主主義為旗幟，主張維護共和制度；而保守黨以教會、地主和貴族為主，主張維護上層階級的特權和舊制度。1828 年，智利通過體現自由黨人思想的憲法，也導致 1829 至 1830 年間，兩派爆發內戰。

2.財政問題

　　弗萊雷掌權不久，奧希金斯時期向英國借貸的三百萬披索，此時也入款了。智利政府將一半款項貸給秘魯，剩餘款項並未投入公共工程，而是作為 1823 年的預算款及其他用途。然而不到一

年，貸款花光，且每年須向英國攤還三十五萬披索，此數目占政府年收入的 20%。為此，弗萊雷與私人公司簽約，由該公司支付英國貸款，而智利則將菸、酒專賣讓予該公司。然而，獲得專利權的這家公司，未能支付英國貸款，且宣布破產。政府因而深陷財政危機，且在二十年後才開始還這筆貸款。

獨立後，貿易是智利國家財政的主要來源。而弗萊雷陷入財政危機的原因有部分來自貿易萎縮。他曾拋售沒收的教會財產，但效果不佳。除了經濟形勢困頓外，資金管理尤其雜亂無章，國庫空虛。弗萊雷被迫停止付款，但也因此信譽不佳，造成後來借款更加困難。1826 年，長期財政困境及政治紛爭迫使弗萊雷辭職下臺。後來曾多次透過軍中舊屬，夢想重掌政權，但均告失敗。

1826 至 1831 年間，政局動盪不安，有數位領袖人物出任總統。其中，品托 (Francisco Antonio Pinto, 1785–1858) 最負盛名。他是律師、礦主、商人、將軍和外交家，具有卓越領導才能。他並非聖地牙哥人，而是拉塞雷納 (La Serrena) 的礦主。他偏愛聯邦制，因為聯邦制能讓他所處的地區獲得自主權，該地區占智利全部出口額一半以上。所以，他支持將聯邦制載入 1828 年的自由主義憲法，該憲法也終

圖 20：品托

於廢除長子繼承權。然而，保守的聖地牙哥權貴卻紛紛反對，力圖挖品托的牆角。

三、獨裁統治

1829 年 9 月，品托再次當選總統，但副總統人選一時難產。因此雙方展開爭鬥，幾乎讓國家失控，最後迫使品托辭職。為支持品托的聯邦制，康塞普西翁及拉塞雷納撤銷對新國民政府的承認。同時，聖地牙哥的保守派則竭力說服康塞普西翁的軍官和他們聯手。1829 年 11 月 7 日，保守黨人普列托 (Joaquín Prieto, 1786–1854) 在康塞普西翁起義。同年 12 月 14 日，政府軍與起義軍在聖地牙哥南郊首次交戰，雙方不分勝負，最後簽訂和平條約，並把國家和軍隊的臨時指揮權交給自由黨的弗萊雷將軍。但是保守黨軍隊未履約。最後在 1830 年 4 月 17 日，自由派與保守派軍隊在利爾卡伊交火，保守派獲勝後，開啟長達三十年的專制共和國時期。

1820 年代，議會及憲法更換頻仍，但都未能在治國方略上有一致的看法。保守派則以武力奪權後，恢復殖民主義制度、廢止公民及宗教自由。但是，在經濟政策方面卻極為開明。令人遺憾的是，武力成為國家統一的唯一手段。當時的不和，並非社會階級間的分歧，而是權貴集團內部派別意見不一，政府的財政狀況，更加劇彼此間的爭吵。

當時，領袖人物想要奪取政權，就必須組成軍人與某集團的利益聯盟。一旦掌權，就冒險解散爭吵不休的議會，而實行獨裁

統治。雖然有些歷史學家認為奧希金斯的作為，形同獨裁，但至少在聖地牙哥權貴公然反對他時，他決定辭職而非繼續爭鬥。反之，1830年代，居統治地位的保守派，顯然更加獨裁。

專制共和國與自由共和國 (1830–1891)

1830 至 1891 年的六十年間，是智利史上非常重要的時期。在此期間，智利經歷政治色彩顯明的兩個時期，即保守黨人的專制共和國，以及自由黨人的自由共和國。1830 年 4 月 17 日，弗萊雷率領自由派軍隊在利爾卡伊河 (Río Lircay) 附近與保守黨軍隊決戰，弗萊雷大敗，智利內戰結束。自由黨人失利，從此開啟長達三十年的保守黨執政，又稱專制共和國時期。之後則由自由派執政三十年。

第一節　專制共和國

一、秩序與自由

1.獨裁統治

1831 至 1861 年間，智利由保守黨執政，代表礦主、商人、大莊園主、大資產階級、高級軍官，以及天主教高級教士的利益。

期間，只有三位保守黨人出任總統。每位總統都連任一次，各執
政十年。他們是普列托（1831–1841 在任）、布爾內斯（Manuel
Bulnes, 1799–1866, 1841–1851 在任），以及蒙特（Manuel Montt,
1809–1880, 1851–1861 在任）。當時參議員任期九年，眾議員任期
三年。總統親自挑選議員候選人，以保證他們一定可以當選總統。
此外，總統還指定市政官員和地區官員。總統常宣布戒嚴，以鎮
壓反對派；同時控制司法部門，支持一派反對另一派。當時智利
雖名為代議制政府，但是受財產要求的限制，能參加選舉的人很
少。例如 1834 年，智利總人口達一百萬以上，但能參與投票的卻
不足七千人。

1833 年 5 月 25 日，普列托頒布保守傾向的 1833 年憲法。此
憲法強調總統擁有任命權，並擁有對司法、公共行政和議會的控
制等廣泛權力。因此這部憲法鞏固以共和國形式為招牌的地主寡
頭政治，但受到自由派的抨擊。

1837 年，智利對秘魯及玻利維亞聯盟發動戰爭，以擊潰秘魯
在商業上的競爭。1839 年 1 月 20 日，智利軍隊在雲加伊
(Yungay) 戰役中，獲得最後勝利，秘魯及玻利維亞聯盟瓦解。
1843 年，布爾內斯政府派軍隊占領麥哲倫海峽，將智利國境擴大
到太平洋南岸。1845 年政府頒布《移民法》，並從 1850 年起，在
瓦爾迪維亞 (Valdivia) 安置德國移民。布爾內斯十年執政期間，
減少政治鬥爭，並花更多心力以提升智利在國際上的聲望、增加
財富和發展文化，以及整頓行政機構。1851 年，蒙特當選總統，
自由派在北部的拉塞雷納及南部的康塞普西翁起義，但最後以失

敗告終。內戰結束，保守派統治更加鞏固。

　　1850年代，因為缺乏政治參與，智利發生過兩次反獨裁統治的重大反叛行動。一些自由派人士要求更大程度的政治自由。自由派的礦主小加約 (Pedro León Gallo, 1830–1877) 甚至出資組建軍隊，試圖推翻獨裁統治。1851 和 1859 年，兩度反叛的領導人，雖然是為自由主義的理想而戰，但也有很大的成分是為其地方利益而戰。他們大多是南方或北方人，而非中央谷地的人。當時，在南方的軍隊不滿他們的待遇，以及土地所有者不滿無法獲得政府的資助；而在北方，礦主則因為向政府納稅卻得不到回報，而心生怨懟。

　　獨立初期，不只是智利，拉丁美洲大部分地區，都限制政治自由，同時各地區存在緊張的關係。當時獨裁者和革命運動踐踏民眾的權利，甚至危及其財產和性命。獨立和自治並未開創進步的新時代，反而造成停滯，甚至衰退。此外，拉美整體政治環境十分險惡，反對派及文化人往往逃至其他國家尋求庇護。委內瑞拉傑出學者貝約 (Andrés Bello, 1781–1865) 曾為了躲避委內瑞拉的獨裁政權，移居智利。至於薩米恩托 (Domingo Faustino Sarmiento, 1811–1888)——阿根廷著名作家及後來的總統，則為了躲避阿根廷羅薩斯 (Juan Manuel de Rosas, 1793–1877) 的暴虐統治而曾移居智利，並在瓦爾帕萊索從事新聞工作，闡述其教育思想。

　　拉丁美洲新興共和國在獨立後，都全力創建可行的政治及經濟制度。獨立後智利也試行多部憲法，力求在秩序與自由間尋求

圖 21：貝約　貝約雖然出生於委內瑞拉，但為了躲避獨裁政權，移居智利。他曾協助創立智利大學 (Universidad de Chile)，並擔任校長長達二十餘年。他是智利 1833 年憲法的起草顧問，編撰智利民法法典，也撰寫許多有關語法的文章和專著。他擔任過智利國會議員，後來曾與同樣為了躲避獨裁政權而移居智利的作家、後來的阿根廷總統薩米恩托對西班牙文的使用問題，在智利舉行著名的大辯論。

平衡。1830–1860 年間，智利各種制度得以確立，經濟自由先行，之後實現政治自由。經濟自由，讓智利擴展國內外的市場，並加速貨物流通和財產分配。因此商人在積累財富後，提出參與政治決策的要求就不足為奇了。1851 和 1859 年的兩次暴動，其目的在要求改革經濟制度，以及發展更自由且更多參與的政治制度。

2. 經濟變革

　　獨立初期，有限的政治參與並未影響智利人開創物質大發展的時代。此現象，在港口城市瓦爾帕萊索，表現得更為明顯。商人將此地從死氣沉沉的城市，變成太平洋岸的商業中心。世界各地前往亞洲、歐洲和加利福尼亞的船隻都必須在此停泊。許多世界各國的公司，都在此港城從事經營活動。來自世界各地的捕鯨船，也都到更南部的港城康塞普西翁購買相關用品。而銅則讓北

部的科金博 (Coquimbo) 成為國際性港城。

由於商人的努力，終於將惠及特定集團的經濟政策，變成明確市場規則的政策。起初政府試圖保護本國手工藝者、製造商、商人以及商船，但是隨著利益衝突和實施困難，政府逐漸廢除許多保護措施。此外，當時各集團一方面積極遊說議會減稅，一方面又希望政府修築道路、碼頭、倉庫以及灌溉溝渠。但是當時智利資本累積薄弱，許多工程一時間難以動工，因此私人資本就暫時承擔相關工程的建設。

然而，不幸的是獨立初期智利國庫空虛，國內外放款人都對智利是否能償還債務心存疑慮，使智利財政更顯窘迫。雖然國家形勢危急，主要集團仍然希望政府減稅或免稅。因此財政部長練希福 (Manuel Rengifo, 1793–1845) 決定減稅，以爭取更多政治支持。1830 年代，發現銀礦促進智利經濟成長，政府收入從 1836 年的一百六十多萬披索，增加到 1860 年的八百五十多萬披索。這筆資金讓議會能通過公共工程建設、資助教育以及增加軍費等相關預算。

二、礦業發展

由於保守派政權比較穩定，讓智利有三十年的相對和平，以及經濟比較繁榮的局面。從 1840 年代起，工農業都開始向前發展，特別是銅、硝石、銀等採礦業迅猛發展。銅的生產以阿塔卡馬和科金博省為中心，在 1840 年代前，智利是世界上產銅最多的國家。1860 年代，智利銅的開採量占世界的 50%；1870 年代，

銅礦業成為智利經濟的重要部門。同時，硝石也開始發達。1860
年，智利硝石出口已增至五萬六千噸，主要銷往英國。從此英國
資本開始大量進入智利，並壟斷智利的貿易和銅礦開採。

1.傳奇人物蘭伯特

　　智利獨立後，英國人在此投資三家採礦公司，主要在購買智
利的礦山，並運用英國威爾斯的採礦技術。當時，採礦公司派遣
蘭伯特 (Charles Lambert, 1793–1876) 及隨行人員到智利探察。蘭
伯特是受過良好教育的地質學家，之前曾探勘過智利的礦區。再
度勘察後，他向在英國的公司表示值得投資。但是後來因倫敦股
市崩盤，公司宣告破產，蘭伯特的投資也血本無歸。然而，他仍
有足夠資本繼續投資，加上擁有豐富的礦物學知識，以及適應智
利當地文化的能力。因此他收集一些不值錢的銅礦渣，運用特殊
技術加工，獲利不菲。他還提供貸款給礦主，以保證擁有源源不
斷的礦渣。再者，他也從出口銅中，獲取相當的傭金。

　　蘭伯特深知，智利政府的政策將會深刻影響自己的事業。因
此他貸款給科金博地方政府十萬披索，以促成地方政府降低關稅。
雖然這造成中央與地方政府間的矛盾。不過，蘭伯特終究達成預
設的目的。即便像蘭伯特這樣機敏的商人，也很難預測智利政治
的風起雲湧。在 1851 年拉塞雷納叛亂中，革命者劫持其商船。蘭
伯特支持政府打敗革命軍，取回船隻。但在這次事件中，他得罪
許多支持革命的礦業大老，於是決定回到英國，並讓兒子繼續留
在智利經營事業。1876 年，蘭伯特在英國威爾斯去世，留下大約
五百萬披索的財產。

2.加約家族與白銀的開採

在蘭伯特改進煉銅技術，以增加銅的產量時，智利開始生產白銀。1820 年代，探勘者在科金博地區發現銀礦。這使得智利銀礦的出口，從 1820 年的五十萬披索，上升到 1830 年的一百一十萬披索，讓智利衰退的經濟得以復甦。1832 年，在智利北部的柯皮亞波發現智利史上最大的銀礦。這造成銀礦的出口值，從 1840 年的一百六十萬披索，猛增至 1855 年約八百萬披索，不過此後因高純度的礦石日益減少，白銀生產隨之下降。

加約 (Miguel Gallo, 1793–1853) 及其家族在智利銀礦的開採上，扮演重要的角色。加約去世後，其妻戈耶內切雅 (Candelaria Goyenechea, 1795–1884)，意識到交通對礦業發展的重要性，因此出資興建智利首條鐵路，連接柯皮亞波和卡爾德拉 (Caldera) 港。她也發現教育的重要性，送其子小加約到聖地牙哥國民學院就讀。此期間，小加約為當地報紙撰稿，並加入國民衛隊。1851 年，爆發反對蒙特為總統候選人的暴動時，小加約參加的國民衛隊受命保衛政府。但是當時柯皮亞波的許多礦主卻反對蒙特。蒙特當選後，小加約被遴選進入市政會。後來因拒絕執行政府的行政命令，遭蒙特撤職。

小加約加入反對派，並要求修改 1833 年憲法。當政府圍捕其政治追隨者，並將他們押捕上船送往利物浦時，他決定以自己從銀、銅所獲取的財富，組建軍隊，推翻蒙特政府。1859 年 3 月 14 日，他指揮軍隊在拉塞雷納近郊的戰役中，擊敗政府軍。然而一個月後，增援的政府軍打敗小加約。小加約被判死刑，最終流

亡至阿根廷。流亡期間，母親戈耶內切雅持續經營家族事業，並
不斷資助小加約，也援助小加約軍中部屬的家屬。兩年後，新總
統佩雷斯 (José Joaquín Pérez, 1801–1889)，大赦參與 1859 年革命
的成員。小加約及其部屬英雄式的返回家鄉。隨後政治生涯一帆
風順，分別擔任五屆眾議員及一屆參議員。1877 年小加約去世，
尚健在的母親從事許多社會活動，其中包含在太平洋戰爭結束後，
幫助士兵解決問題。

3.烏爾梅內塔及庫西尼奧家族

　　十九世紀中葉後，智利的投資逐漸轉向採銅業。到 1870 年
代，智利生產的銅占全球三分之一強。其中，烏爾梅內塔 (José
Tomás de Urmeneta, 1808–1878) 是當時最有成就的銅業大王。他
率先以開鑿坑道並以坑木加固的方式，開採銅礦，並以鐵軌及手
推車運送礦石。他雇用一萬多名工人，所冶煉的銅占智利總量一
半以上。他還建立煤炭公司，為其冶煉廠提供燃料。除了銅礦業，
他廣泛投資，包括在聖地牙哥的麵粉廠、智利國家銀行、保險公
司、信貸公司、建築公司以及鐵路及輪船業。他也涉足政治，擔
任兩屆眾議員和一屆參議員。1870 年，他以反對黨候選人參加總
統大選，因選舉受到操縱，他憤而退選。

　　庫西尼奧 (Matías Cousiño, 1810–1863) 是智利另一位具有創
新精神且非常成功的礦業主。起初，他與大部分銅礦主一樣，都
以燃燒木材煉銅，但快速砍伐使木頭很快枯竭，所以他進口英國
煤炭。後來，他在康塞普西翁收購經營不善的煤礦，並積極開採。
他還興建鐵路，以便將北部生產的銅礦砂運到產煤區，以降低運

圖 22：庫西尼奧公園一景，攝於 1913 年。

輸成本。不久後，他成為智利煤炭大王以及知名的穀物商。經商成功後，他涉足政壇，曾先後擔任眾議員及參議員。去世後，因為家族財富不斷累積，其子學他蓋更華麗的宅邸及更壯闊的花園。家族後來將此捐贈給聖地牙哥市，市政府將其闢為公園，名為庫西尼奧公園。1970 年代，為展現愛國精神，政府將公園改名為奧希金斯公園。

三、貿易發展

　　1820 年代以後，因為關稅下降，智利貿易長足發展。紡織品、採礦及家具等各式各樣歐洲商品湧入智利。當時，進出口貿易由英國人主導，美國居次。智利人大多是代理經銷商，但也有

獨立經商者。而商人最歡迎以銅和白銀支付進口商品,同時在回程時載運智利所生產的小麥、牛皮、羊毛、牛肉乾及新鮮農產品。至於智利港口城市間的貿易和零售,則由智利人主導,移民商人則受到限制。商人將南方穀物和其他食品,以船運送到北方礦區。當時有些糧商也建立麵粉廠,並將產品裝船北運。甚至在美國加利福尼亞淘金熱時,爭取相關產品進入舊金山市場。商人提供莊園主貸款,以確保穀物供應無虞。此外,莊園主也提供礦區鮮肉和牛肉乾。

1.大商人拉莫斯‧豐特

拉莫斯‧豐特 (José Tomás Ramos Font, 1803–1891) 是專門經營智利及南美洲商品的大商人。他主要經營秘魯、厄瓜多、巴拉圭、烏拉圭和巴西的農產品,與歐洲大型貿易公司相互競爭。他是葡萄牙移民後裔,以微薄的資本起家,最終成為智利十大巨富。早期住在聖地牙哥,瓦爾帕萊索貿易興起後,遷居此港城。早年,父親送他到秘魯與叔叔生活、求學。期間,他往返兩地,以了解政局與貿易的情況。初期他在瓦爾帕萊索投資啤酒廠與進口啤酒競爭,之後他往南開疆闢土,為美國商人收購羊毛,並在康塞普西翁設立現代化麵粉廠。他與葡萄牙商人合作、壯大船隊,在智利沿海、秘魯、厄瓜多及哥倫比亞等地銷售穀物、麵粉、牛肉乾、葡萄酒、木材等物品。返程時則載回蔗糖、稻米等作物。

在加州淘金熱、舊金山物價飛漲時,他和其他夥伴合作,船運糧食、酒類、木材和服裝。但是一年後,物價暴跌,虧損甚多。此外,他們貸款給前往淘金的智利礦工,但是礦工呆帳;這兩項

事件，讓他在加州的生意虧損近一萬七千美元。不過幸運的是，
拉莫斯・豐特在其他事業收入頗豐。經過多年船運蔗糖後，他發
覺直接種植甘蔗，利潤更高。因此 1861 年他在秘魯購地種植，招
募工人。多年後，種植園增值四倍，達一百七十萬披索。他也積
極在聖地牙哥購置莊園，投資煤氣、保險及銀行業，因此 1891 年
過世時，財富累積四百多萬披索。然而，可惜的是，其子女都缺
乏經營才能，最後變賣所有公司。且不像當代有錢人家，他的後
代沒有成為政治、經濟或文化顯要，也沒有和權貴家族聯姻。

2.波塔萊斯——商場失敗，政治得意

　　在經濟普遍繁榮的年代，波塔萊斯 (Diego Portales, 1793–
1837) 是一位時運不濟的商人。他曾做過多種生意但都失敗；不
過，在政治上終能一展長才。在殖民時代，波塔萊斯的父親曾任
鑄幣廠廠長，並積極支持獨立。然而波塔萊斯並未投身獨立革命，
而是專注於和秘魯的貿易。智利獨立後，他從政府接手菸草專賣
生意，但事業虧損，導致違約未能償還債務。此後，他為報紙撰
寫諷刺性評論文章，逐漸步上政治舞臺。

　　他醉心追逐權力，不屑一些公務瑣事。專制共和國初期，波
塔萊斯曾短暫獨裁，並影響之後智利的歷史發展。1830 年保守黨
上臺執政，主要歸功於他。早年他在瓦爾帕萊索經商。1824 年，
他獲得菸草等專賣權，但是 1826 年專賣權被剝奪，他組成專賣店
老闆黨 (Estanquero)，反對自由黨政府。

　　1829 年波塔萊斯入閣。1830 至 1831 年，奧瓦耶 (José Tomás
Ovalle, 1787–1831) 執政時，他曾兼任內政、外交和陸海軍部部長

等多個內閣職務。利爾卡伊戰役後，他實際掌權，實施獨裁統治。
執政期間，他解除軍隊中具有自由黨傾向的領導人軍職，並建立
民團及國民警衛隊，同時開辦軍官學校，培養貴族子弟。此外，
他嚴加控制和鎮壓反對派的政治活動、輿論宣傳和新聞。他將反
對派流放國外，同時禁止奧希金斯返回智利。上述措施相對穩定
智利國內局勢，也為保守黨人士長期執政，創造有利條件。1832
至 1833 年，波塔萊斯擔任瓦爾帕萊索市長，對制定 1833 年憲法
影響很大。1835 年，再度出任內政、外交和陸海軍部部長。1836
年，為了確保瓦爾帕萊索作為太平洋沿岸主要港口的獨特地位，
他發動與秘魯及玻利維亞聯盟的戰爭。1837 年，在瓦爾帕萊索附
近，被政敵策動的反叛部隊殺害。

圖 23：波塔萊斯向名人政要說明應對秘魯及玻利維亞聯盟發動戰爭的
理由。

　　波塔萊斯藉著對普列托政府的影響力，獲得往來智利與秘魯船運的特許經營權、投資牛隻育肥等事業，但卻鮮有獲利。在債臺高築時，他還試圖開辦煉銅廠。1837 年，他被處決時，生意仍無起色。在那麼多庸庸碌碌的商人中，他能留名青史主要是因為擁有特殊的政治經歷。

3.惠爾賴特——成功的外商

　　惠爾賴特 (William Wheelwright, 1798–1873) 是波塔萊斯的好友，經商有成。他雖出生於美國，但一輩子在南美洲從事貿易與運輸事業。他先在厄瓜多經商，1830 年代瓦爾帕萊索成為貿易中心後，他移居此城。當時，惠爾賴特意識到新的運輸方式，將使貿易產生革命性變化。因此他運用管道與私人及政府建立密切關係，為其太平洋輪船航運公司爭取特殊經營權。起初公司虧損，幸虧英國議會給予特別津貼補助，公司經營有所起色。可見在當時即使是私人事業，政府的支持通常是成功的關鍵。

　　除了航運業，惠爾賴特也投資鐵路及電報事業。他成功說服庫西尼奧等智利礦主投資他的鐵路事業，該公司於 1851 年開通智利首條鐵路。起初從英國進口煤炭，後來康塞普西翁發現煤礦，他聯合庫西尼奧投資開採煤礦，並將煤炭賣給鐵路公司及煉銅廠。1852 年，惠爾賴特引進電報，並在聖地牙哥及瓦爾帕萊索架設第一條電纜線，以協助商人及時了解市場信息，降低經營風險。然而，他在智利其他的事業則經營不佳，於是他將經營領域轉向阿根廷，在那修築第一條鐵路，並成功說服阿根廷政府，取得特許經營權。這再次證明，事業要成功，私人及政府的支持非常重要。

惠爾賴特遊說智利、阿根廷及英國政府，以及在南美洲及歐洲募集資金的本事，是他生意成功的關鍵。

四、有土斯有財

長久以來，當眾多商品價格波動不定時，只有土地價格持續上漲。因此，許多智利商人在生意獲利後，經常投資購買土地。土地也意味著智利權貴在訪問歐洲時有了新身分。他們在新購買的土地上興建法式或英式的豪華莊園宅邸，同時也投資興建灌溉溝渠、採購機器及試種新品種作物。此外，這些新的土地權貴也千方設想，透過兒女婚事與傳統富裕家族聯姻。再者，他們也體認教育對其事業的重要性，因此讓兒子學習法律、從事房地產生意、銀行業、投資以及政治活動；讓女兒學會主持大家庭事務、款待權貴及解決家庭問題的本事。當時有許多權貴涉足政治，擔任議員或內閣職務，也同時遙控自己所經營的事業。此時期，智利有三大因土地致富的家族。

1.拉臘殷家族

十七世紀時，拉臘殷 (Larraín) 家族首次移居智利。起初他們從事教育事業和在政府機構工作。他們擔任聖菲利普大學校長、聖地牙哥市長及民團司令。該家族也擁有大面積的土地。荷西・托里比奧 (José Toribio Larraín, 1784–1829) 成功經營莊園，1878年獲得「拉臘殷家族侯爵」稱號。此外，他積極從事貿易，與英國天蠍號商船從事走私貿易，曾導致賈西亞・卡拉斯科都統發生危機。荷西・托里比奧的妻子莫霍 (Dolores Moxó, 1782–1847) 也

出生豪門，他們都在智利出生，也都堅持不支持危及其地位與利益的獨立運動。（家族另一支沒有貴族稱號，則全力支持獨立運動）雖然荷西‧托里比奧支持保王派，但在智利獨立後，他們還是設法保住財產，也沒有受到迫害。

　　後來荷西‧托里比奧的長子拉法埃爾 (Rafael Larraín Moxó, 1813–1892) 接管家族的莊園、財產，以及保守的政治立場。他引進現代農業技術，並積極推廣。和許多當代富有莊園主一樣，拉法埃爾也特別關心政治。他與總統普列托的女兒維多利亞 (Victoria Prieto, 1822–1878) 結婚，並曾擔任眾議員、參議員以及參議院議長。此外，他利用從政機會，廣結善緣，認識許多投資人。他們一起創辦智利銀行，並被推舉為董事長。此外，他還投資興建鐵路，但是當工程受阻時，他支持政府介入。後來，其子路易斯 (Luis Larraín Prieto, 1859–1938) 察覺製造業是新的發展領域，因此變賣家族部分土地，以籌措資金。雖然，路易斯使家族事業更多樣化，但是仍忠於家族保守的政治信念。

2.拉斯卡諾‧穆希卡家族

　　拉斯卡諾‧穆希卡 (Fernando Lazcano Mujica, 1810–1886) 的家族是另一個熱愛政治的地主家族，他和父親都學習法律。1832年，出任上訴法院秘書。1851 年，蒙特總統任命他為司法、宗教及教育部長。因為具有保守的宗教信仰，擔任教育部長時，曾試圖任用教士替代在國民學院任教的世俗老師，此舉引起師生的憤慨與抗議。為免事態擴大，蒙特調派他為臨時財政部長。之後他選參議員，並擔任參議院議長。

　　除了從政，他也經營莊園。為了提高土地的產能，他修築灌溉溝渠。到 1880 年代，這些措施讓莊園價值提高至六十多萬披索。拉斯卡諾並沒有像拉臘股家族，分散投資以降低風險。他去世時，家產達一百五十多萬披索，然而只有 5% 投資於股票和債券。他的三個兒子都繼承他對政治的熱愛，當選過議員、部長及駐外大使。有一位曾在 1906 年競選過總統，但是敗給小蒙特 (Pedro Montt, 1849–1910)。

3. 瓦丁頓家族

　　瓦丁頓 (José Waddington, 1821–1882) 是移民者購置莊園並經營有成的另一範例。起初他在阿根廷經商，後來移民智利，在瓦爾帕萊索經營運輸業，沿南美西海岸運送英國貨、出口農產品和金屬。後來他在瓦爾帕萊索西半部購置莊園以生產出口所需之農產品。但是因為此區下雨有限，影響養牛和小麥的生產，因此他開鑿長達一百多公里的灌溉渠道，直接從阿空加瓜河引水至其莊園。瓦丁頓自掏腰包，大興工程的舉動，震驚其他莊園主，刺激其他莊園主群起仿效。多年後，瓦丁頓後代出售莊園，這莊園已成為當時智利最有價值的莊園之一。

　　除了農業，瓦丁頓家族也從事城市房地產、採礦業和鐵路。1833 年，他購置聖奧古斯丁修道院在瓦爾帕萊索的土地，除了自建豪宅，他將其餘土地分割成小塊出售，進帳不少。在採礦方面，他向礦主賒銷貨物，以換取專賣權。此外，他修築瓦爾帕萊索到聖地牙哥的鐵路，以改善莊園到港口的運輸條件。後來因為戰事，他的事業被摧毀，宣告破產。他四處奔走，希望挽回損失。所幸

不久後，他取得瓦爾帕萊索建造自來水廠的合約。雖然他是瓦爾帕萊索最有影響力的企業家之一，但他從未出任公職。然而，他的三個兒子都當選過眾議員。

對上述的莊園主而言，農業是他們的營業活動之一。但是他們都住在城市，而不是生活在自己的莊園。目前許多智利的大地主也都沿襲了這種習慣。此外，他們還積極投資購買各項生產工具，以設法提高土地的產能。同時，他們還投資鐵路、銀行及城市的房地產。他們不論是自由派或保守派；外來移民或本地人；也不論是否出任過公職，他們都從智利的市場經濟及社會穩定中得到好處。自由主義者，希望獲得更多的自由；而保守主義者則擔心自由度擴大會引起社會的不安定。

五、政治發展

獨立初期，智利談不上有真正的政黨。當時拉幫結派的基礎是家族、宗派或政治信念，而且只有富人、受過良好教育的人和軍人才能參政。因此從事採礦和貿易的家族就形成具有自由思想的新派；經營莊園的家族則凝聚成保守的老派。新派比較能吸引新富翁及有才幹的人。然而，不論新派或老派都不曾想過拉攏農民及礦工加入，因為智利的憲法，不管是自由主義或保守主義，憲法都只將選舉權授予有產者。

雖然當時智利政治人物都出身同樣的社會階層，但是經濟、地區和家族利益會將他們區分為不同的陣營。如果雙方分歧無法解決，爭論陷入僵局，軍方就出面干涉，這也成為大部分拉美國

家獨立後的政治常態。通常政治領袖會遊說軍方支持他們，但這也造成軍方分裂成兩派，並常常兵戎相見。例如，1822 年，自由派唆使弗萊雷將軍反抗前司令官奧希金斯；1830 年保守派則慫恿普列托反對弗萊雷。更不可思議的是，表兄弟分別支持不同陣營而血戰沙場。長久來，軍隊一直是造成智利共和國分裂，而非安定的因素。1831 至 1851 年，兩任總統都是職業軍官。1851 年上任的蒙特是第一位文人總統，他終於讓軍隊聽命文官政府的領導。1831 至 1861 年，保守派執政期間，政府常以國家安全為藉口，取消公民自由權。後來，才逐漸以辯論及政治活動，而非以槍桿子解決紛爭。

1.普列托時代

波塔萊斯是智利政壇最具影響力，也最令人捉摸不透的人物。他善於指揮別人，但是不善於行政管理之道。在 1829 年的一場危機中，他協助保守派盟友上臺執政。1830 年危機再現時，他直接控制政府。但全國分裂成兩個敵對陣營，且軍隊也分裂了。在保守派支持下，1830 年 4 月 17 日，普列托打敗前自由派總統弗萊雷。此一勝利，強化波塔萊斯對政府的控制。他取消地方選舉，放逐重要的自由派領袖，並廢止聯邦制。此外，他裁減軍隊，加強國民軍，以減少軍隊的干預。在保守派執政期間，他常派遣國民軍去平息民眾騷亂。當意識到保守派已經牢固掌握政權時，波塔萊斯回到瓦爾帕萊索經商及從事投機買賣。

在保守派執政期間，通過 1833 年憲法，以強化總統權力、弱化議會的功能，同時規定總統任期五年並得連任一次。總統可以

暫時停止實施憲法、宣布戒嚴。這項權利在保守派執政期間，經常援引使用。雖然保守派在政治上排斥新思想，但在經濟上卻倡導革新。因為初期國庫空虛，為了拉攏礦主、商人及莊園主的支持，保守派政府實施浮動關稅，降低大部分的進口關稅，且降低農產品銷售稅及停止徵收農業什一稅，以討好莊園主。

1836 年總統大選時，自由派人士欲支持財政改革有成的財政部長練希福競選總統，反對普列托連任。為此，波塔萊斯再度復出，迫使練希福辭職，再次協助普列托當選總統。第二任期時，普列托內政外交問題重重，導致智利與北方鄰國、秘魯及玻利維亞聯盟發生戰爭。雖然當時大多數智利人及外商都反對戰爭，但是普列托認為此戰役是為了爭霸太平洋貿易而執意開戰。普列托宣布戒嚴，讓反對派噤聲。

2.布爾內斯時期

1837 年 6 月，波塔萊斯在校閱部隊時被捕，而後遭槍決，結果使得智利人轉而支持與秘魯的戰爭，但是外國商人仍然擔心戰爭讓他們遭受損失。最後布爾內斯率領的軍隊獲勝，秘魯及玻利維亞聯盟解體，布爾內斯成為民族英雄，瓦爾帕萊索主導太平洋的貿易。布爾內斯打勝戰，以及他是普列托總統的外甥及品托總統的女婿，使他成為延續保守派政治的最佳人選。由於品托是自由派，這使得布爾內斯緩和對反對派的敵對態度。這種和諧的氣氛，有利於智利國家文化教育事業的發展。當時，顯貴家族不但加強孩子在國內的教育，有些人還送孩子到歐洲求學。歐洲文化的潛移默化，讓這批歸國學子的人生邁入新的階段。

此後，智利與歐洲的交流日益頻繁，自由平等的思想也日益影響智利的政治與社會環境，布爾內斯政府也悄悄的轉向自由主義。他讓教會服從政府、接受非天主教婚禮，以及廢止教會特權。然而，這些措施激怒了當時的大主教，並醞釀日後更激烈的衝突。1846年，為了連任，布爾內斯再度審查報刊、限制公民自由，並竭力壓制不同意見。1850年，改革派成立「平等社」，並出版《人民之友》報，要求更充分的自由，並表示智利人有權挑選他們的下屆總統。然而，布爾內斯仍執意指定蒙特為他的接班人。最後蒙特勝出。但是抗議者起義反對。布爾內斯親自指揮部隊，平定動亂。

3.蒙特政府

蒙特出生在平民而非軍人家庭，他才華出眾，年紀雖輕但已享有盛名。1837年普列托邀請他首次入閣，先後擔任外交、司法、教育及國防和海軍部長。後來，還出任最高法院院長、眾議院議長。蒙特深刻體認，治理智利需要有才幹的人，而不是擁有土地的貴族，但是他卻未能發揚民主，而是再度與老派結盟。他廢除農田銷售稅和農業什一稅，以及廢除長子繼承權，讓土地可以自由交易，藉此獲得擁有土地的貴族階級支持，並成立抵押貸款銀行，讓莊園主方便獲得信貸。同時，他改善鐵路運輸、鼓勵向南巴塔哥尼亞移民，以及力主智利對麥哲倫海峽的控制權。

雖然，蒙特為權貴利益著想，但他主張政府管轄教會時，引起許多老派人物反對。最後，極端保守派和極端自由派結盟反對蒙特；兩派的溫和派則聯手支持蒙特。1859年，自由派人士誤判

形勢貿然起義，遭軍隊擊敗。雖然失敗，但至少讓蒙特重新指定佩雷斯為繼承人。佩雷斯的當選，使政策開始向自由主義轉變。此後，議會加強制約總統的權力，並開啟議會的時代。

第二節　自由共和國

　　自由派執政時間，政府尊重言論自由和不同的政治派別。此時，議會領導人玩弄權術及政治交易。此外，中產及工人階級開始組建政黨，挑戰權貴。當國家財富增長時，議員財產也隨之增加，議會儼然成為新的富人俱樂部。1861 至 1891 年，自由共和國時期是智利史上經濟大發展時期，也是戰事頻仍的時期。新的疆土及海洋運輸，擴大國內外市場，並刺激農礦產品的出口以及消費品和資本財的進口。再者，民族工業的興起也引爆了太平洋戰爭。最後智利贏得戰爭，獲得硝石等更多的礦產資源，硝石稅讓國庫更加充裕。此時，總統權力大幅削減，無法再操縱議會選舉，甚至因預算分配，議會宣布總統違憲，內戰爆發。最後，雖然議會獲勝，國家恢復秩序，但卻付出沉重代價。

一、經濟與社會發展

1.白銀與硝石

　　自由派執政時，採礦業仍然深刻影響智利的發展，並吸引成千上萬中央谷地勞動者前往北部工作。採礦業為農業提供市場，也為公共工程建設提供資金。

　　1870、1880年代，白銀收入主要來自對玻利維亞銀礦的開發。當時玻利維亞銀礦的礦主與礦工主要是智利人，大部分白銀也都透過智利港口輸出。隨著白銀的枯竭，以及純度高的銅礦石告罄、銅價下跌，投資者只能尋找其他礦山進行投資。

　　因此，硝石就成為頗具吸引力的礦產。硝石主要蘊藏在阿塔卡馬沙漠，氮含量高，可製造合成化肥及火藥。此礦石主要位於秘魯與玻利維亞，但由智利公司獲得開採的特許權，起初規模不大，產能不足，但在太平洋戰爭 (1879–1883) 結束後，智利兼併秘魯及玻利維亞的硝石礦區。到1880年代約有一萬多名工人開採硝石，價值高達二千三百萬美元，超過智利出口的一半。智利開始採用現代的採礦技術，政府法令也鼓勵合資採礦、建冶煉廠及修築鐵路，像企業家烏爾梅內塔就曾集資修築鐵路，以利礦石運輸。同時，礦工也更專業化。

　　由於雇用眾多勞工，因此形成比莊園還大的城鎮。雇主以購物券支付工人薪資，並讓他們在公司經營的店舖購物。礦工居住的環境差，沒有自來水，也沒有下水道，而且肺結核病猖獗，天花、霍亂也奪走不少礦工的性命。從西班牙來的工人，發動當地工人建立勞工組織，以改善工作條件。1890年，首次嚴重經濟衰退來襲，智利礦工發動首次全國性大罷工。

　　採煤業的工作環境與條件又更加惡劣。當時大多數煤礦都在智利南部地區，有些坑道甚至在海底，因此災難頻傳。再者，他們和家人居住的都是搭建在山坡上、極簡陋的小木屋。

2.太平洋戰爭

早期，智利公司和在智利經營的外國公司在北部鄰國採礦，由於沒有劃定疆界，所以產生主權問題。1866 年，智利與玻利維亞達成協議，兩國以南緯 24° 線為正式國界。初期開採銀礦時，因為玻利維亞給予特許權，所以沒有遇到麻煩。但是，發現硝石時，就浮現問題。通過條約，智利讓出硝石地區的所有權利，條件是玻利維亞不得對硝石課新稅。智利人也在秘魯開採硝石，這引起秘、玻兩國的擔憂。使得秘、玻兩國在 1873 年簽訂攻守同盟秘密條約。

兩年後，因為秘魯想要控制國際市場上的硝石價格，所以將境內所有礦場國有化。政府對公司發放證券，以作為補償，但是秘魯政府無錢支付，這造成證券價值大縮水，也讓投機者以低價收購。有些證券持有人認為改變主權或許可以讓他們收回礦場，因此極力說服智利政府干預，但智利沒有採取任何行動。此時，智利與阿根廷出現邊界糾紛。1878 年，雙方達成協議，同意沿安地斯山脊和大西洋與太平洋的分水嶺為兩國疆界。智利民眾認為巴塔哥尼亞高原應劃歸智利，反對此協議，但又考量與玻利維亞及秘魯的爭議未休，最後智利被迫接受與阿根廷達成的協議。

品托執政期間，在英國資本家唆使和支持下，智利為爭奪原屬於秘魯與玻利維亞盛產硝石的阿塔卡馬沙漠地區，與兩國爆發太平洋戰爭。1879 年 2 月，智利出兵占領玻利維亞的安托法加斯塔城 (Antofagasta)，並升起智利國旗，揭開太平洋戰爭的序幕。3月 1 日，玻利維亞向智利宣戰。隨後智利軍隊在卡拉馬 (Calama)

擊敗玻利維亞軍隊，完全占領玻利維亞的阿塔卡馬地區。智利的
行動引起玻利維亞盟國秘魯的反對；同年 4 月 5 日，智利正式向
兩國宣戰。從人數上來看，玻、秘聯軍占優勢，但是智利海軍及
陸軍素質都高於玻、秘聯軍，最後智利勝出。1883 年 10 月 22
日，秘魯與智利簽訂《安孔條約》(*Tratado de Ancón*)，秘魯永久
割讓塔拉帕卡省；塔克納 (Tacna) 和阿里卡兩省，由智利兼管十
年，期滿由當地居民公投決定歸屬。1884 年，智利與玻利維亞簽
訂停戰協議，規定安地斯山脈與太平洋間的所有領土，即安托法
加斯塔省歸智利所有。智利領土增加三分之一以上，而玻利維亞
則失去出海口，成為內陸國。戰爭讓智利獲得太平洋岸全部的硝

圖 24：秘魯畫家筆下的太平洋戰爭　畫中一名智利士兵高舉刺刀，欲
殺死已受傷倒地的秘魯士兵，一旁的婦女試圖阻止他的攻擊。

石礦區，成為世界最大硝石出產國，智利也成為當時南美的軍事強國。

3.硝石生產與收入

太平洋戰爭後，雖然智利獲得全部的硝石礦區，但是大多由外國公司開發。因此許多智利民眾認為，他們為外國公司打太平洋戰爭，而這也是不爭的事實。英國人諾思 (John Thomas North, 1842–1896) 在戰爭期間，大量收購價格下跌的硝石證券；戰後，智利政府決定將硝石礦所有權，歸還證券持有人。因此諾思很快就成為硝石大王，並獲得很大的利潤。之後，他投資且壟斷硝石鐵路公司及伊基克城的自來水供應。結果諾思的觸角太廣，引起總統巴爾馬塞達 (Manuel Balmaceda, 1840–1891) 出面公開指摘。議會被迫採取措施，中止諾思的壟斷，恢復自由競爭。

1886 至 1889 年間，硝石產量倍增，從一百萬增加到二百萬公噸。而後經濟衰退，價格減半，生產商組成壟斷集團，促使價格上漲。隨著市場再度恢復常態，價格回升，該集團隨之解散。事實上，太平洋戰爭後，硝石財富激增。關稅收入從六百萬增加到二千九百萬披索。政府富有後，取消大部分對農業所徵收的稅。但是硝石價格周期性波動，讓政府意識到財政依靠單一產品的危險性。稅收如發生短缺，將迫使政府削減開支或加印鈔票，通膨勢必一發不可收拾。

4.農工發展

由於農產品海外市場迅速擴張，因此開始哄搶馬普切人的土地。1860 年代初期，出口值近四百萬披索，末期則倍增。1870 年

代成長持續不斷，到 1874 年創下空前的一千六百萬披索，幾乎與礦產品的出口值相當。這是智利史上首次，此後逐漸下降。此外，智利莊園主從阿根廷進口品種優良肉牛，以滿足城市消費者需要更多新鮮肉品。再者，莊園也開始釀製葡萄酒和純葡萄白蘭地酒，酒稅收入正可彌補硝石收入下降的財政缺口。

此時，農業地區變化緩慢，而城市則開始工業化。初期，工業與進口商品及本土手工製品競爭。本國工業也從國外進口原物料加工生產，以供應國內市場。再者，修築鐵路也促進智利工業發展。但是，所需的鋼鐵和枕木都須進口。至於機器，也大部分依賴進口，從英美進口蒸汽機和鍋爐等器具。智利政府缺乏促進工業發展的政策，雖，自由貿易是官方政策，但是經營鐵路、輪船和工業的企業家，仍需向政府申請特許經營權。不過，初期政府讓貨幣貶值，使得進口物品價格上漲，間接保護本國工業產品。

此外，莊園主大都移居城市，進一步投資房地產、銀行、保險公司及礦業公司等多角化事業。他們更加重視子女的教育，並利用夏天全家回到莊園度假。然而因為繼承問題和財務困難，有些子女賣掉莊園，成為城市中的專業人士。此外，世世代代住在莊園的農工，並沒有真正受益於現代化。即使鐵路建設讓他們趕牛及運送穀物的路程縮短，但還是得忙於莊園內的大小事務，因為莊園主大多不願意購買昂貴機器以節省人力。再者，這些農工薪資仍低，而且莊園沒有小學，所以子女都是文盲。當時只有20% 的兒童有機會受教育，但通常他們都生活在城市地區。

二、政治發展

自由派主政期間，宗教問題的爭論比經濟問題激烈。自由派主張墓園世俗化及政教分離，特別是關於婚姻與出生登記問題。保守派則認為自由黨的提議褻瀆天主，且背離國家對天主教的認同。當時自由黨積極拉攏激進黨和共濟會 (Freemasons) 形成盟友。三黨制的形成，讓智利總統越來越難控制同黨派的成員。此外，1874 年的選舉改革讓識字男士有選舉權，同時加大地方對投票的監控，更進一步削弱總統對議會的控制。法案通過後，選民數增加三倍。此外，競選者為求當選，大量投入錢財從事競選活動乃至賄選，因此很多候選人不把自己的當選歸功同黨的總統。

當時，政治結盟非常不穩定。自由黨分裂，一些人與保守派結盟，另一些人則與激進黨結盟。此外，為爭奪政治權益，激進黨人竟然可以和保守黨建立策略聯盟。為使婚姻、出生登記及墓地世俗化，自由黨總統聖瑪麗亞 (Domingo Santa María, 1825-1889) 讓內政部長巴爾馬塞達操縱選舉、濫施政治恩惠，此舉惹怒了保守派、激進黨及一些自由派人士。而聖瑪麗亞則提名巴爾馬塞達為自由黨總統候選人，作為獎賞。然而，巴爾馬塞達當選後卻必須面對內政部長任內所造成的對立。

為了化解保守黨的敵意，巴爾馬塞達同意教會提名的大主教人選卡薩諾瓦 (Mariano Casanova, 1833-1908)。同時，他成立由自由黨與激進黨組成的內閣。然而不到兩個月，議會就百般責難內閣，迫使他改組。幸好，當時智利正值經濟繁榮期、硝石大量出

口，財源豐沛；政府收入從 1886 年的三千七百萬披索，猛增至
1890 年的五千三百萬。 因為政府信用提高， 他向國內外大幅借
款，從事各項基礎建設，讓聖地牙哥煥然一新，並開挖連通馬波
喬河 (Río Mapocho) 的運河。 此外， 他於 1887 年成立公共工程
部，以推動及協調各項工程。就在一切大好之際，他卻進行政治
賄賂，結果削弱了自己的領導地位。此時，黨內結幫鑽營之輩罔
顧黨紀，紛紛與反對派結盟。

　　1890 年， 當經濟衰退時， 議會的掣肘讓巴爾馬塞達難有作
為。此後雙方你來我往，互不相讓；並各獲得海軍與陸軍的支持，
兄弟鬩牆，委實可悲。因為海軍掌控北部硝石地區的收入及德國
顧問的支持，打敗陸軍只是遲早的事。巴爾馬塞達見大勢已去，
避難於阿根廷大使館。1891 年 9 月 18 日，任滿當天自殺。

　　總之，巴爾馬塞達去世終結自由派近三十年的統治。1861 至
1891 年，智利政府從預算很少的小機構，變成國土擴大、財源豐
沛的機構，並帶領智利的發展與進步。人們競相出任議員、部長
或總統，希望從承包工程、回扣以及法定酬金，分食國家的財富。
再者，在政府任職能輕易獲得投資訊息，這提供更多的致富管道。
此外，平衡各政黨及政府間力量的重心從總統轉向議會。這種權
力的變化，提供中產及工人階級領導人贏得議會席次，以解決自
身問題的大好機會。此時，分享權力的人數增多，但國家財源卻
減少了。再者，過分依賴硝石，讓國家容易受到國際市場價格波
動的影響。在十九世紀末、二十世紀初，能否擴大政治參與及增
加財富，是智利面臨的最大難題。

第五章 | Chapter 5

議會共和國──矛盾與衝突 (1891–1925)

在智利政治發展中，1891 年的內戰是一個非常重大的事件。巴爾馬塞達被迫下臺，結束自由黨長達三十年的統治，並對智利的政治體制產生重大影響，亦即國家政治權力從總統轉移到議會。此轉折的因素，其一是 1833 年憲法賦予總統的權力過大。總統不只領導國家行政，還控制議會的選舉，甚至可以指定繼承人。而且，法院、軍隊以及所有國家官吏都直接依附於他。期間，不論是保守黨或自由黨執政，都不曾剝奪過總統干預國家事務的最大權力。因此，近六十年中，中央到地方的權利，基本上都由總統一手把持。再者，歷屆政府干預選舉，引起在野各派政治勢力的不滿。

1891 年，議會贏得內戰後，擁有左右總統的力道，也進一步鞏固自身的權力。利用議會，權貴們謀求自身更多的利益，並與新興階級結盟且更積極參與社會運動。此外，日益蓬勃的經濟，提高中產階級及工人階級的地位，並要求更多的政治參與。這兩個階級的領袖成立專業人員組織及工會組織、組成新政黨，並推

選代表競選國會議員。反覆的危機導致經濟衰退、政府預算大幅削減。因此，他們大膽提出擴大受教權和選舉權方面的主張。當時，各政黨經常為爭權奪利而吵鬧不休，並沒有把心思放在解決國家所面臨的問題上。1920年代，當自由黨提出改革時，反對黨則堅決反對改革方案。軍方對政治人物的作為深感不滿，遂採取行動關閉議會。後來文官政府重新掌權，總統強行通過新憲，權力重心從議會轉到行政部門，結束議會獨大的時代。

第一節　政治發展

一、內閣更迭頻仍

　　1891年，巴爾馬塞達下臺後，政治權力由總統轉到議會手中，亦即以「全能的議會」替代「全能的總統」。國會議員由不同黨派成員組成，派別比以往更繁多。不同政黨代表不同階層、不同集團的利益，彼此意見相左，勢力也此起彼落，沒有任何政黨有單獨執政的力量。因此議會中的多數，都是暫時利益妥協的結果，極不穩定。此外，代表不同利益集團的議員，對政府官員的好惡不一。再者，在內閣中，代表不同政治派別的部長，總是千方設想，將本派系利益置於同盟者之上。因此很容易造成內閣的不協調、不穩定，甚至陷於混亂和癱瘓。短命內閣司空見慣，通常不到三個月，就得變動一次。不過這種變動通常都透過選舉或其他和平手段，與同時期大多數拉美國家透過軍事政變的方式迥

異。再者，因為內閣動盪不安，政府職能受到嚴重傷害。

　　事實上，1874 及 1891 年的選舉改革，為中產階級和工人參政，以及讓權力向議會移轉，敞開大門。政黨間的競爭更激烈，但是這種競爭也讓議會具有更廣泛的代表性。原先這些改革是為了權貴階級，卻也讓中產及工人階級能推出自己的人選出任議員。此改革雖然削弱總統對選舉的控制，但卻招來黨派的操控，導致選舉舞弊屢見不鮮。此外，候選人不惜花費巨資買票，以期贏過競爭對手；或者是以搓圓仔湯的方式，讓對手退選，使自己以同額方式，輕鬆勝選，選風極為敗壞。

　　候選人肯花大把鈔票投入選舉，除了希望謀求未來經濟利益，還為了贏得擔任議員的名聲。擔任議員可以提高社會地位，而且擔任議員或出任內閣部長，是當時公民菁英的最高典範。擔任議員一任以上者，通常至少會出任一次內閣部長。而且，緊張的黨派對立關係又迫使內閣不斷改組。每位總統任內，平均有二十次內閣改組，導致政府經常陷於癱瘓。但是因為下級機構運作正常，公共工程和服務業就不太會停頓。

　　挑選總統候選人也是一個複雜的過程，這促成政黨間簽約結盟。一方結盟稱為「聯盟」，通常包括保守黨人；另一方結盟稱為「同盟」，通常包括激進黨人。其他政黨或派別則根據其策略或所得到有關未來職務的許諾，而參加「聯盟」或「同盟」。自由黨往往會分裂；然而，有兩次是各政黨一致選定候選人。1891 年，海軍將領蒙特 (Jorge Montt, 1845–1922) 被各政黨無異議推選為總統；1910 年，巴羅斯·盧科 (Ramón Barros Luco, 1835–1919) 也

以同樣方式當選。然而，1896、1915 和 1920 年的選舉中，因各候選人勢均力敵，最後由總統選舉團以極少的票數之差，決定獲勝者。

二、議會的運作與功能

除了花費大量精力部署下屆選舉，議員們也相當賣力促進公共工程的發展。議會撥款從事鐵路、橋梁及港口建設，其款項超過私人資本。此外，議會還通過預算，修建道路以及提供公益服務，而這些在拉美其他國家都是私人出資。因此，早在二十世紀初，智利已經使用國家資金以補充私人投資之不足。此後，智利國內投資越來越依賴政府，而私人投資則更依賴外國資本。

然而，議會沒有批准過重要的社會法規。1920 年代前，大多數議員贊同自由放任原則，認為解決人民需求的應該是自由市場，而非政府。不過第一次世界大戰和歐洲的一系列革命，讓智利陷入危機，也震醒了智利。雖然智利未參戰，但戰火卻燒到自家門口。英國與德國在康塞普西翁沿岸海戰；後來德雷斯頓號軍艦在智利外海沉沒。1920 年代的經濟危機表明，智利無法應對國際問題。中產和工人階級要求改革，政治人物也開始回應相關社會問題，以尋求民眾的支持。從前權貴集團說了算的情況，已經大為改觀。

1920 年總統選舉時，以民粹主義方式競選的亞力山德里 (Arturo Alessandri Palma, 1868–1950)，以極些微的選票，贏得總統選舉。然而，他的政治言論讓智利權貴驚恐萬分。上任後，他

向議會提出改革法規，但是遭到保守參議員的否決。在隨後四年中，他屢屢受到阻撓牽制，動彈不得。1924 年議會改選時，在他的奔走下，最後其派系贏得議會兩院多數的席次。正當他準備大刀闊斧改革時，軍人挫敗他的計畫。當年 9 月初，一批下級軍官闖入議會旁聽席並打斷議員們的辯論，以阿爾塔米拉諾 (Luis Altamirano, 1876–1938) 為首的高級將領，擔心下級軍官危及他們對軍隊的控制甚至傷害政府，因此要求亞力山德里讓他及一些將領入閣。此後，他們利用閣員身分強制議會立法。起初，亞力山

圖 25：描繪 1924 年政變的漫畫　闖入議會的下級軍官以軍刀敲地發出聲響以示不滿，因而此次政變被稱為 ruido de sables，意思是軍刀的噪音。

德里認為自己可以掌控局面；但是當他發現錯誤時，為時已晚，他被迫辭職並流亡歐洲。接著，高級軍官組成執政委員會，並同意保守政治人物所草擬的議事清單，這時下級軍官才驚覺被出賣。1925 年 1 月 23 日，伊瓦涅斯 (Carlos Ibáñez, 1877–1960) 上校打倒高級將領，恢復文官政府，並讓亞力山德里回國復職。

　　復職的亞力山德里，任命伊瓦涅斯為國防部長，不讓議會復會，以政令遂行獨裁統治。為強化總統職權，他下令修訂 1833 年的憲法。新憲草案擬強化總統實施和否決法規的權力，但議會仍然保留譴責及罷免內閣部長的權力。然而選舉體制並未使政黨和結盟發生變化。亞力山德里對新憲甚感滿意，提請公投決議，並獲得大多數選民的首肯。此時，亞力山德里猛然發現自己引狼入室，挑戰其權威的不是議會，而是權力慾極大的國防部長。

　　伊瓦涅斯展開競選總統的活動，並要求亞力山德里在重大問題上與他磋商。這引起亞力山德里極度憤怒，但又無法將其免職，遂再度引退。這正中伊瓦涅斯的下懷，他親自主持挑選繼任者的工作。最後，伊瓦涅斯決定不參選，但要操控獲勝者，這種下日後軍人不斷干政的禍根。1891 年雖然是由軍人決定內戰的結局，但並未強行統治或干預國家。1891 至 1896 年，海軍中將蒙特出任總統，但卻是經議會選舉，而且上次智利軍人以武力奪權是1830 年的事了。1924 年，引導政府變革的軍官，則開創軍人權力的新世代。此外，1925 年新憲也未能抑制軍人的權力。再者，在受到 1930 年代世界經濟蕭條打擊時，智利軍人進一步削弱政治集團的力量，使其近乎癱瘓。

第二節　社會變革

一、人口成長與階級變遷

從 1891 至 1925 年間，智利人口成長近 60%，從二百六十萬增加到四百二十萬。但是人口分布嚴重失衡。聖地牙哥及大城市人口翻倍成長，城市人口比例從占 20% 增加到 30%；而中央谷地大莊園所在的鄉村地區，人口幾乎沒有什麼成長。南部大部分城鎮的人口也沒有太大變化，但新移民定居的鄉村，其人口增加則相當引人注目。就業機會稀少，大量年輕人流向城市，新興中產階級和工人階級有所發展，開始和權貴競爭。

在中產階級準備取代權貴的時候，勞工組織也開始茁壯，為提高自身權益，這些單位和組織與政府部門談判協商。議會制的蓬勃發展，讓中產階級不須經由革命就能取得政權。智利權貴階級為了強化自己的力量，也開始與中產階級結盟。但是跟勞工組織不一樣，中產階級沒有單一的意識形態以及團結一致的群體；其成員的財富、職業及政治傾向也各不相同。然而，也因為存在差異，權貴集團才認為他們有些人可以成為盟友。再者，工會出現後，不願與權貴妥協的中產階級和工人階級結盟。1930 和 1940 年代，中產階級及勞工組成人民陣線聯盟，通常中產階級領袖取得聯盟主導權，聯盟則興旺；反之，聯盟則敗亡。

二、中產階級興起

　　和歐美不一樣，智利的中產階級主要由不怎麼富有的店主和政府雇員在獨立後的幾十年間所形成；而發財的商人和礦主則加入權貴集團。1850 年後，工業企業家及專業人員，讓中產階級的行列更加壯大。大型農牧產主很少加入中產階級，只有在南方的外國移民及分配到公有地的定居移民，他們擁有小型農牧業，並成為中產階級的一員。但是在太平洋戰爭後，因為政府雇員擴充，中產階級又加入了生力軍。這些雇員收入雖然不如商人和專業人員，但是許多人都支持中產階級。中產階級成員複雜，平時很難團結一致，但是危機發生時，還是能聯合行動。

　　教育事業的發展，攸關中產階級的發展和壯大。1891 年，就學人數只有八萬人，識字率也不足 30%；但是 1900 年入學人數倍增；到 1920 年，已達四十萬。這時已經有半數人口識字，而且 1920 年議會通過，規定小學前四年為義務教育，接受中學教育的人數則增加較慢。至於大學人數稀少，則更不足為奇，1920 年大學生只有四千人，只占中小學人數的 1%。1888 年，天主教會創辦有別於世俗的智利天主教大學 (Pontificia Universidad Católica de Chile)；1919 年，政府創立康塞普西翁大學 (Universidad de Concepción)。這是智利政府在首都以外成立的第一所大學，也讓智利南部地區的學子有更多研修專業的機會。從創校起，激進黨及共濟會掌控學校的行政和教務。因此，這所大學對智利現狀的批判，比其他大學嚴厲。

　　中產階級的子女上中學及大學的人數持續增加。1906 年學生成立智利大學生聯合會，著重關注中產階級的問題，後來則積極和工人參與罷工及抗議活動。但是隨著情勢變化，大學生聯合會對於應該與受共產黨影響的工會聯合會，還是與中產階級或權貴集團結盟，態度越發曖昧。不同黨派也意識到學生政治活動的重要性，因此都著手培養學生領袖，插手學生會的競選，以進一步控制大學生聯合會。

　　由於教育程度不斷提高，許多工程師、律師、作家、史學家或藝術家都出身於中產階級，這些人在國家思想理論及政治活動，逐漸具有決定性的影響。他們有時公開反對權貴集團，有時遷就妥協。此外，他們主張漸進式而非革命式的變革。起初，激進黨由礦主和商人領導，中產階級的專業人士及政府雇員的加入，逐漸改變激進黨的領導權。這也使得激進黨在 1924 年，成為國會議員人數最多的政黨。雖然領導權逐漸落入中產階級手中，但是激進黨高層，仍然相當滿意在國會取得的成就。

　　激進黨信奉世俗、嚴格的科學教育制度，吸引許多教師加入。教師在 1915 年成立小學教師協會；1922 年成立教師總會。這兩個組織都隸屬激進黨。1925 年雇員成立了智利雇員工會，並和激進黨建立鬆散的聯盟。智利雇員工會比較認同中產階級，拒不參加受共產黨影響的工會聯合會。此外，在智利參加黨派是社會認同問題，也是政治信仰問題。因此激進黨在許多大城市成立俱樂部，方便成員團聚及從事政治活動。到 1920 年，此俱樂部由中產階級主導。在經濟方面，激進黨理論上支持自由放任及私人企業，

但實際上希望政府發揮更大作用，吸引更多政府雇員及教師入黨。

1888 年創建的智利工程師協會，成員有中產及上層階級專業人士。因為許多工程師在政府部門工作，因此從事政治活動的智利工程師比其他國家多。這些工程師在國家鐵路公司、公共工程部及軍中都很活躍，他們希望將其專業知識運用在社會和政治變革。1916 年，智利工程師協會理事會，提出政治訴求，要求變革。1924 年軍隊推翻文官政府，工程師出任一些新的領導角色。之後，伊瓦涅斯上校掌政時，工程師在內閣中發揮更大作用。

此外，律師、醫生、會計師、建築師等專業中產階級，也成立各自的專業組織，成員隸屬不同黨派，起初都避免介入政治。然而在 1920 和 1930 年代經濟危機時，這些組織都在重大議題和候選人上表明各自立場，而且比較偏向權勢集團。

共濟會是中產階級能發揮影響力的另一個重要組織。那些意識到自己在國家政治中的作用，以及有抱負的領袖人物都會加入共濟會。自由黨和激進黨多數成員都會加入共濟會。此外，消防隊是沒那麼政治化的組織，但是卻在地方上很有影響力。幾乎大大小小的鄉鎮都有此組織，常動員民眾討論公共或政治問題。至於，全國農業協會則是大莊園主的論壇，中產階級從未對其發揮影響。再者，上層階級製造商和中產階級工廠主，則組成工業發展協會。通常，都為各自的特殊利益，奔走遊說政府；此外，也協調一致反對勞工訴求。其成員，大多是中產階級的富有人家，但不是出身名門望族，沒有土地，因此不屬於上層階級。

此時期，上層階級婦女也成立相關組織，之後成員多半來自

中產階級。其中婦女俱樂部，主張發展婦女教育文化事業；而智利全國婦女行動，則強調爭取婦女應享有的權利和選舉權；婦女保護工人協會則提供窮人服務及免費教育。

三、工人階級的發展

當中產階級蓬勃發展時，工人階級也全力發揮其影響力。城市工匠組成互助會，以便在自己和家人生病、遭遇意外事故或死亡時，能獲得互助會的資助。互助會不只是合作性組織，也是社會組織。到 1925 年，已經有七百多個此類型的組織。

採礦業、建築業和工業興盛，提供更多的就業機會。到 1925 年，這三類行業的工人占整體的 75%。女工人數也快速成長，特別是在聖地牙哥及瓦爾帕萊索。到 1920 年，女工總數達六萬人，占上述兩大城市三分之一以上的勞動力。

第一批智利工會組織出現在採礦業、鐵路、城市公共交通運輸和印刷業。這些組織深受勞工主義的影響，而這些思想、特別是西班牙強勢的工會思想，大多隨著移民和外國刊物傳到智利。工會成員認為，政府、制度和法律都反映權貴集團的價值觀；並堅信他們若無法改變政府，倒不如廢了它。因此他們後來拒絕參加政黨、提名候選人以及參加投票。然而在 1887 年，中產與勞工階級創建民主黨，它與權貴集團沒有任何關聯。該黨最大的困境在於，沒有充分的可用資金。在艱困的環境中，1894 年該黨出現首位眾議員。1924 年，在歷經三十年的苦心經營後，該黨有十名眾議員和四名參議員。該黨在全國只贏得 8% 的選票，但是在聖

地牙哥及康塞普西翁，則表現不俗，分別囊括 21% 及 37% 的選票。此外，該黨也支持亞力山德里在 1920 年當選總統。之後，該黨逐漸蓬勃發展，但卻向右轉，讓勞工轉向支持社會主義勞工黨或共產黨等較具代表性的政黨。

　　1909 年，一些互助會聯合成立智利工人聯盟，初期宗旨較保守。三年後，雷卡瓦倫 (Luis Emilio Recabarren, 1876–1924) 組織激進的勞工政黨——社會主義工人黨。俄國十月革命後，雷卡瓦倫獲得智利工人聯盟的領導權，並引導該聯盟左傾，以支持他參加 1921 年國會議員選舉。1922 年，雷卡瓦倫將社會主義工人黨改名為共產黨，受該黨影響的智利工人聯盟開除不支持共產黨的成員，要求勞工改以直接行動，而非透過參加政治活動解決問題。他們迫使雇主改善其勞動及生活條件。1890 年，智利北部地區的硝石和銅礦工人罷工，南部地區的煤礦工人立即響應，這是智利首次實質性的全國罷工。政府調派軍隊準備鎮壓，雇主也佯裝要滿足罷工工人的要求。然而當工人復工後，雇主撕毀協議。瓦爾帕萊索碼頭工人在 1903 及 1907 年，舉行兩次罷工。1907 年，聖地牙哥工人也舉行總罷工，但未獲成功，軍政府則在港口城市瓦爾帕萊索殘酷殺害罷工工人及其家屬。

　　政府鎮壓勞工的行動持續十年之久，第一次世界大戰後，通貨膨脹、工資下滑、購買力下降，迫使工人再度走上街頭。為避免暴力衝突，政府宣布戒嚴。1921 年，經濟衰退打擊硝石業，失業人數攀升。政府除了鎮壓抗議勞工，還派船將兩萬人運送到南方。反覆的罷工潮，顯示勞工的勢力日益增強。雖然硝石礦、銅

礦及煤礦工人都組織了工會，但是農業工人仍然沒有成立組織，農業工人的數量卻是其他產業的三倍多。即使在聖地牙哥及瓦爾帕萊索，擁有十七萬多的農業工人，但是因為大部分農業工人居無定所，遊走各大莊園以尋找工作，所以大多數未參加工會。

　　除了農業工人不參加工會外，工會組織對立且存在不同政治信念，分散勞工組織的力量。1918 年，亞力山德里浮出檯面，開始其政治生涯。他既能動員勞工，又能淡化各派間的分歧，因此獲得許多勞工的支持，使他在北部地區贏得壓倒性勝利，並獲得「塔拉帕卡雄獅」的美譽。

第三節　經貿發展

一、農　業

　　新的群體上臺後，傳統的莊園主覺得越來越難掌控近一世紀的體制。雖然，他們還在自己的議會選區掌握選票。但是，隨著城市和礦區的發展，莊園主能在議會囊括的席次減少。對他們而言，現代化是一種威脅；但是他們對採礦業和工業的投資，卻加速現代化的進程。莊園主種植蔬菜或菸草，以及生產乳製品，以供應城市市場所需。且因農產品價格下跌，智利生產成本高，難與其他市場競爭，因此只能日益依賴國內市場。唯一例外的是羊毛出口，羊毛產自英國移民所開闢的巴塔哥尼亞大型牧場。

　　1900 至 1930 年間，智利地主的土地倍增，灌溉面積也大幅

增加，牛群已達一百多萬頭。智利人對肉品及葡萄酒等農牧產品的消費比其他國家還多，但是通貨膨脹卻十分驚人，城市工人抗議食品價格攀升。此外，有些莊園主開始使用機器耕地、播種和收割；機器化使得農場的產量大幅提高。然而大多數莊園主還是沿用傳統耕種，並大量壓榨農工勞力。即使大部分莊園主仍然守舊，但是 1920 年代馬鈴薯、玉米、小麥及大麥產量，還是提升 50% 以上。當時因為勞動力便宜、機器昂貴，所以莊園主就不急著現代化。導致智利農業機器化的比率遠低於其他農業產品出口國，令人惋惜。

由於莊園主將資金投資於其他企業，以及地主出身的國會議員立法創辦土地抵押銀行，使得 1900 至 1930 年間，銀行貸款給農牧場主的金額，從九千四百萬，猛增至一億四千七百一十萬披索。土地抵押銀行並未規定貸款必須用在改善農牧業，因此農牧主通常將貸款投資在城市房地產、礦山、銀行和保險業等投資報酬率比農牧業高的事業。因為莊園主的投資，智利城市得以發展。此外，地主也運用這些貸款，在聖地牙哥建築富麗堂皇的宅邸、到歐洲旅遊，甚至資助政治活動。再者因為通貨膨脹，他們所還欠款比借款時縮水許多。

當時，土地仍高度集中在權貴手中，10% 的莊園主擁有 80% 的土地。但是鄉村權貴的組成卻發生變化；因為繼承問題及財富縮水，有些家庭被迫出售土地，大多由富裕的礦主和商人接手。銅業大王愛德華茲‧奧桑東 (Agustín Edwards Ossandón, 1815–1878) 便以六十多萬披索買了七處莊園。為了鞏固地位，其遺孀

及兒子又以一百五十萬披索，收購六處地產。購入土地，使得礦主和商人有固定收入來源，可以享用信貸，以抵禦通貨膨脹的風險。此外，擁有土地也讓礦主和商人晉升為權貴階級。

　　智利土地分配極為不均。六萬自耕農擁有不到十分之一的智利農田；不到三千位莊園主，卻占了一半以上的智利農田。雖然存在一些中型農場，但因貸款及銷售問題，仍常受制於大莊園。1900 年，智利鄉村人口近一百萬，其中 90% 的人無立錐之地；只有不到一半的人可以終年生活在大莊園中；其他大部分的人則居無定所，遊走各莊園，以尋找工作，即使工資提高，但通膨且披索貶值。而且因採礦、鐵路及工廠報酬較高，吸引大批工人離開農場。還有像是城市家庭的保母和洗衣工，也同樣吸引許多年輕婦女離開鄉村或農場。

二、工、礦與貿易

1.工　業

　　隨著城市發展，一些企業家抓住時機，將農產品加工成售價更高的消費品，帶動智利初步的工業發展，通常是啤酒、麵粉、羊毛織物和木材等加工業。1891 至 1925 年，這些加工業使智利生產發生重大變化。初期，工廠大都設在瓦爾帕萊索及聖地牙哥，後來擴展至康塞普西翁及更南方的瓦爾迪維亞，這和南方移民漸增有關。對加工業而言，最重要的是消費者，而非資本財。到1925 年，智利全國工業有近半從事食品及啤酒生產；其次是紡織品、服裝和鞋子；而金屬製品生產則不多。雖然有一些提供鐵路

及採礦業服務、較具規模的鑄造廠，但沒有開拓出口市場，規模難與大型跨國公司競爭。木材加工業也不太發達，占不到全國產業的 6%，因為未能充分利用智利南部大面積的林場，農民往往燒林墾田。

許多工廠的產品主要為供應國內市場所需，以取代先前進口的物品，啤酒是最佳例子。智利獨立後，很快就進口啤酒到瓦爾帕萊索，其後開辦小規模啤酒廠。1850 年代，德國移民在南方的瓦爾迪維亞開辦啤酒釀造場，產品不僅供應當地市場，還船運到北部採礦區銷售。 1902 年，聖地牙哥和利馬切的主要啤酒廠合併，開啟智利啤酒釀造場的併購潮。庫西尼奧家族及愛德華茲家族以在採煤及採銅中獲得的資金，創建啤酒聯合釀造公司。1916年，該公司又併購三家啤酒廠，由於這些公司擁有外國專賣證，因此大發利市。1923 至 1932 年，啤酒聯合釀造公司又持續收購其他五個地區所有的啤酒廠，並利用主導市場的優勢，控制智利國內唯一的玻璃瓶製造公司。

此外，製糖、菸草、化工、造紙和水泥等工業的發展，對市場的控制情況類似。初期這些工業是移民所創建，後來擁有雄厚財力的權貴家族逐漸買斷這些公司。投入工業，讓一些企業家成為經濟權貴。此外，在瓦爾帕萊索及聖地牙哥的農業及礦業權貴，也很快發現工業所提供的機遇。他們大多沒有排斥此一新興經濟活動，而且還成為這個部門的靈魂人物。他們也意識到政府政策的重要性，因此組成工業發展協會，以遊說政府制定有利他們的政策。

　　至於外國人參與智利工業化的過程及作用，是頗具爭議性的
議題。這不是移民的問題，而是這些公司總部設在歐洲和美國可
能產生的影響。其中，英國、德國、西班牙、法國、義大利及美
國，很早就參與智利的工業化。十九世紀，瓦爾帕萊索和康塞普
西翁的商人已從事加工農產品供出口或當地消費的商貿活動，因
為比進口來得便宜。雖然這些企業遊說議會對其產品提供關稅保
護，但許多外國公司仍然強力打入此有利可圖的市場。他們有時
與智利製造廠合資經營，有時則獨資建廠。這些外資公司實力強
大，1925 年時已占有智利 50% 的工業，且管理人員幾乎都是外
國人。早期，工業的壟斷性，不利於技術的革新和產品價格的下
跌。不過若是智利公司已經壟斷的領域，外國企業大多選擇合資
經營，不與其競爭，如玻璃製造，美國公司就選擇與智利廠商建
立夥伴關係。

2. 礦　業

　　1890 至 1925 年，硝石的開採占首要地位。1890 至 1925 年，
硝石產量從一百萬增加到二百五十萬噸，價格也從每噸二十四美
元，上升到四十九美元。第一次世界大戰爆發，使需求猛增。由
於採礦業急需勞動力，造成智利中南部地區居民往北部礦區移動。
1890 年，北格朗德 (Norte Grande) 硝石礦區人口不到十八萬，到
1925 年，增加為三十四‧五萬人。礦城伊基克與安托法加斯塔，
分別是當時智利第四及第七大城。此區雖然幅員廣大，但因位於
沙漠，幾乎所有人都生活在城鎮或礦工村，以方便用水。

　　雖然許多大硝石公司採用新的加工技術，但遲遲未引進新的

採礦工法，因此在二十世紀初前，智利的採礦技術還是比較原始。整體而言，硝石的開採和運輸是一種勞力密集型、汙染且有害健康的工作。不過第一次世界大戰時，古根海姆 (Guggenheim) 兄弟決定在智利投資，開採硝石進入新的時期。該公司在其他國家已經有豐富經驗，加上資金充裕，因此在智利引進前所未見的資本密集型生產方式。挖礦機、鐵路、輸送帶，取代大部分體力的活動，估計這項革新耗資一億三千萬美元。

雖然硝石提供大量財富，然而卻常周期性受到國際危機的衝擊，因為太過依賴國際市場。在 1890 年代，智利人擁有 10% 至 15% 硝石礦的所有權，但是到 1918 年已經增至 60%。即便在外資掌控期間，出口稅及工人工資所得的總合，有 50% 以上的產值留在智利。智利硝石開採的最大問題在於歐洲和美國幾乎購買所有智利的硝石，因此這些國家的市場行情決定價格及生產。此外，第一次世界大戰期間，因為封鎖德國，使其無法獲得硝石，結果造成德國科學家研發合成硝石。戰後德國禁止進口智利硝石，以保護本國產業。再者，其他國家也成功研發人造硝石，這都進一步打擊智利的硝石產業。

1890 至 1910 年，智利銅礦產量下降。在 1880 年代前，智利運用先進技術開採純度高的銅礦石。當礦石枯竭時，只得設法開採低純度的礦石。再者，因為智利硝石業蓬勃發展，吸引更多投資。像愛德華茲等因銅礦致富的家族，這時也將資金轉投資硝石及其他產業，所以銅礦業的復甦就端賴外國投資。另外，十九世紀末，美國發明銅礦的新開採方法。1904 年布雷登 (William

Braden, 1871–1942) 收購聖地牙哥東南方的礦區，並引進新的開採方法。但因為財力無以為繼，四年後布雷登將礦區轉賣給古根海姆。1911 年，該公司再併購安托法加斯塔的礦區。此新礦區為露天礦區，古根海姆兄弟並為此加碼投資一億美元。

　　另外美國大型銅礦公司安納康達 (Anaconda) 也併購數座銅礦區，加上在美國的銅礦廠，試圖控制世界大部分的銅礦生產。此時，智利人越來越反對外國公司控制智利銅的生產和銷售。他們稱由外國公司把持的銅礦為大礦，本國資本的為小礦。大礦是資本密集型，生產的銅大部分出口；而小礦則是勞力密集型，生產的銅很少出口。然而，美國公司的投資還是有助於智利銅礦業的復甦。二十世紀初，智利生產的銅只占全球產量的 4%；到第一次世界大戰則增加到 7.5%。初期，外國公司進口很多機器和必需品，所以智利人看不到銅礦生產帶來的好處。再者，雖然工人是智利人，但工程師和經營管理人員都是美國人。此外，初期政府沒有徵收銅的出口稅，財政收入微薄。

3.貿　易

　　瓦爾帕萊索是港都也是智利在太平洋岸的貿易重鎮。然而，這段時間發生兩件可怕的事，嚴重打擊該城。1906 年 8 月 16 日，一場大地震摧毀瓦爾帕萊索；造成二千多人死亡，財產損失達數百萬披索。事後政府重建辦公大樓，但私人企業已將辦公處所移至聖地牙哥。另外，1914 年巴拿馬運河開通營運，造成許多輪船公司不需再繞道傳統的合恩角航線，因此瓦爾帕萊索失去百年來提供往來船舶必需品的生意，此後停靠港口的只是在此進行交易

的船舶。

　　地震襲擊瓦爾帕萊索並未影響智利硝石和銅礦的出口，因為這些產品大多經由北部港口出口。1890 至 1920 年，得力於硝石的出口，智利的出口年成長率為 7% 至 9%。但是一次世界大戰後，因經濟衰退，造成出口成長衰退。不過，1925 年後成長再度回升。因為出口收入增加，智利得以進口鐵路設備、服裝等各類商品。1914 年前，英國是智利最主要的貿易夥伴，一次世界大戰期間及之後，美國取而代之。然而，此時智利未讓出口產品多樣化；也沒有讓貿易夥伴更多元。1890 到 1914 年，硝石占智利出口總額的 70% 至 80%。一次大戰後，銅礦出口占出口總額 20%，智利才又多了一項重要的出口項目。1890 年後，因為人口成長大於糧食生產，因此小麥出口也下降。這導致礦產品出口比重增高，形成硝石出口的世代。

　　當時硝石出口稅占政府總收入的 50%，政府將此稅收建設現代鐵路系統、改善道路、興辦教育及美化城市。改善交通降低運輸成本、興辦教育則讓民眾更有創造性和能力。然而，政府的體制卻在很大程度限制人們能力的發揮。此外，想要生產具競爭力的硝石，必須擁有大量的資金，但只有少數智利人有錢；工業雖然提供一些機遇，但是大企業已經聯手行動，並排擠小企業。因此硝石的收入並未促進新企業的發展，只是資助一些重大工程，製造虛幻而非實質的發展景象。

三、通貨膨脹

通貨膨脹造成智利經濟不穩定。太平洋戰爭期間，智利發生嚴重的通貨膨脹，當時政府猛印鈔票支付開銷，使得戰爭結束時，披索已經貶值 30% 以上。雖然接下來的兩任政府竭力扭轉披索貶值劣勢，但是 1891 年內戰爆發，巴爾馬塞達政府再次狂印鈔票救急，造成一年內披索貶值 50%。1891 至 1925 年，世界經濟動盪及一次世界大戰，也直接影響智利經濟的發展，不過當海外需求提高時，智利的出口和政府的收入隨之增加。政府利用經濟情勢大好，盡量回收紙幣，恢復金本位；但如果需求下降，出口及收入減少，政府即狂印鈔票，以支付債務和救助銀行及債權人。為彌補財政缺口，政府對消費品、個人收入及財產徵稅，但為時已晚，並造成政府進一步嚴重依賴硝石的出口。在其他經濟部門未納稅前，政府難以解決收入不穩定和長期通貨膨脹的問題。

有些人從通膨中獲利，因此在議會很難獲得解決方案的共識。當披索貶值時，進口產品的價格上漲得比國內產品快，因此有利於國內產品的銷售。債務人也從通膨中獲益，因為還款的錢，幾乎比所借的錢價值還低。大舉貸款的地主是最大受益人，並發現這是一筆橫財。但是，因為當時政府及私人部門都未制定促進國家發展的政策，也未鼓勵富人進行生產性投資，造成富人把資金投入到報酬率高的房地產等投機買賣，無助於國家整體的發展。

民主實驗──保守與激進 (1925–1958)

　　1920 年代，智利城市提供中產階級壯大發展並上升至領導地位的有利大環境。由於中產階級具有良好教育及遠大抱負，他們在政治、職業及藝術上，挑戰權貴集團。為此，中產階級支持軍人以反對權貴體制。但是在 1930 年代經濟蕭條時，因為軍人束手無策，中產階級與其分道揚鑣，重新追求民主和文人體制。

　　1932 至 1958 年，智利的五位總統皆出身中產階級，甚至在 1938 至 1952 年間，工人階級曾以盟友參加幾屆政府的運作。雖然這些政府的政策鞏固中產階級的地位，以及增加工人階級的福利，但是並未削弱權貴集團的經濟實力。不過這些政府仍積極協調各社會集團的關係，以鞏固當時的政治制度。這在當時拉丁美洲大多數國家都盛行獨裁統治時，智利卻能走向開放與民主的社會，實屬難得。

　　中產階級極力主張，政府應該為所有社會集團謀福祉，他們支持社會福利法、擴大教育面、平抑消費品價格等，以使工人受益，還要求增設政府中的工作職缺、讓公共事業現代化及透過協

商等方式，讓其自身受益。再者，他們也要求保護農業和工業，禁止沒收財產，以保護權貴利益。

　　然而，中產階級這種想討好各方、普施恩惠的作法，讓政府付出昂貴代價。首先，要落實這些政策，政府必須增加稅收；若徵收的稅不敷支出，政府只能向國外借貸，或狂印鈔票以應付局面。結果導致披索貶值，人民生活水準下降，長期投資大受影響，使得人民無法享受美國及歐洲消費者應享有的富足。當民眾指摘時，中產階級通常將此歸咎於執政黨，這導致不斷的政治對話以及辯論智利應該採取哪種類型的政府？

第一節　政治運作

一、伊瓦涅斯軍事獨裁

　　1925 至 1952 年，強人控制智利的政治。這時期肇始於伊瓦涅斯上校成為「總統選舉幕後的牽線人」。他曾迫使亞力山德里辭職，並為溫馴的菲格羅亞 (Emiliano Figueroa, 1866–1931) 當選總統平鋪道路。在其短暫的總統任內 (1925–1927)，菲格羅亞成立中央銀行、更有效率的稅務機關，以管理智利的經濟。

　　1927 年初，伊瓦涅斯接任內政部長此強勢職務，導致菲格羅亞辭職後，伊瓦涅斯便安排自己競選總統。5 月 22 日，與美國壟斷資本勾結、代表大地主利益的伊瓦涅斯上校，以空前的 97% 選票當選總統。其獨裁政權延續至 1931 年。上臺後，他完全投靠美

國，向美國銀行大舉借貸，讓美國資本進一步掌控智利工業。在內政方面，為了恫嚇議會，他取締共產黨並將許多政治領袖關進監獄或流放到太平洋孤島。此外，他採取高壓統治，並強力鎮壓工人運動及民主活動。

再者，他要求工作效率而非政治辯論，因此大量任命技術官僚而非律師出任內閣部長。接著他向美國銀行家大量借款，以進行鐵路、橋梁和港口設施等大規模的公共建設。為了有效控制財政，他任命能全權審查政府各部門帳目的總審計長。此外，他還改組武裝部隊，成立智利空軍；將各警察部門統一編制為「國民衛隊」，成員大多來自工人階級，這讓他頗得民心。在外交方面，因為美國的仲裁終於解決與秘魯的邊界僵局——阿里卡永遠歸智利，塔克納則歸秘魯。

上任後，伊瓦涅斯開除所有他認為與政府為敵的雇員，並新設九千個工作職缺，這些措施對大多數中產階級有利。因此雖然存在迫害行為及審查制度，但此時的繁榮景象仍令許多人十分樂觀。中產及上層階級非常贊同他的行政效率以及對傳統政治人物的批評。然而大蕭條來臨時，人們才猛然發現伊瓦涅斯的繁榮伎倆失靈。

1929 年世界經濟危機爆發後，智利經濟幾乎面臨破產。在智利所有經濟部門中，採礦業受到的打擊最早也最嚴重。1927 至 1932 年，銅和硝石出口值下降 89%，礦產部門就業人數減少五萬多人。接著，經濟衰退波及農業部門。1929 至 1932 年，智利農業產品價格下跌近 50%；此外，實際工資下降約 40%，全國五分

之一的人處於飢餓邊緣。反對政府的抗議增強，伊瓦涅斯為了平息抗議，不顧法律規範，肆意壓制輿論，並採取監禁、流放和驅逐出境方式鎮壓群眾，最終釀成政治危機。1931 年 7 月 26 日，他被迫辭職，流亡阿根廷。

二、短暫的社會主義共和國

伊瓦涅斯下臺後，智利的局勢並沒有因此而穩定。短時間內，權力幾經移交。1931 年 8 月 23 日，智利發生全國工人總罷工；9 月，停泊在科金博港的「拉托雷海軍上將」號軍艦官兵起義，並波及其他艦艇，但隨後遭陸軍及空軍壓制。10 月，蒙特羅 (Juan Esteban Montero, 1879–1948) 當選總統。然而在 1932 年 6 月 4 日，空軍司令格羅維 (Marmaduke Grove, 1878–1954)、達維拉 (Carlos Dávila, 1887–1955) 及馬特・烏爾塔多 (Eugenio Matte Hurtado, 1895–1934) 等發動政變，推翻蒙特羅政府，成立以達維拉為首的執政委員會，宣告建立「智利社會主義共和國」。

他們並未詳細說明所主張的社會主義內容為何，且執政委員會內部勾心鬥角，在推舉主席時耗費不少精力。當時軍方認為格羅維及馬特・烏爾塔多太激進，因此將他們放逐到復活節島。達維拉自任主席，並宣布由國家壟斷對外貿易、取消美國的硝石特權、對大資產增稅、大赦政治犯，以及免除佃農積欠地主的債務。此外，他頒布一系列法令，要求信貸銀行必須把抵押品全部歸還借貸人；在三十天內暫停支付尚未解決的商務債務；國家儲蓄銀行給小商人及企業主貸款，協助其償還債務，以及向失業者發放

救濟金等措施。

但是，因為政府在具體措施缺乏統一目標和一致意見，施政遭受保守勢力及上層社會的反對，達維拉辭職，由格羅維控制政府。6 月 16 日，格羅維政府被軍事政變推翻，達維拉再次被擁護上臺，建立新政府。歷時十二天的「智利社會主義共和國」宣告結束。隨後達維拉以臨時總統名義獨攬大權，但是難以應付大蕭條所造成的嚴重問題。9 月 13 日，執政不到百天的達維拉被迫辭職，將政權交給布蘭切 (Bartolomé Blanche, 1879–1970) 將軍。

三、亞力山德里再度執政

1932 年 10 月，在地主及資產階級的支持下，亞力山德里二度當選智利總統。在議會選舉中，人民陣線 (Frente Popular) 獲得兩院的多數席次。也代表結束了自伊瓦涅斯總統辭職後，近一年半的動亂時期。亞力山德里不只恢復文官統治，也強化智利的民主傳統。在其後的四十年間，智利享有開放、文官領導的政府，不像其他拉美國家深受獨裁之苦。當時，從左到右的政黨及軍隊形成共識，要為智利謀福利的是民主政府，而非獨裁政府。

由於 1930 年代世界經濟危機的衝擊，以及之前政治動亂的影響，亞力山德里政府面臨嚴峻的形勢。國家債務高達五十億披索、貨幣貶值、經濟衰退、硝石礦場停滯、失業人數高達十六萬人、衛生狀況惡化、傷寒流行、社會秩序混亂，這導致人民不滿情緒日益高漲。亞力山德里認為，要保證國內政治穩定，就必須擁有廣泛權力的強大政府，以有效阻止和粉碎各種政變的企圖。因此

　　他依據 1925 年憲法，鞏固和擴大總統權力，進而削弱議會的影響，結果智利內閣獲得半個世紀以來，前所未有的穩定。

　　1933 年，政府建立共和國民兵，以加強政府地位，但隨後於 1935 年解散。這是訓練有素的志願兵組成的五萬多人正規隊伍。其目的在以武力保衛合法秩序，並為依憲法選出的政府服務。在經濟方面，政府積極鼓勵農業、採礦業和工業的生產，以降低失業。此外，政府實施財稅改革、加強國債管理、增加公共預算，以建設公路、灌溉系統及衛生設施。雖然這些措施曾一度引起通貨膨脹，但也使國內生產獲得較快的恢復和發展。到 1937 年，失業問題已經基本解決，並償還部分外債。

　　為了讓軍隊在軍營中心無旁鶩，亞力山德里命令一些軍官退役並改組軍隊。處理勞工問題時，他也同樣展現專制的一面。1934 年，他下令國民衛隊驅逐定居在朗基爾 (Ranquil) 的移民；此後，又根據 1931 年勞工法，動用軍隊鎮壓 1936 年的鐵路大罷工。接著，他頒布戒嚴令，以防止工人的抗議活動。同時他趁議員擔憂社會動亂，在 1937 年敦請國會通過《國內安全法》。依此法規，他可以關押任何政府認為對本國治安造成威脅的人。

　　執政後期，亞力山德里與美國壟斷資本的關係日益密切。此外，他公開同情西班牙佛朗哥政權，並歡迎德、義、日等法西斯勢力滲入智利，同時擴大與他們的貿易。結果使法西斯主義在智利日益猖狂。面對亞力山德里日益嚴重的法西斯統治，智利人民感到民主和生存權利受到嚴重威脅，因此必須聯合起來以反對法西斯的進逼。1936 年 4 月，社會黨、共產黨、激進黨、民主黨及

勞工聯盟等組成反法西斯的人民陣線。該陣線主張實行民主政治、推動工業化，以及重新分配未充分利用的農田，同時主張減少償還外債、限制外資以及改善收入分配等。

四、人民陣線執政

儘管亞力山德里暴虐，但是他的決策還是深得人心。1938年，財政部長羅斯 (Gustavo Ross, 1879–1961) 有意接任總統，但他不像亞力山德里那樣對工人有號召力，因此未能如願。國際上發生的事件也使政黨聯盟發生重大變化，智利共產黨、社會黨及激進聯盟組成人民陣線，並連續在 1938、1942 及 1946 年的三次大選中獲勝。因為激進黨在國會擁有最多席次，所以該黨推薦阿吉雷·塞爾達 (Pedro Aguirre Cerda, 1879–1941) 為人民陣線 1938 年的總統候選人。

競選活動時，人民陣線強調土地改革、住房供給、醫療保健和教育，因此成功吸引選民。最後，阿吉雷·塞爾達以些微優勢勝選，但人民陣線在議會中不占多數。為了威嚇議會中的反對派，人民陣線發動工會抗議和罷工，但卻徒勞無功。此外，1939 年軍隊發生兩次謀反危機，但都被阿吉雷·塞爾達排除。右派於是揚言要抵制 1941 年議會選舉，但是又突然在選前一個月宣布參選，選民對他們喪失好感，所以得票率比上次下降 34%；而左派政黨得票率倍增，激進黨增加約 15% 的選票，不過社會黨和共產黨的對抗，造成社會黨退出人民陣線。最後還是在右派的大力支持下，才順利通過改善住房和教育條件以及成立「發展協會」的法律。

　　1942 年，伊瓦涅斯擬再度競選總統，這才讓四分五裂的左派不得不再度聯手支持激進黨提名的里奧斯 (Juan Antonio Ríos, 1888–1946) 為總統候選人。整體而言，智利民眾滿意國家日益進步的形象，所以他們支持里奧斯當選。然而，因為政治聯盟不穩固，讓執政非常困難。任內里奧斯還是規劃完成水力發電工程，並成立國家電力公司。此外，他支持在南極地區探勘石油，並在 1945 年有重大發現。再者，他還創辦智利第一家鋼鐵廠──太平洋鋼鐵公司。

　　此外，里奧斯政府還須應付第二次世界大戰引起的外交問題。當時許多德裔智利人同情軸心國，但里奧斯所屬的左派堅決反對軸心國。起初，里奧斯試圖保持中立，並盡量迴避內部及外部的衝突。但在美國不斷施壓並通過雙邊談判後，雖然里奧斯擔心德國海軍發動攻擊，最終仍於 1943 年，斷絕與軸心國的關係。智利獲得美國許多信貸和軍援，但是當他的政府決定以低於全球市場價格將銅賣給同盟國時，在智利引起激烈爭辯。

　　然而，更困擾里奧斯的是黨爭和勞工不滿情緒高漲，而他自己的健康也日益惡化，1946 年里奧斯任期未滿即撒手人寰。當年，智利人選出第三位出身激進黨的總統岡薩雷斯‧魏迪拉 (Gabriel González Videla, 1898–1980)。他是激進黨中的左派，而他的兩位前任都是黨的右派。他上任時正逢冷戰開始，來自左右兩派的壓力，讓他的立場搖擺不定。起初他支持農民協會，後來又表示反對；再者，他延攬共產黨人入閣，但在煤礦工人長期罷工後，他下令取締共產黨。1948 年，他批准《保衛民主法》，建

立比薩瓜 (Pisagua) 集中營以及鎮壓罷工和民主運動，人民陣線瓦
解。1949 年，他雖然簽署婦女享有議會選舉權的法令，但卻未能
吸引更多婦女加入他的政黨，他也創辦國家石油公司和國家製糖
公司等新企業，但最終還是無法振興日趨衰退的經濟。

五、伊瓦涅斯再度執政

　　由於激進黨的搖擺不定、前後矛盾，讓智利人大感不解。且
更不幸的是，該黨在執政過程中，往往謀求私利，而且肆無忌憚，
不計後果。因此，伊瓦涅斯利用激進黨形象不佳的機會，再次參
選總統。競選時，他宣稱將使國家擺脫政黨政治、力圖穩定經濟、
控制銅礦業並積極降低通膨。最後他雖然順利當選，但是馬上發
現 1950 年代再度主政智利，已經沒有 1930 年代那麼容易了。

　　岡薩雷斯‧魏迪拉主政時，通膨漸次上升，1952 年已高達

圖 26：1952 年伊瓦涅斯再度競選總統

21%。雖然，政府定期提高工資以彌補購買力不足，但智利人仍覺得工資縮水。伊瓦涅斯承諾以稅收改革來解決問題，但沒有獲得議會的支持。他也否決削減政府開支的議案，結果赤字上升25% 至 30%。1954 年，通膨出乎意料地超過 50%。為了應付銅礦工人罷工，他宣布戒嚴，強迫工人回到礦坑工作。他原本打算軍事接管，但發現無法獲得少壯派軍官的支持。為了快速控制日益惡化的局勢，最後他接受美國諮詢公司的建議，削減並調整工人的工資及其他方面的開支，以便將赤字降至 20% 以下。雖然通膨也有所下降，但一直未低於 20%。

1956 年，由社會黨、共產黨、工黨、人民社會黨及民族民主政黨等左派政黨組成的 「人民行動陣線」 (Frente de Acción Popular)，隨著社會衝突的發展而不斷壯大，並在群眾中的政治影響力越來越深。此外，1957 年 4 月，聖地牙哥爆發大規模群眾示威，嚴重衝擊伊瓦涅斯政權。面對高漲的民族、民主運動，伊瓦涅斯政府被迫在 1958 年廢除《保衛民主法》，恢復共產黨的合法地位，並修改選舉法。

在 1957 年的議會選舉中，人民行動陣線的議席倍增，從十二席增加為二十四席。除了伊瓦涅斯所屬的政黨，其他政黨都有重大斬獲。隔年總統選舉前，議會通過改革法案，實施智利史上首次秘密投票，使地主再也無法監控其莊園農民如何投票；但是為了爭取支持，政黨領袖還是免費接送農民投票。此時智利的政治文化展現高度的競爭意識，因此政客千方百計討好選民。

六、對外關係

1925 至 1958 年，智利的涉外事務已經無法像往昔開闔自如，但涉外事務卻重大影響國內政策。因為智利缺乏資金以推動國家發展，所以必須尋求外國貸款，貸款大多來自美國進出口銀行，而智利必須以這筆錢購買美國的資本財，以供應鋼鐵廠、石油業及電器業所需。此外，因為美國公司生產、銷售智利大部分的銅，而智利外匯又大部分來自銅，所以美國雙重影響智利政策。

1930 年代中期至冷戰期間，智利各政治黨派大多傾向支持美國。第二次世界大戰時，智利與軸心國斷交，而冷戰時期又取締共產黨達十年之久。雖然與美國維持熱情友好關係，避免各種衝突；但是這也阻礙智利實施自由獨立的信貸和銅業政策。在這段期間，和大多數拉美國家一樣，智利的外交政策十分有限。

第二節　經濟發展

一、土地與農業問題

智利政府提供農業信貸和機器進口的資金，以鼓勵農業產品出口，但此政策成效不彰。1920 至 1940 年代，因為食品價格低廉以及大莊園效率低，智利農業生產持續下滑。當時，歷屆總統都禁止農業工人組成工會，這有助地主控制薪資及防止罷工。然而因為工資低，造成農村勞動人口迅速流向城市。此外，農業生

產落後於人口成長，也導致智利進口越來越多的食品。1950 年代末，每年進口農產品都花費超過四千五百萬美元，成為國家很大的負擔。此外，因為政府控制物價，許多大地主發現，糧食投機買賣比生產糧食獲利更高，因此大地主常常在糧價低時大量收購屯糧，等待政府提高價格時再拋售。

然而，南方地區、特別是馬普切地區中心地帶的農業生產，則呈現上升趨勢。1930 年代，此地區穀物生產占全國的 30%。此外，1920 年代，此區飼養的牛占全國總數不到 10%，但是到 1950 年代，已高達 40% 以上。而且，南部地區生產智利大部分的乳製品，這些成長主要歸因移民的大量湧入。初期，政府開放這片土地，招募移民定居。政府承諾自由獲取土地，這吸引大批佃農和農業工人，從中央谷地向南湧進。根據規定，定居移民在拿到土地永久所有權之前，必須經過官方人員實地測量。但因為行政程序緩慢，因此遲未拿到所有權狀。為此，1928 年，政府設立農業開墾銀行，以解決產權問題。期間，權貴階級趁法律空窗期，要求政府授予他們大片被移民占據的土地，並強行驅逐已定居的移民。1934 年，國民衛隊驅逐朗基爾地區的定居移民，遭到民眾反抗，造成百餘民眾喪生。

最後，有些人被迫遷往較高或較貧瘠的地方，重新開始生活；有些人則為了擺脫貧困，移居阿根廷；也有些人移民聖地牙哥或康塞普西翁等工業城市。經過多年努力，部分移居農民最終成為中產階級農場主。而有些移民則持續透過各種方式，要求政府歸還被強占的土地。此外，他們專注子女的教育，並認為孩子受教

育後移居聖地牙哥或阿根廷，就會出人頭地；否則，只能當女僕或做粗活。

　　1950 年代，一些社會及政治集團開始組織農民，保護他們免遭莊園主的迫害。1953 年，在天主教神父及國家長槍黨 (Falange Nacional) 的支持下，莫利納 (Molina) 地區的工人成功進行罷工。1935 年成立的國家長槍黨，是進步的天主教青年組織，一直在農村地區爭取民眾的支持。1957 年，國家長槍黨納入基督教民主黨 (Partido Demócrata Cristiano)，其組織農民的經驗，有助於解決農村地區人民的問題。

二、工業及礦業發展

　　智利政府認為發展工業是通往富足之路，因此這段期間歷任政府都極力推動工業建設。奇昂 (Chillán) 遭受地震重創後，總統阿吉雷·塞爾達下令創建新的「發展協會」，協助政府和私人資本聯手創辦新型公司。為此，「發展協會」替這些公司向美國進出口銀行借貸大量資金。在該協會協助下，康塞普西翁建立智利首座鋼鐵廠、在南極探勘石油，以及在中央谷地修建水電站，協會也協助促進發展進口替代工業，以生產家用電器、水泥和蔗糖業。這些工業的發展，讓智利減少對進口的依賴，同時也提高 20% 的工業就業人口，對刺激經濟發揮很大的作用。

　　不過當時智利工業仍有許多不足之處，特別是缺乏大型企業。只有 3% 的工廠雇用二百個以上的工人；最常見的是雇用五人以下的微型企業，這類型企業雇用整體工業 40% 以上的勞動力。當

時，智利擁有六千多家的工業企業，但集中程度很高，僅二十家公司就生產近 40% 的工業品，並占有 50% 以上的固定資本。再者，大部分公司效率不高，常需政府提高關稅等政策的保護，才能避免因外國公司的競爭而倒閉。

　　1925 至 1958 年，採礦業發生重大變化。硝石生產下降，銅礦生產則上升。在 1920 年代初期，此趨勢並不明顯，因為當時硝石的出口是銅的兩倍。然而，1929 年的世界經濟危機，大幅降低對硝石的需求；到 1930 年代中期，銅的出口已經是硝石的三倍，而且出口量持續上升。硝石業雇用的工人減少近半。此外，因為銅礦業屬資本密集型產業，雇用的工人相對較少，所以無法吸收所有失業的硝石工人。迫使失業的硝石工人舉家南遷，造成北格朗德礦區人口不斷流失。第二次世界大戰使智利就業又出現新的變化，為滿足世界各地的需求，智利迅速擴大銅和鐵的生產。

　　然而，不論是硝石礦或是銅礦，外資壟斷或占有的情況非常嚴重。早在 1920 年，智利人擁有的銅礦產量只占全國的 3%，而外國資本則壟斷其他 97% 的產量，其中美國公司又占 80% 以上。安納康達及肯尼科特 (Kennecott) 這兩家美國銅公司，擁有智利最大的銅礦場，價值超過四億美元，占美國在智利的最大投資。1930 年代，當墨西哥及玻利維亞將石油收歸國有時，智利並未趁勢收回，只對銅公司的利潤增加稅額，到 1950 年代，稅率高達 80%。這造成公司不再擴大生產，遂使銅的生產幾乎陷於停頓。1955 年，政府將稅率降低 50%，以鼓舞新的投資和生產。但是此政策並未產生預期效果，因此左派開始要求將這些公司收歸國有。

第三節　社會變遷

一、人民與生活

1940 至 1952 年，智利人口成長，但是成長不均衡。城市人口成長 42%，而農村人口僅成長 3%。當時，農村人口出生率與城市相當，甚至高於城市，但年輕人都湧進城市找工作。1930 年，聖地牙哥擁有全國 37% 的工業，到 1952 年已達到 65%。此城市提供大量工作機會，因此人口成長率超過全國。1930 年，聖地牙哥人口占全國的 16%，到 1952 年，已達 30%。全國城市人口從 1930 年占 50%，上升到 1952 年的 60%，這顯示智利人越來越嚮往城市生活。

這段時間，中產及城市工人階級人口成長最迅速。1950 年代，依收入計算，中產階級占人口的 15% 至 20%；但若依受教育程度及自我認同，有近三分之一的智利人認為自己是中產階級。這樣的差異顯示，經濟發展未能提供與個人所受教育相對應的收入。雖然中產階級收入不高，但仍是農業工人收入的七倍。當時，農業工人占經濟活動人口的 29%，但收入卻最低。而城市工人占經濟活動人口的 45%，其收入為農業工人的三倍。但因為城市工人的食宿等生活費用較高，所以也寬裕不了多少。權貴集團依然是最小的社會群體，占全國人口 10% 以下，但是擁有大型工商企業和大莊園。

1920 年代末，智利人民生活水準曾有所提高。但是 1930 年因為世界經濟危機，智利又陷入蕭條之苦。經濟情勢已經很惡劣，政治局勢又呈現混亂。所幸政局很快穩定。政府積極促進工業發展、進行勞資仲裁、平抑物價，以對抗經濟蕭條。此外，政府也管控國民收入的分配，讓社會各群體所得分配相對公平合理。由於發現政府的影響力大，因此各專業組織、工商團體及工會都竭力影響政府政策。

因為負擔加重，因此政府加稅以支付開銷，甚至還經常狂印鈔票。這造成通貨膨脹從 1930 年的 7% 上升到 1946 年的 15%，而 1955 年則達到驚人的 84%。此時，一些領導人希望透過控制工資，以對抗通貨膨脹。但是此政策不但引起勞工的抗爭，也無法有效抑制物價上漲。因為政府沒有增加收入，也未削減開支。1932 年，軍人領導的政府決定不凍結工資，而是試著凍結基本食品和服務性事業的價格。此政策雖然無法實際阻止通膨，卻可製造政府努力打擊通膨的假象，所以這作法深得民心。後來政府食髓知味，重複使用此伎倆。但凍結基本食品價格，妨礙智利農業的發展，並造成越來越依賴食品的進口。雖然政府無法抑制通膨，但是人民認為私人企業無法提供廉價、充裕的食品，所以還是要求政府嚴加控制經濟，而非放鬆管制。

傳統上，智利盛行言論自由，因此報刊繁多、出版事業興盛，而且大學氛圍自由開放。與拉美其他國家比較，智利人更關注歐洲知識和社會的發展。此關注肇始於十九世紀，隨著旅遊人數增加和通訊技術的改進，到二十世紀則更加密切。歐洲及美國書籍，

不論是原著或譯著都有在書局中販售。受教育的大眾相當關注世界大事，因此報紙擴大國際新聞版面，並增加評論重要著作的文化或文學副刊。此外，美國和歐洲的電影在智利廣受歡迎。1930年代，無線電廣播興起後，同樣很快受到智利大部分城市家庭所接受。通常電臺會有特定支持政黨，在新聞和評論中宣傳黨的觀點。有些電臺播放墨西哥民謠或阿根廷探戈舞曲，以吸引工人階級；或是播放爵士及古典音樂，以吸引中上階級。但是節目內容半數來自境外。

此外，歷史學家及作家經常對大眾媒體爭論的社會問題，做更深入的探討。令人意外的是，史學家常積極參與政治；而藝術家和作家則很少出任政治職務，但他們通常有強烈的政治責任感，且鮮明地呈現在其作品中。十九世紀，智利史學家廣受世人矚目；二十世紀則因米斯特拉及聶魯達等諾貝爾文學獎詩人，而為人稱道。此時期，大多數智利的作家和史學家都出身中產階級，這深刻影響他們對社會問題的看法。他們批判上層階級，但對自己的階級則懷有複雜的情感，不過對工人階級都深表同情。

二、工會的發展與運作

1925 至 1958 年，智利勞動人口從一百三十萬增加到二百三十萬，但工業勞動人口沒有太大變化，一直維持在 20% 左右。1925 年，二十八萬的產業工人中，有 70%，約十九‧八萬受雇於小公司。到 1958 年，工業雖然有長足的發展，但是小公司雇用的員工約占產業工人的 50%。因此大多數工廠工會人數不多，並不

足為奇。1932 年平均為一百三十人，而 1940 年則降為九十人。工會組織鬆散、力量非常薄弱。工會人數的多寡端賴政府的政策，若政府採取敵視以及打擊鎮壓的政策，會員人數就減少；反之，人數增加。

1925 年，工會人數約二十‧四萬，但是 1927 年因為伊瓦涅斯執政後，打擊工會，會員人數減少。他不但鎮壓共產黨控制的工會，也鎮壓智利工人聯盟，他還摧毀共產黨控制的工會，大幅削弱共產黨勢力。此外，他試圖建立政府控制的工會，以取代左派工會。1931 年，伊瓦涅斯政府頒布勞工法，規定工會組織的準則、集體談判以及政府進行斡旋等事宜。伊瓦涅斯政府的勞工部，協助成立近三百個勞工團體，成員約五萬。而這些勞工組織則聯合成立「公民行動共和聯盟」的全國勞工聯合會。此外，他還安排十九席議員給工會領袖。因為這些措施，智利工人聯盟的會員所剩無幾，也開創政府控制工會的先例。

1931 年 7 月，伊瓦涅斯下臺時，工會人數約五‧六萬人。其繼任者亞力山德里，利用 1931 年的勞工法既支持又控制工會發展。在其支持下，1938 年工會人數達到十二‧五萬人。同時，共產黨試圖振興智利工人聯盟，但初期遭到社會黨的反對。不過，在鐵路員工罷工失敗後，社會黨意識到必須與共產黨合作。因此，在 1936 年成立智利工人聯合會。1930 年代，法西斯主義在歐洲盛行，為了阻止其擴張，蘇聯敦促各國共產黨組成廣泛聯盟。這促成智利共產黨與其他左派政黨聯合，組成人民陣線。1938 年，聯盟候選人贏得總統選舉，後來聯盟雖然分裂，但在 1952 年前，

一直保有總統職位。此外，受人民陣線影響，工會人數不斷攀升。
在 1942 年增至十九‧三萬人；而 1952 年則達到二十八‧四萬
人。智利工人聯合會雖然不斷壯大，但是工人薪資增加不多，而
且未能吸收農業工人。1952 年伊瓦涅斯第二次當選總統後，智利
工人聯合會被迫採取守勢。伊瓦涅斯再次使工會人數減少，但不
像上屆減少那麼多。

　　在智利的工會中，北部礦區和南方肉類加工及採礦區，勢力
最強大。這兩個地區雖然人口稀少，但人們都在大公司工作，因
此比較容易組織。然而，隨著景氣的榮枯，特別是硝石業的不景
氣，工會會員的增減波動很大。雖然，銅礦業的雇用人數相對較
少，但他們的組織完善，成為勞工運動的中堅力量。當時工會中，
有一派拒絕隸屬於政黨，主張直接與雇主協商；另一派則主張應
該與政黨建立密切關係。然而，世界產業工人組織在智利成立分
部後，主張拒絕隸屬政黨的派別占上風。1920 年，政府逮捕世界
產業工人組織的領導人，以阻止工人的抗議活動。此外，伊瓦涅
斯的鎮壓行動也打擊世界產業工人組織。最後，這一派的成員加
入社會黨及共產黨。

　　這時，主張勞工運動與政黨結合的看法占上風。勞工運動組
織自己的政黨，或參加現有的政黨。勞工領袖雷卡瓦倫，帶領一
批工會加入民主黨。後來，他成立社會主義工人黨，並在 1922 年
改組為共產黨時，力圖將所有工會組織納入該黨。雖然 1933 年成
立的社會黨也組織工會，並竭力希望會員擁護黨的路線，但成效
不如對手共產黨。社會黨是一個層級複雜的組織，這樣的特性是

其弱點，也是長處。1947 年岡薩雷斯・魏迪拉政府取締共產黨時，正因為此複雜性，社會黨才避免遭受同樣的鎮壓。

當時，政黨間的對立造成工會間意見與立場相左，而冷戰更加劇此對立情緒。像是美國勞工聯合會慫恿拉美非共產黨工會與共產黨斷絕關係；而蘇聯則鼓勵共產黨敵視社會黨人。1947 年，智利煤礦工人大罷工，此對立情緒更形突出。岡薩雷斯・魏迪拉敦促國會通過《保衛民主法》，以進一步打擊並取締共產黨。十年後，政府才廢止此法令。因為共產黨處於非法狀態，政府就更容易干預工會。1953 年，非共產黨工會組織工人統一工會。共產黨合法化後，該組織在其領導下，變得更強大。

令人意外的是，當工會勢力不斷壯大的時候，卻未能有效提高整體工資水準。1930 年代，智利工人的工資還呈現下降趨勢。雖然二次大戰及韓戰期間薪資稍有增加，但是 1950 年代末則大幅下降。整體而言，銅礦工人工資最高，其次是城市裡的產業工人，女傭和農業工人工資最低。通膨日益加劇，特別是 1950 年代末期，而工資也相應上漲。不同於美國及歐洲工人，智利工人因薪資僅敷基本需求，因此身處消費社會的邊緣。

不過，政府在改善醫療及教育條件方面著力甚多，工人從中獲益不少。由於醫療的改善，嬰兒死亡率下降一半以上，並使智利平均壽命延長二十年。男性平均五十四歲，女性為六十歲。此外，政府大量挹注經費，讓文盲率從 1925 年的 30%，下降到 1958 年的 17%。因此，工人可支配的收入雖然增加甚微，但是為他們及其家屬提供服務的社會事業，卻有相對的發展。

三、女權的發展

　　1925 至 1958 年，廣大但相對沉默的婦女，逐漸成為智利政治活動的新興角色。事實上，從十九世紀中，智利婦女運動就開始要求獲得參政權。然而到 1934 年，仍然毫無斬獲。雖然亞力山德里總統及一些有名望的右派人士，曾經表明反對剝奪婦女政治權利，進展仍然有限。然而，真正阻礙婦女取得政治權利的力道，其實來自左派及反教權的自由派。他們認為婦女大多數是天主教徒，也比較保守。為了避免讓對手保守派添加羽翼，這些自由派人士竭力反對婦女取得政治權利。

　　其實早在獨立戰爭時，智利婦女就參與公共事務，她們擔任軍隊的後勤補給，因為當時軍人的家眷幾乎追隨軍隊移動。此外，也出現一些女英雄，像是對抗秘魯及玻利維亞聯盟戰役時的女士官佩雷斯 (Candelaria Pérez, 1810–1870)。此外，在太平洋戰爭中則出現所謂的「隨軍供水女性」(cantinera)，她們負責補給食物、修補軍服，更重要的是她們隨時讓軍人的水壺注滿飲水，這是她們稱呼的由來。再者，她們有時也須冒著生命危

圖 27：一名隨軍供水女性，攝於 1881 年。

圖 28：迪亞斯

險，拿起武器抵抗敵人。與男性官兵最大的不同是，這群婦女都是無給職。

1850 年代，蒙特總統公布《基礎教育法》，受教育遂成為女性提高社會地位的重要途徑。在此後半個世紀中，婦女在藝術及文化領域，逐漸嶄露頭角。她們在不同領域，努力翻轉長久以來認為婦女不適合某些工作的刻板印象。再者，雖然 1833 年憲法明定，所有智利民眾擁有平等的政治權利，但是從來沒有人認為女性有投票權。1875 年，在聖菲利普 (San Felipe) 有一群婦女在投票區要求投票權，但遭到回絕。甚至十年後，國會明確立法禁止婦女的投票權。不過 1877 年，一項政府行政命令，為智利婦女開啟上大學之門。1880 年代，迪亞斯 (Eloísa Díaz, 1866–1950) 及佩雷斯 (Ernestina Pérez, 1865–1951) 成為智利首見的外科女醫師；1892 年，川普 (Matilde Troup, 1876–1922) 成為智利首位女律師。此外，勞工領袖雷卡瓦倫及其夫人佛羅雷斯 (Teresa Flores, 1890–1952) 也引介墨西哥的薩拉卡 (Belén de Sárraga, 1874–1951) 博士，薩拉卡曾多次造訪智利硝石區，力推女權運動，並舉辦座談及相關活動。

智利女性爭取權利的歷程漫長，但沒有引起很大的衝突。在

爭取政治權利方面，她們尋求政黨的支持，以協助爭取政治權利。1919 年，在拉巴卡 (Amanda Labarca, 1886-1975) 教授的奔走下，成立「婦女委員會」；1922 年，則成立「女性公民黨」(Partido Cívico Femenino)，該黨在國會沒有議員代表，但是公開主張在美國、西班牙、阿根廷及烏拉圭盛行的女性思想。在亞力山德里第一任期時，該黨曾在某些法案上獲得政府的支持，但是混亂的政治情勢，讓法案被迫延後。情勢趨穩後，韋卡拉 (Felisa Vergara) 於 1933 年創立「支持女性公民權利委員會」(Comité Pro-Derechos Civiles de la Mujer)。

此時期，最強烈的婦女運動是由女律師卡瓦雷納 (Elena Caffarena, 1903-2003) 所領導的「支持智利婦女解放運動」(Movimiento Pro-Emancipación de la Mujer Chilena)。與之前的婦女組織不同的是，它與社會各階級橫向連結，且加入人民陣線，積極參與政治。因此在 1934 年，她們促成政府頒布法令，規定婦女可以參加縣市選舉的投票。隔年，有七萬六千名婦女首次參與投票。但直到 1952 年，婦女才能投票選舉總統。而這件事和 1945 年米斯特拉獲得諾貝爾文學獎有關，因為米斯特拉獲獎時，大家才驚覺這位成就傑出的女詩人，竟然無法投票選舉總統，使事件受到關注，成為推倒這座阻礙婦女權利的高牆之推手。

Chile

第 III 篇

當代的智利

第七章 | *Chapter 7*

保守、改革與社會主義革命 (1958–1973)

　　1950 年代末起，來自智利國內外要求改革的聲浪日益高漲。當時，美國甘迺迪政府為遏止共產主義在拉美擴張，提出「爭取進步聯盟」計畫 (Alianza para el Progreso)，要求以改革換取經濟援助。因此，1958 年上臺的亞力山德里保守派政府，也在壓力下被迫實施土地改革。隨後的基督教民主黨政府 (1964–1970) 和人民團結陣線政府 (1970–1973)，因為在意識形態上都主張改革，所以不需要外力的敦促。這三任政府主張政府應該促進經濟發展，但是他們對於私人資本在經濟發展過程中該扮演何種角色，存在分歧。

　　1958 年，右派政黨聯盟推派前總統的兒子豪赫‧亞力山德里 (Jorge Alessandri Rodríguez, 1896–1986) 競選總統。他以領先三萬多票，勉強擊敗左派候選人阿彥德 (Salvador Allende, 1908–1973)。在隨後的兩次總統選舉中，各政黨都小心翼翼尋求結盟，因為此時期支持右、中、左的選票旗鼓相當。當時，各種思想傾向之間的勢力相當，也表明智利的政治制度非常健全，但也有潛在的脆

弱性。因為各派間意識形態的差異，很難在國會取得共識，造成智利民主政治無法穩定發展。如果有哪個派別行事比較霸道專橫，就會威脅其他派別，衝突隨之爆發。

第一節　社會形勢發展

一、權貴集團

　　1958 年後，上層階級維護其特權地位的空間不斷縮小，改革勢在必行。莊園、城市房地產及工業投資都受到政府嚴格控制。首先影響到莊園主的變革是，勞工法提高工人的權益。之後，變革更為激烈，中央谷地的莊園主大多失去土地。此外，通貨膨脹日益加劇，城市的房地產主陷入困境，法律又規定不得提高租金，也不能驅趕房客。在政府及工人沒收企業後，企業主不再增加新的投資。而房地產主也意識到很快將發生變故，因此也不再花錢修繕屋舍。

　　有利可圖的投資減少，富人就將錢移至國外，造成國內資金短缺。而且，富人對美元需求孔急，造成匯市兌換率猛升，遠超過市場的實際價格。因此，在旅館、飯店，甚至辦公場所，到處可見富人向外國人兌換美元。之後，他們將資金帶往國外投資股票和債券，所以在海外投資的富人越來越多。由於私人投資縮水，只能設法由政府投資來彌補。但是因為私人部門發展停頓，造成政府無法擴大課稅、資金益加短缺，政府只能更努力吸引外國投

資。但是這也意味著，政府必須寅吃卯糧，預先借用國家未來的
出口收入。

二、工人階級

　　雖然通貨膨脹不斷飆升，但是工人階級的薪資卻不升反降。
以當時工人的收入，其工資僅夠養家糊口、支付房租，實在沒有
能力做其他消費。而且要幾戶人家一起湊錢，才能買一小塊地，
搭建住所。有工作的子女則幫父母購置家具或家電用品，鄉下的
親戚會在冬天送來些許木炭或糧食。到了阿彥德時期，因為黑市
更加盛行，所以許多住在城市的工人，會四處兜售鄉下親戚所生
產的馬鈴薯、肉類和小麥等農產品。

　　此時，有許多年輕人進入就業市場，但是他們卻很難找到工
作。1960 至 1970 年，智利人口增加一百八十萬，而勞動人口僅
增加五十二‧三萬。上學就讀緩解新增勞動力湧入市場的壓力，
但是政府還是必須分散使用有限的財力，以提供更多的工作機會。
這十年間，政府提供五十多萬個工作機會，但實際工資並不高。
在阿彥德執政的三年間，加快提供工作機會，1960 年有近二十五
萬人加入工會，十年後則增加到五十三‧三萬人，到 1973 年阿彥
德執政的最後一年，工會人數達到六十萬，其中有 20% 是農業工
人。1965 至 1973 年，加入工會的工人占總工人數，從 11% 增加
到 22%。

　　1931 年頒布的勞工法，規定成立工會和集體談判的準則。為
了控制通貨膨脹，政府經常訂定最高工資的成長率，因此相對限

制工會進行談判的空間。為此，工會在合約中提出工人的住房、醫療保健和家庭補助等問題。如果勞資談判陷入僵局，政府則出面斡旋。為達成協議，工會常以罷工施壓，或者用罷工表示支持合約。這段時間，經常發生罷工，但是很少導致經濟癱瘓。此外，政府大多同情工人，因此罷工時間相對縮短。弗雷 (Eduardo Frei Montalva, 1911–1982) 執政時間，平均罷工時間為七天；而阿彥德政府時，平均僅三‧五天。

　　弗雷政府時，允許農工成立工會，這為勞工運動加入生力軍。1964 年弗雷剛上任時，只有二十四個農業工人工會，會員一千六百多人；但是六年後卸任時，增加為四百二十一個，會員達十‧四萬人。1968 年前，加入組織的農業工人有一半以上是由基督教民主黨所控制的「農村勝利」的工會成員。但是 1968 年後，加入工會的農業工人，大多加入由支持阿彥德的共產黨、社會黨和人民行動統一陣線所控制的「自由」和「朗基爾」工會。上述三個工會組織，都幫農民確保已經改善的勞動條件和經濟權益。

　　1960 年代和 1970 年代初，因為有農工新生力軍的加入，以及政府支持工會在經濟和社會的訴求，因此工會組織獲得重大發展。即便如此，仍有近 80% 的工人沒有加入工會。主要是因為建築業、零售業以及服務業員工加入工會者不多。當時大多數工會都隸屬於工人統一工會，而工人統一工會主要受共產黨和社會黨影響。這些工會希望獲得集體談判，而控制工人統一工會的政黨則希望藉由工會支持，實現土地、企業和其他經濟活動的國有化。1970 年，這些政黨終於在總統選舉中獲勝，而工人也終於有機會

目睹國有化後的利弊得失。

三、中產階級

　　由於教育普及以及社會服務部門和公部門的發展，大幅增加政府所需雇用的人數，而這對中產階級特別有利。1958 年政府員工約八‧五萬人；1968 年則增至十二‧八萬人；1972 年更增加到三十六萬人，大幅攀升，國庫負擔加重。1970 年前，人數增加主要是因為增加新的工作職缺；而 1970 至 1973 年間人數增加的原因，除了新的工作職缺外，主要是私營企業國有化所造成。此外，政府公部門就業人數增加與大學和職業學校畢業生人數的增加，也關係密切。例如，1960 年大學在學人數為二‧七萬人、1970 年為七萬多人，到 1973 年則快速增加為十四‧五萬人。此時，因為私營部門發展停頓，畢業生都積極設想進入政府部門工作。此外，因為控制政府公共部門就業的主要是執政者，因此能否贏得總統選舉，以進一步掌控及分配利益，就變得非常重要。

　　由於中產階級成員支持不同黨派，力量無法集中，甚至分裂。通常與私營部門關係密切者，都支持民族主義黨、激進黨或基督教民主黨；在政府部門任職的中產階級，則支持激進黨或基督教民主黨；公立學校的老師則大多支持社會黨或共產黨。雖然，中產階級具有許多共同的消費、教育和公民價值觀，但是政治上的分歧，讓他們難以統一運作。大多數的中產階級認為，最重要的是財富的累積；而對一些收入較低的公立學校教師等政府公部門員工，他們優先考慮的是租金的管制，而非財產權。

雖然已經制定相關法規，但政府還是管制醫療健保、住房和勞動市場等服務行業，並用政治手段進行分配。弗雷政府及阿彥德政府時期都大力推動社會住宅，但是因為需求大於供給，所以黨派以及和政府官員的關係就顯得特別重要，因此民眾竭力找尋「門路」、「後臺」和「靠山」，勝選的意義比意識形態的爭辯更加重要。選對邊，就能獲得服務、住房和工作機會。

在通貨膨脹上揚、收入減少時，中產階級希望有能振興經濟的政黨。在平常，中產階級企盼幣值穩定、工資購買力上升，而且有更多的工作機會。在 1950、1960 年代的競選綱領中，政黨都大開支票。但事實上，不論誰執政，都很難履行諾言，因此這段期間從來沒有政黨能連續執政。此外，中產階級和部分未加入工會的工人，企盼有個既能提供安全保障又能振興經濟的政黨。1964 年，為了阻擋阿彥德當選，右派政黨聯盟決定轉而支持基督教民主黨的弗雷。當時的總統選舉都勢均力敵。1958 年得票最多的候選人，僅領先第二名三‧三萬票；而 1970 年雙方也只差三‧九萬票，並由國會決定當選者。因此只要有二萬張選票轉向，或政黨結盟略有變動，這兩次選舉的結果就會完全改觀。

第二節　亞力山德里政府 (1958-1964)

1958 年，代表保守黨和自由黨勢力的豪赫‧亞力山德里，以些微優勢當選總統。他不像其父親、前總統那樣喜歡以煽動性演說來鼓動群眾，並常說自己不是政治家。事實上，他吸引人的是

他的姓氏以及父親的影響力，而非他的氣質與風度。保守派對他很放心，認為他不會採取激進措施。但是當時智利政治形勢的發展，卻讓他批准了在那保守年代，相對激進的土地改革政策。

一、經濟與政治發展

豪赫·亞力山德里曾在岡薩雷斯·魏迪拉政府時代擔任財政部長，是智利右翼勢力的代表。他全力捍衛大資產階級、大莊園主的利益；大力扶持私人企業，減少國家對經濟的干預。上任後，首要目標是降低困擾著前政府的通膨。為此他將披索改成埃斯庫多 (Escudo)，並讓其與美元掛勾等值。他呼籲智利人將錢匯回國內，並准許他們使用美元在本國銀行開戶。再者，他竭力減少政府赤字、控制工資。因此，通貨穩定和市場開放，激勵私人投資以促進經濟發展。

在其執政期間，亞、非國家民族獨立運動不斷高漲，古巴革命成功等因素，相對推動拉美地區民族民主運動的發展。為了遏止古巴革命的擴散與影響，以及緩和拉美各國政府在經濟援助問題上的矛盾，美國在拉美推出「爭取進步聯盟」計畫。此外，智利左翼勢力的影響繼續擴大，而且人民要求民主改革的呼聲日高。亞力山德里不得不採取改革措施。例如，在 1962 年頒布土地改革法，規定徵收一百萬公頃的土地，也要求大莊園主把不能耕種的土地賣給政府等。但是到 1963 年 8 月，才徵收十一個莊園的六萬多公頃土地。且因為大莊園主及大地主的反對，土地改革成效甚微，甚至沒有撼動智利的大莊園所有制，這引起社會廣泛的不滿。

　　1960 年代，智利要求政經改革的浪潮日益高漲。在政治上，以保守黨和自由黨為首的右翼勢力每況愈下。在 1961 年的議會選舉中，執政的保守黨和自由黨未能獲得三分之一的席次，失去對議會的控制。而代表民主改革勢力的人民行動陣線和基督教民主黨，在議會中的力量則顯著增強，在城市和農村的影響也日益擴大。這顯示傳統政黨保守黨和自由黨正走向衰落。隨著時代的變化和國家社會經濟的發展，新興政治勢力登上政治舞臺，並逐漸扮演重要角色。

二、瓦爾迪維亞大地震

　　豪赫‧亞力山德里執政第一年，工業生產增長、失業率下降2%。進口成長 30%，且響應政府呼籲將錢匯回的資金，讓智利國際收支維持適度平衡。但是，兩大意外事件嚴重影響計畫的落實。首先，智利出口成長跟不上進口成長，造成貿易赤字；其次，1960 年 5 月，智利南部瓦爾迪維亞地區發生史上最強烈的地震，芮氏規模 9.5 級。造成二千多人喪生，財物損失相當於國家年生產值的 10%。此外，地震及海嘯造成民居及廠房倒塌以及大片農田淪為澤國。而且地震伴隨海嘯，吞沒康塞普西翁到奇洛埃沿海地區的所有城鎮和村莊。

　　政府增加開支以救助南部災區，但當時智利貿易嚴重失衡，因此外國的震災援助以及美國「爭取進步聯盟」提供的資金，都無法填補智利的貿易赤字。1962 年 10 月，政府將本國貨幣貶值33%，不再和美元掛勾等值，讓新貨幣埃斯庫多毀於一旦。此時，

因預估進口商品價格將上漲，因此本國產品價格也提高。1962
年，通貨膨脹猛升至 29%，之後更上升到 40% 以上。豪赫‧亞力
山德里提高稅率，將銷售稅定在空前的 20%，以增加政府收入。
到 1964 年，各項稅收總額相當於國內生產總值的 24%。高稅額
造成生產者和消費者沉重的負擔。這代表豪赫‧亞力山德里的穩
定計畫失敗，而且借助私營部門以促進經濟發展的希望也破滅。

三、施政評估

　　然而，豪赫‧亞力山德里任內，並非一事無成。在爭取外部
援助方面，豪赫‧亞力山德里政府每年獲得美國「爭取進步聯盟」
計畫近一億美元的經費。當時美國甘迺迪政府認為「爭取進步聯
盟」著重發展與改革，可以防止古巴革命在拉美其他地區重演。
所以豪赫‧亞力山德里政府在實施教育、住房和土地改革方面，
與「爭取進步聯盟」積極密切合作。任內，他擴建學校，並讓大
學生人數倍增。此外，他敦促議會對新建住屋免徵稅款，結果新
屋年增四萬。其中有一部分由政府出資；另一部分則是私人融資
興建。

　　對保守派的豪赫‧亞力山德里而言，任內最激進的行動是實
施土地改革。當時，保守派議員通過法案，授權政府收購閒置農
田，付給地主 20% 的現金，其餘的 80% 以債券方式，十年內付
清。為了掌控法案的實施，議會成立土地改革協會及農牧業發展
協會，以提供農民後續服務。在其任內，土地改革協會才沒收六
萬多公頃土地，而分到土地的農民約一千人。不過，他卻開創政

府可以沒收私人田產的先例，有利於未來政府的大力推動，以終
止傳統大莊園制的土地政策。

第三節　基督教民主黨執政 (1964–1970)

一、黨的建立與獲得政權

　　基督教領導階層是由中產階級的年輕人組成，他們大多是在
天主教大學就讀時的舊識。原先他們加入長槍黨或社會保守黨，
但他們慢慢覺得有許多共同的想法與特點，因此在 1957 年將上述
兩黨合併成基督教民主黨。這些領導人認為，天主教可以有進步
的思想。此外，他們也崇拜法國哲學家、基督教民主運動思想之
父馬里丹 (Jacques Maritain, 1882–1973) 的思想。一成立，該黨就
大肆宣揚人人共享社會正義。此外，基督教民主黨希望實施社會
法，為每個人提供基本需求，並加強民主制度與人權。該黨也希
望採用拉丁美洲經濟委員會的研究，以加速經濟發展。

　　隔年，該黨就推出候選人參加 1958 年的總統選舉。弗雷初試
啼聲，贏得 20% 的選票，名列第三，但該黨在參眾兩院選舉中，
得票率卻下降。在 1963 年市政選舉中，贏得 22% 的選票，比領
先的兩大政黨聯盟僅差 1.5%。基督教民主黨意識到，只要再努力
一點、多一些選票，就可以執政，所以基民黨領導階層，傾全力
投入競選活動。

　　在 1964 年的競選活動，弗雷主張 「自由革命」 (Revolución

en Libertad)，表示走資本主義和社會主義的中間道路。據此，他計畫在執政六年間，每年興建六萬住房；在土地改革方面，為十萬戶家庭分配土地；承諾降低通貨膨脹率，但沒有確定具體比例；實施銅礦「智利化」，亦即政府收購銅礦公司的大部分股權；在農村地區組織農民協會，幫助窮人。在城市則組織居民活動小組；要掃盲、發展公共教育及提高入學率；至於公共工程，則提出包括興建聖地牙哥地鐵等宏偉的計畫。最後，該黨確定經濟年成長率的目標為 6%，要讓智利人民收入倍增。

　　雖然基督教民主黨的政綱甚具誘惑力，而且候選人弗雷也極具領袖魅力，但是右派政黨仍左右選舉結果。因此當 1964 年 3 月中左派政黨聯盟在特別議會選舉勝出後，右派政黨及激進黨就決定讓其候選人杜蘭 (Julio Durán, 1918–1990) 退選，轉而支持弗雷，以阻止社會黨候選人阿彥德漁翁得利。此外，古巴革命成功後，美國不願意左派在智利執政，認為弗雷是穩住政局的適合人選，支持他當選。再者，教會支持弗雷。智利天主教勢力龐大，教會支持基民黨的綱領，也支持該黨執政。最後，弗雷獲得 56% 的選票當選，阿彥德獲得 39%。如果沒有右派及激進黨最後一刻的轉向，1964 年的總統當選人將會是阿彥德，而非弗雷。但是，基督教民主黨似乎沒有深刻體認到此事實，當選後拒絕右派政黨及激進黨要求其修改政綱。到 1970 年大選前夕，基督教民主黨才猛然發現，在智利從事政治活動需要結盟，但為時已晚。

　　雖然，基民黨認為以 56% 的選票當選就是對其執政的授權。但是因為拒絕與激進黨人及右派結盟，以避免修正其法案，所以

想在議會通過議案就沒那麼容易。與二十世紀智利大部分的總統一樣，弗雷也必須對付很不合作的議會。在 1965 年議會改選中，基民黨四處拜票，表明如果贏得議會多數席次，就可順利實施其宏偉計畫。智利選民接受此看法，讓該黨在眾議院一百四十七席中，獲得八十五席；參議員則從三席增加到十三席。由於在參議院仍屬少數，該黨極力爭取反對黨議員支持，以順利通過議案。然而，基民黨內部卻意見分歧。一派認為，政府應大力發展經濟、降低通貨膨脹，並維持有利的國際收支；另一派則主張優先發展社會，認為住房建造、土地分配和工人的工資以及預算平衡無關，而且通貨膨脹不可避免。

二、經濟措施與發展

上任後，弗雷政府成立「國家計畫署」以協調推動國家經濟發展。該署將國家利益與人民利益結合，以期降低通貨膨脹、增加生產、經濟成長達 5–6%，以及提高儲蓄率。在外貿和財政方面，國家計畫署要求提高銅價、設法促進出口，並重新談判外債。這些計畫環環相扣，任何疏失都會影響全局。

執政兩年後，工業生產成長 20%。銅的出口增加、價格上升，因此國際收支狀況良好。而實施累進稅率，也使政府員工薪資提高。此外，農業工人薪資增加，農產品價格也上漲。而且，通膨率下降一半；建築業也欣欣向榮，但是工資與儲蓄金仍表現不佳。透過集體談判和罷工，工人工資成長高於通膨，但私人儲蓄金和投資卻持續下降，使政府的負擔加重。後來，財政部長提

出強制工人儲蓄計畫，然而社會黨和共產黨發動全國大罷工，迫使計畫流產。

弗雷大力推動公共工程建設，以促進智利現代化。他修建新機場、開通連接聖地牙哥及瓦爾帕萊索的隧道，並使道路現代化。此外，新水壩、港口設施及聖地牙哥地鐵建設等公共工程提高就業率，使經濟年成長達 4%，但是私人投資卻減少。一方面，外國公司意識到，智利逐漸將公司收歸國有，大規模投資風險日益提高。而智利投資人也深感不安，覺得政府沒收莊園和外國公司後，他們將是未來被改革的對象。

1967 年 4 月的市政選舉中，基民黨得票率低於 1964 年和 1965 年的選舉。黨內左派認為人民希望深化改革，因此要求立刻將大型礦業公司和銀行收歸國有。同時大聲呼籲，經濟應由政府而非私人控制，導致爆發黨的路線之爭。事實上，弗雷執政時，該黨未與其他政黨結盟以加強自己的地位，而且不斷內耗，削弱自身力量，殊為可惜。

1965 年，議會通過政府提出的「銅礦智利化」法案。其基本精神是透過購買美國資本控制的銅礦公司股權，並藉由建立合資公司，以取得公司的部分股權和經營權。據此，1967 年弗雷政府從三家美資銅礦公司，分別取得 51%、30% 和 25% 的股權。1969 年，弗雷政府宣布對美資控制的丘基卡馬塔 (Chuquicamata) 銅礦公司，實施「契約國有化」。智利政府購買 51% 的股權，並有權購買其他股份。但是，問題在如何經營這些礦區，使其具有競爭力又能獲利。在實施「銅礦智利化」時，弗雷提出許多吸引外資

的措施，如放寬在智利外資公司的進口限制，保持關稅穩定，以提高外國公司在智利經濟部門，特別是工業部門的投資意願。

　　之後，越戰導致國際市場對銅的需求增加，而且智利政府也決定透過倫敦市場銷售銅礦砂，這促成智利銅的收入和投資都增加。不過，此時礦工也要求享有更多權益。工會與政府談判破裂後，礦工罷工。由於擔心生產下降影響其他計畫的實施，1966 年 3 月，弗雷調動國民衛隊鎮壓罷工。此外，弗雷政府也收購跨國公司在智利經營的分公司，例如從南美電力公司收購智利電力公司，以及從國際電話電報公司收購智利電話公司。但是智利電話公司的服務設施太差，人民要求政府改進。弗雷政府認為，收購後這些公司所獲利潤已足夠新投資所需，並認為國有化將有利於實施經濟計畫。

三、土地改革與農村發展

　　亞力山德里執政時開始沒收土地，但成效有限。1964 年，弗雷承諾若當選總統，將使十萬人擁有土地。為此，其政府在 1965 至 1967 年，平均每年沒收四十五萬公頃土地；1968 至 1970 年，每年平均沒收七十一‧八萬公頃。但是分配到土地的人很少。土地改革協會決定，農民在分得土地前必須在沒收的田地從事勞動。此外，政府也擔心土地分成小塊效率會下降、農產減少。

　　1967 年通過土地改革法後，重新確定沒收大莊園的標準。除了沒收閒置土地，還規定占有土地的面積不得超過八十公頃水田或等量土地，超過部分也要沒收。為了對抗土地法，地主將土地

分割給子女或親戚名下。土地改革的另一重要工作是成立農民協會。雖明令禁止政府官員插手協會的組織工作，但是農業發展協會依然積極介入。再者，基督教民主黨、社會黨及共產黨也競相組織農民，以謀求自己的政治利益。

1968 年，聖米格爾莊園工資談判破裂後，社會黨發動農民協會罷工。但罷工也未能促成協議，農民協會就以武力占領莊園。當政府派遣國民衛隊收復莊園時，遭到強烈抵抗。大學生也多次遊行，加入聲援行列。最後，國民衛隊逮捕所有持槍的農民，平息一場極其危險的衝突。占領聖米格爾莊園，顯示社會黨及另一左派集團，在左派革命運動上採取新的策略，表示他們不再用合法手段再分配財產，而是直接占領。不幸的是，弗雷黨內的左派也贊同類似行動。在其執政最後兩年，農民協會直接接管四百處莊園，相當於土地改革協會預定沒收莊園的 30%。這種不法手段，顯示農村革命已經悄悄展開。

此外，因為基督教民主黨的積極投入，即使在偏遠地區也能夠實現既定目標。他們在農村地區修路建學校、組織農民合作社、成立母親中心。農業發展協會提供小農貸款，而農牧業服務社則提供技術協助結果促成牛奶增產，讓南方地區農民能滿足全國對乳製品增加的需求。再者，弗雷時期，有四百五十多名和平隊志工在智利提供服務。雖然共產黨及社會黨常指控這些人為美國中情局服務，但事實上，他們確實協助智利政府落實農村發展計畫。弗雷政府也解決民眾的社會需求，像造橋鋪路、增設公車路線、興建學校、改善醫療保健等增進民眾福祉與健康的工作。

四、教育與學生運動

　　教育是弗雷改革的重點項目，把教育體制分成學前教育；初等教育，一至八年級；中等教育，九至十二年級。政府向家境清寒學生提供獎學金，以提高入學率並改善學生營養。新計畫中，政府向社會各階級開放就讀大學的機會，並以會考作為入學的依據。此外，政府也促進技職教育及成人教育的發展。為了提高入學率，政府新建三千多所學校，教室總數倍增。註冊學生人數從 1964 年的一百八十四萬，增加到 1970 年的二百九十六萬。其中，中學與大學的成長最快，幾乎達 100%。再者，政府認為必須大力支持大學的科學研究，因此成立全國科學技術委員會，以資助、管理相關的科學研究。

　　此時，傳統依法行政已被棄置，直接行動日益成為行事準則。1967 年，瓦爾帕萊索天主教大學 (Pontificia Universidad Católica de Valparaíso) 學生罷課五十天，要求參與課程設計和推選學校管理人員。他們的訴求達到後，聖地牙哥天主教大學的學生也群起仿效。之後，學生領袖與政黨結盟，以爭取更大的發言權與選舉權。與基督教民主黨結盟的學生，要求撤換天主教保守派校長及各院院長，由與基民黨結盟的人士取而代之。1967 年 8 月，學生占領行政大樓並管制人員進出，最後由紅衣主教席爾瓦‧恩里克斯 (Raúl Silva Henríquez, 1907–1999) 出面協調，任命新校長後，事件終於落幕。此後，基民黨內的學生領袖日趨激進，並成立人民行動統一運動。後來，該組織脫離基民黨自立門戶。而天主教

保守派則決定組織自己的教團運動。在 1968 年，此組織控制基督教大學學生聯合會，成功從左派奪取領導權。

　　1968 年 5 月，學生運動蔓延到智利大學。該校教育學院左派學生占領行政大樓，而另一批學生則搶先占領其他大樓，以防止左派學生的行動。由於談判延遲不決，造成停課數月，迫使學生利用暑假補課。1969 年，根據新法規，智利大學選出基民黨的伯寧格 (Edgardo Boeninger, 1925–2009) 為新校長。這造成基民黨先後控制智利兩所最重要的大學。

五、軍人的訴求

　　基民黨激進的改革措施，在智利引起廣大的辯論，並形成對立的兩大政治派別。然而，軍人在這次辯論中並未受到該有的重視。因此 1969 年 10 月 21 日，當維奧 (Roberto Viaux, 1917–2005) 控制駐紮在聖地牙哥市中心的塔克納團，並拒絕服從國防部長和總統時，震驚各界。維奧聲稱其反抗只是不滿軍人待遇低以及裝備不良。但是，弗雷認為這是對文官政府的威脅，所以宣布戒嚴，並派遣忠於自己的軍隊包圍叛亂組織。當衝突一觸即發時，弗雷政府同意在下年度預算中為軍人加薪，而塔克納團的士兵則放下武器。

　　1969 年，智利鄰近國家阿根廷、玻利維亞、秘魯及巴西都是軍人政府。因此，弗雷有理由擔心軍人趁機奪權。此外，智利保守派面臨莊園被沒收的困境，以及繳交高額稅款，因此他們公開議論，軍事政變可以保護他們的利益。再者，有些書籍及言論認

為，弗雷的改革為馬克思主義者在智利奪權掃除障礙；而天主教會雜誌也批評弗雷破壞智利的傳統價值觀。然而，1969 年軍人的密謀，只是為了爭取自身權益，並未破壞基民黨的改革措施。因為軍隊中有許多同情基民黨的人士，若採取破壞行動勢必造成內部分裂。所幸最後透過談判解決問題，避免了一場武力衝突。

1969 年 3 月，各黨派都將國會選舉視為 1970 年總統大選的試金石。結果民族主義黨獲得 20.1% 的選票，共產黨及社會黨28.2%，執政黨基民黨為 29.7%，而激進黨只獲得 12.9%。此次，以民族主義黨為代表的右派政黨，比 1967 年增加約 6% 的選票；而基民黨失去約相同比例的選票。左派政黨只比上次減少不到1%。此次選舉顯示，曾希望過好日子而投票給基民黨的一些中產階級選民，這次改投右派候選人。提醒基民黨若想連莊 1970 年的大選，必須說服民族主義黨及激進黨共同推出候選人，獨自競選絕對沒有勝選希望。

第四節　阿彥德的社會主義政府 (1970–1973)

一、1970 年大選

以當時情勢推斷，想在 1970 年大選中贏得總統大位，基民黨一定要結盟。在眾多對象中，中立派的激進黨最適合。但是在受高度重視的南部選舉中，激進黨已經和共產黨結盟，共同推出候選人。共產黨力勸激進黨恢復雙方在 1930、1940 年代，所形成的

人民陣線。社會黨提名阿彥德為總統候選人後，共產黨與激進黨撤回提名，力推阿彥德並再次結盟，稱為人民團結陣線。此時，人民團結陣線的政治綱領比先前的人民陣線更激進。其背景是1940 年以來，智利政府逐漸擴大對經濟的控制，而且古巴革命成功又提供實行國有經濟的顯明範例。因此人民團結陣線在綱領中建議，將大型採礦公司、銀行、大部分工業、外貿和批發銷售公司收歸國有。在社會民生事務方面則準備發展公共住房、深化土地改革、發展醫療保健和教育。

　　前總統豪赫・亞力山德里，以獨立候選人名義參選，但獲得民族主義黨的支持。他誓言根除基民黨發動的民眾運動，恢復國家秩序。支持者深信他若當選，一定會廢止土地改革、整頓大學紀律，並嚴厲處理罷工事件。這些政綱受到上層階級的歡迎，後來也吸引越來越多的中產階級，因為他們認為基民黨改革的代價就是通膨及經濟發展不穩定。基民黨則推出托米克 (Radomiro Tomic, 1914–1992) 為候選人；他曾任駐美大使，並長期擔任黨的領導人，也是黨內左派的代表人物，希望政府加強控制經濟。然而這些主張讓黨內保守成員擔心，會使該黨與社會黨的分際模糊不清，但是並沒有阻止提名。托米克的主張吸引黨內年輕成員，但中產階級選民認為他和阿彥德都是危險人物。

　　在前三次大選中屢敗屢戰的阿彥德，最後以微弱的三・九萬張選票差距，勉強獲勝，得票率 36.2%；亞力山德里獲得 34.9%；托米克 27.8%。托米克立刻祝賀阿彥德勝選，而亞力山德里則呼籲民主力量團結阻止阿彥德登上總統寶座。因為沒有人獲得過半

選票,按憲法規定將由國會決定誰勝出。按慣例,議會將推舉得
票最多的候選人。當時,阿彥德宣稱若國會不推舉他,將發動工
人癱瘓全國。而基民黨在議會有足夠票數決定總統人選,但是該
黨堅決要求阿彥德支持修憲、保證民主、讓軍隊非政治化以及政
府不得沒收新聞媒體等承諾。此外,當時也盛傳軍人將發動政變。
最後基民黨及人民團結陣線議員,推舉阿彥德為西方世界首位信
仰馬克思主義的總統。

圖 29:阿彥德　阿彥德是智利醫生
和社會主義政治家,1970 年至 1973
年擔任智利第二十八任總統。他是
拉丁美洲第一個透過選舉當選總統
的社會主義人士。阿彥德從政近四
十年,曾擔任參議員、眾議員和內
閣部長等職務。1952、1958 和 1964
年他曾三度參選總統,均未成功。
1970 年,在激烈競爭中由於沒有候
選人獲得過半票數,最後由國會推
舉他為總統。執政後,他力圖將主
要產業國有化,擴大教育,以及提
高工人階級的生活水準。然而,他
與控制國會的右翼政黨和司法部門發生嚴重衝突。

任期內,支持阿彥德改革的原住民貧困後代與白人菁英之間的種族緊
張關係加劇。此外,阿彥德一直與基督教民主黨主導的國會不和。基
民黨不斷指責阿彥德將智利引向古巴式的獨裁,並試圖推翻他的許多
更激進的政策。雖然,阿彥德試圖與美國保持正常關係,但是當智利
將其銅業國有化後,華府切斷對智利的信貸,並加大對反對派的支持

力度。1973 年 6 月 29 日，索帕上校率領坦克團包圍總統府，但未能推翻政府，史稱坦克政變。隨後，7 月底發生全國大罷工。智利最高法院公開抱怨阿彥德政府無力執行國家法律。眾議院也指責阿彥德拒絕頒布已經獲得眾議院批准的憲法修正案是違憲行為，並要求軍隊強制執行憲法秩序。9 月初，阿彥德一度提出以公民投票解決憲政危機的想法。但隨後皮諾契特在美國中央情報局的支持下，發動政變推翻阿彥德政權。最後，阿彥德自殺身亡。

黨派紛爭是阿彥德政府「社會主義道路」失敗的重要原因；社會黨和共產黨是人民團結陣線最主要的兩個政黨，長久以來兩黨在許多觀點上，存在不可調和的矛盾。阿彥德對各左翼政黨和政治組織缺乏實質性約束，導致政府內部派系鬥爭失控。各政黨間不斷分化組合，而且一些黨派不斷改變政治立場。結果內閣更迭頻繁，導致政府令從多出，政策前後矛盾，國內政局日益動盪。這些都給美國政府干涉智利製造可乘之機，並為日後的軍事政變埋下伏筆。

蓋棺並未論定，至今阿彥德依然是智利爭議性的人物。左派人士認為他是英雄；有些人表示，他是為社會主義獻身的烈士，並認為他是美國帝國主義的犧牲品。另一些人則看法迥異，他們批評阿彥德政府對私有工業進行大規模國有化，並與左翼革命運動激進組織關係密切，以及執政後期造成物資供應短缺和惡性通貨膨脹。這導致阿彥德支持率明顯下滑以及與基民黨分道揚鑣。他們也指責阿彥德對媒體批評懷有敵意，並試圖繞過國會，將智利變成獨裁國家。

二、改革與革命

　　大選勝出後，阿彥德成立左翼黨派的政府，由社會黨、共產黨和激進黨掌握政府重要部門。他希望以爭取議會多數取代暴力革命，期盼智利成為第一個依照民主、多元和自由模式建立的社

會主義國家。因此,他大刀闊斧改革,重要內容包括:

第一,大規模實施國有化。為了擺脫外國壟斷資本對智利的剝削與控制,阿彥德政府加強干預國家經濟,將基本資源收歸國有,並將外國資本及本國企業國有化;在改變經濟結構方面,則建立國營、公私合營和私營三種所有制。政府把原來由美國資本控制的銅、硝石、鐵礦以及本國資本經營的煤礦等企業收歸國有;同時控制 90% 的金融業 、 80% 的出口和 55% 的進口貿易 。 至 1973 年,已經控制五百多家企業,並掌握整個國家的經濟命脈。

第二,提高生產並擴大工人的參與權。阿彥德下令工廠二十四小時開工,分三班制生產,並擴大工人的參與權。同時,加強工會在計畫、經濟和社會機構中的地位,並參與領導國營企業。

第三,深化土地改革。阿彥德政府加速土地改革進程,先後從四千多位大地主手中,徵收八百多萬公頃的土地。據此成立國營農場、集體合作社,或直接把土地分給農民。

第四,提高人民收入和改善社會福利。政府大幅提高工人工資、發放各種補貼、改善醫療及婦幼保健、降低生活必需品的價格,以及改善基層民眾的多種福利等措施,以消除貧富懸殊、收入不均的現象。

最後,加強外交的獨立性。阿彥德政府堅持反帝國主義、支持第三世界國家捍衛民族獨立和爭取國家主權,並擴展與這些國家的外交關係。此外,他支持中國在聯合國的席位,並於 1970 年與中國建交。在中華民國仍保有聯合國席次時,智利是少數與中華民國斷交的國家。同時,他也和古巴復交。

　　阿彥德政府的改革，大幅削弱並嚴重打擊帝國主義和智利大地主、大資產階級的勢力，進一步爭取智利的經濟獨立。執政初期，他受到智利人民與群眾的擁護和支持；在國際上，也有許多人把智利的改革視為和平邁向社會主義的樣板而大肆宣傳。1971年 3 月市議會選舉，50% 的選民支持執政的人民團結陣線候選人，以表達滿意收入增加，並希望此榮景持續下去，這增強阿彥德政府執政的信心，但也使執政團隊誤認智利民眾希望加快實現社會主義的步調。

　　隨著改革步伐日益加速及激烈，且打擊面越來越廣，阿彥德政府忽視要求增加生產及盡速恢復社會經濟秩序的需求。不久後，智利生產下滑，且因為需求過旺，造成商品短缺、財政拮据、通貨膨脹等不利形勢。1972 年，商店開始定量供貨，以打擊囤積。商品短缺造成黑市交易活絡，甚至需要靠關係、走後門才能買到一些珍貴物品。更諷刺的是，商店貨架空無一物，但飯店仍能蒐羅到大多數烹飪的食材，以招徠客人，而且經常食客雲集、座無虛席。這也反映出當時社會的貧富懸殊。

　　在商品分配的傳統作法失效後，反對派決定上街，以喚醒民眾關注商品的短缺。1971 年 12 月 11 日，智利婦女組織「空鍋遊行」(Cacerolazo)，她們敲著空鍋穿越中產階級居住的地區。有人支持她們，但是支持左派革命運動的人則怒不可遏。雖然阿彥德指控婦女遭到國際組織的唆使，但卻無法提出有利的說法，以消除人民對物品日益短缺的恐懼。隨後，阿彥德成立「供應物價委員會」，將食品及雜貨裝袋，稱為「人民之籃」，每兩周向各家庭

供應一次。此措施不但沒有緩和情勢，反而讓人民懷疑，政府將開始實施類似許多社會主義國家盛行的配給制。

食品短缺的另一個因素是，土地改革的步伐加速，因此許多農產品的生產中斷。到 1971 年，阿彥德政府所沒收的土地比基民黨執政六年沒收的還多，有些農民甚至自行決定沒收土地。為了討好農民，阿彥德政府通常認可此自發性的土地改革。為了自保，地主決定組織維護其權益的部隊。最後，誰占有土地一事，越來越不取決於政府，而是取決於農業工人與地主間的衝突。自此，阿彥德的土改政策完全走樣。

1971 年 10 月，聶魯達榮獲諾貝爾文學獎，是當時唯一令智利人振奮且團結人心的大事。該獎項提升聶魯達的國際聲望，加上先前獲獎的女詩人米斯特拉，讓智利人深信智利是詩人之邦。此外，卡斯楚為期三周的訪問，則在智利引起很大的分歧。當被問及智利社會主義是否可以透過民主道路實施時，卡斯楚表示每個國家必須根據自己的歷史行事。在其他問題上，他也極力迴避爭議。反對派媒體則批評卡斯楚長達三周的國是訪問，違反外交禮儀。但是人民團結陣線支持者認為，卡斯楚到訪是對阿彥德政府的支持與肯定，也是親眼目睹古巴革命英雄的好機會。

三、社會情勢發展

1.兩極分化

左派的激進行徑，進一步將具有民主精神的反對黨逼到對立面。此時左派人士暗殺弗雷時期的內政部長，這野蠻行為引起基

民黨的反感，並進一步讓國家分裂成對立集團。此外，1971 年人民團結陣線獲得 50% 以上選票，加快改革步伐，這更讓基民黨憂心忡忡。因此，決定不再孤軍作戰，再次回頭找右派的民族主義黨組成民主聯盟，在議會中擁有足夠席次阻擋執政黨通過激進法案，以避免智利爆發革命。此時，人民團結陣線積極收購出版事業，接管幾家重要媒體及造紙廠，意圖擴大控制媒體。基民黨猛然警覺，若進一步發展，反對黨的話語權可能就完全被剝奪，於是展開行動以阻止政府在全國收購媒體，甚至美國中情局也加入行動。

在民主聯盟積極反對人民團結陣線的計畫時，激進的工人非法占領工廠以及農民非法奪地行動加速。而且當工廠主要求歸還廠房時，阿彥德政府引用 1931 年的法令，表示政府可以臨時接管發生勞資糾紛的工廠，而斷然拒絕。民主聯盟擔心這種強占行徑，很快就會終結私人企業，因此面見阿彥德要求制定私有財產國有化的相關法律，阿彥德同意協商解決。

經過協商，雙方提出「三種類型」的憲法修正案。第一是國有化部門、第二是公私合營、第三為私營部門。阿彥德接受此提案，但遭到社會黨內激進人士的反對。他們擔心這將會阻礙工人的接管行動，以及終止正全速前進的革命運動。雖然議會通過此提案，但因人民團結陣線內部分歧，阿彥德最後否決此議案。民主聯盟試圖推翻總統的否決，但徒勞無功。修正案胎死腹中，這讓雙方共同解決此棘手問題的良機，隨之消失；同時也顯示，人民團結陣線內部的少數派是左右總統決策的關鍵力量。

　　美國尼克森政府認為阿彥德政府是共產主義在南美洲的灘頭堡，一定要打倒，因此轉而支持民主聯盟持續對抗政府。美國政府投入大量資金支持隸屬民主聯盟的出版品、媒體和工會。此外，還終止提供新貸款，並阻止國際組織向智利調撥資金。但是因為正在談判債務償還問題，所以尼克森政府持續提供已承諾的貸款，而且私人銀行也繼續提供智利貸款。

　　然而，這時人民團結陣線需增加大量外國信貸，以提供人們消費基金。因此智利轉向加拿大、西歐、蘇聯和中國借貸。這些國家提供智利新貸款，而蘇聯則提供四億多美元的長期貸款。智利也向國際貨幣基金借款八千萬美元，並向巴黎俱樂部及私人銀行貸款。最後，這些貸款超過美國拒絕的新信貸。然而，外貿收入下降和國內消費增長，讓智利必須長期依靠借貸為不斷增加的進口產品提供資金。

2. 罷工、軍人內閣與談判

　　1972 年 8 月，民主聯盟發動零售商關閉二十四小時抗議，政府則強行砸門，試圖讓商店開門營業，因此引起騷亂和抗爭。10 月 11 日，南極地區貨運駕駛罷工，並很快擴及全國。兩天後，零售業和工業企業資方、律師、醫生、建築師，甚至農民合作社，都加入罷工行列。因為大家都對物品短缺、通貨膨脹和安全沒有保障深感不滿，認為私有財產的存在和中產階級的生存，已面臨危急關頭。

　　為解決罷工問題，阿彥德延請軍人入閣。雖然許多盟友反對，但 1972 年 11 月 2 日，阿彥德任命武裝部隊總司令普拉茨 (Carlos

Prats, 1915-1974) 為內政部長。三天後，普拉茨透過談判結束罷工。此時戰場轉移到傳統的政黨競爭，首先面對的是 1973 年 3 月的議會選舉，雙方都卯足勁。而軍人在兩大陣營中，發揮緩衝作用，讓國家看似恢復正常運作。最後選舉結果出爐，民主聯盟未能實現獲得三分之二選票的目標，只獲得 55%，人民團結陣線 44%。雙方均聲稱獲勝，但政治格局沒有太大變化。選舉後，軍人表示願意留在內閣，但遭到人民團結陣線左派人士的反對，軍人辭職，阿彥德組成文人內閣。

新內閣上臺後，教育部長宣布，將實施符合社會主義要求的新教育制度「全國統一教學體制」，結果引起新一波的爭論。民主聯盟認為這是強行灌輸馬克思主義思想，而天主教會也表示反對。接著，礦工罷工要求加薪，未獲得阿彥德首肯，但是民主聯盟及中產階級則表示支持。這次罷工持續七十七天才平息，並造成政府損失近八千萬美元。不幸的是，這類嚴重破壞國民經濟的罷工行為，逐漸成為智利政治文化的一部分。

更嚴重的是，1973 年 6 月 29 日下級軍官起義，坦克部隊朝國防部推進。但在武裝部隊總司令勸說下，結束坦克突襲行動。此事件提醒執政黨及反對黨注意，政治人物如果不相互忍讓和解、維護民主制度，下次軍隊就會出面接管政府。這迫使執政黨及反對黨繼續談判。政府原計畫邀基民黨成員入閣，但因執政黨內部意見分歧而作罷。最後，民主聯盟代表艾爾文 (Patricio Aylwin, 1918-2016) 建議委派軍人擔任內閣重要職務以及歸還被接管的私人財產。阿彥德接受大部分的要求，但拒絕歸還被接管的私人

企業。之後，再次發生全國罷工。8月中旬，阿彥德被迫與艾爾文再度協商談判以解決問題，但仍未能達成協議。

3.中產階級的擔憂

緊張的局勢不但沒有緩和，反而加劇。8月22日，民主聯盟在議會通過決議，指責阿彥德違憲以及不法接管私人財產。當時唯有加入人民團結陣線才能保住飯碗，這迫使許多專業人員前往其他拉美國家或美國尋找工作。除擔心就業外，他們也擔心一旦軍人推翻政府，首都將會充斥暴力活動。

此時，人民團結陣線中的溫和派對人才外流和中產階級更加敵視政府感到不安。激進派則認為在社會主義下，中產階級無法發揮太大的作用。這時，應反對派要求，阿彥德再次邀請普拉茨等軍人入閣。但是，左派革命運動和激進的社會黨人士卻設法策動部隊的新兵反抗長官，這造成軍方喪失對政府的信任。最後，普拉茨辭去國防部長。阿彥德推舉皮諾契特接任，並深信他會維護憲法。

四、軍事政變與施政得失

1.軍事政變

1973年3月議會選舉後，民主聯盟支持者公開鼓動軍隊推翻政府，並貶損人民團結陣線成員為「社會殘渣」。雙方相互攻擊貶損，這對智利民主的延續，並非好兆頭。此時，全國性大罷工持續不歇，而且即將發生政變的傳聞喧囂塵上。9月11日黎明前，軍隊開出軍營，占領大部分電臺，並不時廣播軍隊正在控制國家

圖 30：遭到轟炸的總統府

局勢。這時軍方提供飛機，讓阿彥德離開智利，並開始宵禁。阿彥德拒絕投降，中午時空軍轟炸總統府。阿彥德犧牲，一說軍隊開槍殺了他，另外則說他飲彈自盡。內戰似乎一觸即發。

　　然而，誰該為這場政變負責？人民團結陣線為了變革所採取的策略合理嗎？能夠透過民主手段讓革命成功嗎？許多評論家認為，美國總統尼克森打擊阿彥德政府，要負最大的責任。智利國會組成的調查小組表示，雖然美國中情局曾阻撓阿彥德當選，之後又資助反對集團，但是沒有證據表明中情局曾參與政變推翻阿彥德政府。

　　事後，逃亡海外的阿彥德政府人士，就軍事政變相互指責。

事實上，所有當時智利的政治人物，都應對這起民主悲劇負責。人民團結陣線內部分歧、乃至全國的兩極對立，都削弱阿彥德政府改革的力量。人民團結陣線的階級政治分裂國家，並引發影響所有人民的暴力活動。因此，阿彥德延請軍人入閣，以調停暴力活動。暴力活動暫時平息，但是在軍人退出內閣後，暴力活動再次蔓延全國。最後在 9 月 11 日，軍隊推翻人民團結陣線，終止人民革命。

2.施政得失

1972 年 10 月以後的緊張衝突情事，阻礙人民團結陣線實施許多計畫。然而之前，阿彥德政府改善醫療、教育、住房和就業狀況，有顯著成效。嬰兒死亡率下降、人民吃得好且更長壽。在教育方面，入學幼稚園的孩子倍增，政府新建一百多所學校。中小學人數增加 10%，而大學生人數則倍增。另外，政府原先計畫興建十一萬住房，因種種因素只完成二‧九萬。

1970 至 1973 年，就業形勢好轉，增加二十三‧五萬個就業機會，失業率從 6.1% 下降至 4.8%。罷工、投資減少和原料短缺，導致 1973 年國內生產總值下降 3.6%。執政頭兩年，工人工資高於通膨，但到 1972 年底，因物價上漲及物品短缺，工資終究追不上物價的飛漲。為了增加就業和生產，政府累積大量赤字，導致通膨從 1971 年的 21%，飆漲至 1973 年 9 月的 381%。在農業方面，土地改革協會和農民自行沒收的行動，讓農民有更多的土地，但此變革也危及生產。1973 年農業生產下降 22%，小麥產量更下降 40%。政府為保證供應，只得花費巨資，增加糧食進口。

　　執政一年後，智利的國際貿易及國際收支出現嚴重問題。因為罷工及新的管理方式，銅的生產和出口都下降；而進口增長，貿易失衡嚴重，國家儲備隨之枯竭。雖然許多經濟學家不斷提醒政府多關注國家財政，不要只專注在分配和財產所有權問題，但政府領導人卻漠視此一忠告。他們認為，這不利於正在建設的社會主義經濟。更不幸的是，當財政形勢已然失控，人民團結陣線內部各派卻無法提出一致的對應政策。

第八章 | *Chapter 8*

軍人統治與民主轉型 (1973–1999)

　　1973 年軍人政變上臺，代表從 1930 年代以來文人執政歷史的中斷。皮諾契特執政後，在全國實施戒嚴和宵禁、終止實施憲法、解散議會、禁止政黨活動、限制集會與新聞自由，並嚴加鎮壓異議人士。在經濟上，他任用芝加哥學派經濟學家，實施自由市場經濟、主張推動出口導向發展模式，以及減少國家對經濟的干預，結果經濟發展有起有伏。但整體而言，這場改革為日後智利經濟的穩定成長和更有效的參與國際競爭奠定基礎。 1980 年代，美國及西方主要資本主義國家，強調民主價值觀，在拉美形成民主化浪潮， 也導致智利民眾要求民主化的呼聲日益高漲。1988 年皮諾契特連任公投失敗，僅能接受選舉結果。

　　1989 年 12 月，智利舉行民主轉型後的首次選舉，基督教民主黨與社會黨、激進黨、爭取民主黨等組成的民主聯盟候選人艾爾文勝出，執政四年。智利完成由軍人政權向文人政府的和平過渡，結束長達十七年的軍人統治。艾爾文總統採取相對穩定的政策，妥善處理朝野各政黨間，特別是與軍隊之間的關係，進而維

圖 31：皮諾契特　1915 年 11 月 25 日，皮諾契特生於智利中部的瓦爾帕萊索。從小立志做將軍，曾兩度報考聖地牙哥陸軍學校，但因年齡不足及身材瘦小而遭拒絕。但是他的意志堅定，1933 年終於考取陸軍學校。

1973 年，皮諾契特被當時的總統阿彥德提拔為陸軍司令。9 月時，皮諾契特在海軍與空軍的支持下，發動軍事政變。皮諾契特組成軍政委員會勒令阿彥德交出政權，但遭到拒絕。不久後，皮諾契特下令轟炸，阿彥德葬身總統府。1973 年 9 月，皮諾契特建立軍政府，這標誌著從 1930 年代起智利文人執政歷史中斷。政變後，他出任軍政府主席。隔年 6 月，改稱國家元首並成為智利總統，集大權於一身，開始其長達十七年的軍事獨裁統治。

初期，皮諾契特形單影隻，世界上幾乎沒有任何國家接受他的訪問。就連與他同病相憐的菲律賓總統馬可仕 (Ferdinand Marcos, 1917–1989) 也曾給他難堪。1980 年，皮諾契特受邀訪問菲律賓，但當專機飛抵菲律賓上空時，菲方以馬可仕不在首都為由將客人拒於門外。這次的閉門羹使高傲的皮諾契特自尊心受到嚴重打擊，他下令中斷與菲律賓的外交關係，並誓言不再出國訪問。

政變後，智利經濟崩潰，政治動盪，可謂千瘡百孔。面對當時的國內外情勢，皮諾契特以國家安全為由實施威權統治。在經濟方面，因為美國的協助，智利向右轉。在政治上，智利秘密警察部隊不僅殘害大批本國左派及愛國人士，而且綁架、拷打、屠殺成千上萬的外國移民。此舉埋下日後智利全民和解的困難，以及受害者家屬和人權組織對皮

諾契特及其政權的持續控訴。

然而，皮諾契特深知，唯有發展經濟，富國強民才能穩住權位。為此，他任用文人經濟班底，走專家治國之路，徹底實行自由市場經濟，以吸引外國投資。因為沒有議會、工會及反對派，皮諾契特的經濟改革一路暢通無阻，國家經濟開始復甦；但是到 1980 年代初又出現大起大落的局面。

皮諾契特的鐵腕統治為智利帶來相對的穩定和發展，因此獲得國內許多人的支持。但更多人因為付出高昂代價而不能寬恕他；深受其害的政黨人士，皆難以忘卻這段血腥的歷史。

深諳政治權術的皮諾契特知道，自己樹敵太多，難免被秋後算帳。為此，他儘可能延長掌權時間，繼續保持君臨天下局面；另外，也做出種種安排以確保下臺後能安度晚年。1980 年 9 月，他操縱全國公投，通過新憲法，讓他繼續擔任總統九年。但 1988 年的公投，人民則反對他連任。1990 年，他被迫向文人交出政權，但續任陸軍司令。此後，軍方屢次威嚇民選政府。因為缺乏足夠實力，民選總統只得不斷退讓，並慎重處理與軍方的關係。同時，對軍政府時期鎮壓民眾的罪行，也只能採取原諒與遺忘的態度。

1998 年，皮諾契特赴英國倫敦就醫時遭英國警方逮捕，後來英國上議院宣布拘捕非法而將其遣返智利。回到智利後，皮諾契特疾病與官司纏身。2006 年 12 月 10 日，高齡九十一的鐵腕將軍與世長辭，其功過是非恐怕蓋棺也難論定。

持國內政局穩定。在經濟方面，持續推動市場經濟和出口導向發展模式、保持宏觀經濟的平衡、擴大對外開放、增加非傳統產品的出口，並擴大社會投資以緩解貧困，讓經濟能持續穩定發展。

　　在 1993 年 12 月大選中，以基民黨為主體的民主聯盟再度勝選。基民黨籍的前總統弗雷之子，弗雷・魯易斯 (Eduardo Frei

Ruiz-Tagle, 1942–) 出任總統，任期六年。弗雷‧魯易斯執政期
間，除繼續保持宏觀經濟穩定外，積極推動貿易自由化、大力吸
引外資、加速智利經濟國際化。在社會方面，他十分重視解決社
會問題，改善人民的生活條件。因此，他加大扶貧力度，堅持經
濟成長及消滅貧困為政府施政的兩大目標。為此，他制訂許多脫
貧計畫，宣布到 2000 年，貧窮人口降至全國人口的 18%。此外，
在文人執政後，文人政府與軍隊間的關係相對穩定，但皮諾契特
執政期間侵犯人權的問題，一直是國內外關注的焦點。

第一節　軍人統治與新自由主義

1973 年軍事政變後，智利人無法想像軍事統治日後將如何改
變他們的生活。日前還是執政者的人民團結陣線成員，很難想像
立刻成為流亡者，民主聯盟的支持者卻對此結果歡欣鼓舞，他們
天真的認為軍隊將很快還政於民，保守黨則因擔心左派政黨再度
崛起，恢復民主政治的意願不高。政變後掌權的軍事執政委員會，
則擔心選舉和公開辯論會引起更大的動亂，並將國家的危機歸咎
於傳統政治。當時，執政委員會沒有確定掌權的期限，也沒有說
明是否恢復 1925 年憲法，以及如何管理經濟。

最後，執政委員會及其保守派文人盟友，決定重大修改國家
制度，下令停止一切民間政治活動。當時，親軍方的保守天主教
集團及保守的經濟集團對智利未來的發展都各有堅持，但是後來
經濟集團占上風，主張實施新自由主義的經濟變革。這些經濟學

家都在國外受教育，而且有許多人在美國芝加哥大學獲得博士學位，因此被稱為「芝加哥弟子」❶。他們竭力將新自由主義運用到智利生活的各個層面。因此，軍政府將被沒收的企業和莊園私有化；而且也將長久以來由政府控制的醫療保健、社會保險和教育等私有化。1970年代末的持續繁榮，讓原來懷疑的人士也開始信奉此經濟模式，甚至推廣到其他拉美國家。然而，1980年代初期經濟嚴重衰退，讓人們態度大為改觀。大多數金融機構破產，政府難以償還外債，形成拉美「失落的十年」❷。

　　1974年末，皮諾契特擔任總統後，其施政成為反對派攻擊的目標。批評者聯合各反對派人士，要求皮諾契特下臺，但未達目的。不過在1988年公投中，終於挫敗皮諾契特再連任的企圖。1989年大選中，智利選出新總統與新議會，準備恢復文人統治。1990年新政府上臺，終結十七年的軍政府統治，但是皮諾契特依

---

❶ 1973–1990年，智利長達十七年的軍人統治時期，存在著軍人政府和以「芝加哥弟子」為代表的技術專家聯盟。「芝加哥弟子」在制定經濟發展政策時扮演關鍵角色，在軍政府的護持下推動新自由主義經濟改革，並成功地在智利建立開放的自由市場經濟制度，為民主轉型後二十餘年深化經濟改革和穩定成長創造有利的條件。

❷ 1970年代，拉丁美洲國家普遍實施的赤字財政——負債成長戰略，使該地區的大部分國家比較輕鬆地避開了當時的世界經濟衰退。但也正是赤字政策的實施，導致1980年代拉美國家普遍的債務危機。1981至1990年，拉美經濟年均成長率僅為1.0%，人均年成長率為–1.0%，人們習慣稱1980年代是拉美「失落的十年」。1982年8月，墨西哥因無力償還到期外債本息而引發席捲整個拉美嚴重的債務危機。

然呼風喚雨。新政府承接的是欣欣向榮的經濟,這有助於將智利建設成更公正的社會。

一、軍人政治

政變後,軍人掌握國家發展的命運。事實上,跟許多智利機構成員一樣,軍人領導階層也存在不同的社會背景及信仰。當時,大多數軍官來自中產階級,只有海軍軍官來自上層階級。政變前,少數高級軍官及大多數的士兵都支持執政的人民團結陣線。但是大多數高級軍官支持基督教民主黨,不過保有軍職的右翼強硬派不多。所有軍官都有很深的愛國情懷,也都忠於職守及其長官。因為軍隊階級森嚴,影響力大的集團一旦控制指揮權,大多數軍官及士兵就會服從命令。

在人民陣線執政後期,阿彥德邀請軍人入閣。但是入閣的軍官對政府處理政務的方式至為不滿,他們特別惱火的是人民團結陣線內部意見分歧,整天爭論不休。軍人甚至懷疑,誰在執政?當國家陷入混亂,強硬派發動政變,推翻人民團結陣線政府,以建立他們所說的秩序,而不是重建公民社會。皮諾契特表示,軍隊的行動是為了國家穩定;甚至指責政客將個人利益置於國家之上,政客是國家綱紀廢弛的元凶。為此,他終止黨派政治活動,並認為這是國家重建的基礎。

在經歷激烈的衝突後,大多數智利人都期待有一個讓他們和平、幸福的政府。民主聯盟的支持者認為軍人是不二人選,但他們沒料到軍人會漠視公民權利,也沒想到軍人政府會實施新自由

主義經濟政策。此外，軍隊開始逮捕人民團結陣線中堅分子，並將他們關押在全國各集中點。甚至很多人在遭到逮捕後失蹤，也有一些人躲進外國使館避難。軍隊宣布戒嚴和宵禁，隨意逮人並拘留一兩天，再無罪釋放，以製造恐慌，進行威嚇。若是極力反對者，則會遭逮捕、拷打，甚至處決。當時，天主教和人權人士反對軍隊恣意妄為的行動，而基民黨的領導人仍舉棋不定。在初期支持軍事政變後，前總統弗雷於 1976 年公開反對軍政府侵犯人權的行徑，並要求恢復民主，但是立刻遭到政府的施壓與指責。因此 1982 年 1 月，他在接受平常手術後離奇死亡，一般推測是遭到軍政府下毒手。隔月，起初支持、後來反對軍政府的勞工領袖希門內斯 (Tucapel Jiménez, 1921-1982) 也遭到暗殺。

　　流亡海外人士也大加韃伐軍政府的罪行，為此智利國家情報局策畫海外謀殺行動。政變一年後，軍隊前總司令普拉茨和其妻子在布宜諾斯艾利斯遭炸彈攻擊身亡。隔年，基民黨領導人萊頓 (Bernardo Leighton, 1909-1995) 在羅馬遭槍擊，但倖存。1976 年，阿彥德政府駐美大使萊特列爾 (Orlando Letelier, 1932-1976) 在華盛頓因汽車炸彈爆炸身亡。此事件遭到國際輿情的指責，因此皮諾契特解散國家情報局，以平息眾怒，但是成立新機構代行其事。

　　在人民團結陣線溫和派及基民黨支持下，工會參加和平罷工及抗議活動。但是他們往往遭到逮捕、拷打，甚至被放逐異鄉。此外，人民團結陣線激烈的左派集團，組成城市游擊組織，多次與國民衛隊交戰。1983 年，該組織成功暗殺聖地牙哥市長，結果立刻遭到軍隊的逮捕及殺害。在此暴力橫行期間，天主教教區神

職人員提供遭到逮捕者法律支援，並幫助尋找失蹤者。雖然民事法庭持續運作，但大多數法官都聽命軍政府，很少能保護人權。

許多國外評論家認為，此系列的逮捕、暗殺事件證實先前有關軍政府野蠻殘暴的傳聞。但是皮諾契特認為他正在進行聖戰，而且越來越肆意妄為。當他要求軍事執政委員會其他成員任命他為總統時，空軍李將軍 (Gustavo Leigh, 1920–1999) 多次反對皮諾契特擴權，但都徒勞無功。1978 年 7 月，皮諾契特強行將李免職，導致九名空軍將領辭職抗議。皮諾契特改提拔忠於自己的軍官、購置新裝備、增加軍餉及改善福利待遇，而為確保軍隊有足夠經費，他下令將銅出口收入總額的 10% 撥給軍隊。

皮諾契特進一步修改憲法，規定國家面臨威脅時，軍隊有權干預以維護國家利益。再者，他成立國家安全委員會，以因應各種威脅。新憲規定，選舉制度確保少數黨擁有代表，以杜絕大黨修改憲法的企圖。在 1980 年的公投，大多數選民認可新憲法，讓皮諾契特執政到 1988 年，並賦予軍事統治的合法性，不過規定了軍隊應該遵守的規則。皮諾契特似乎沒有認清此一情況，繼續擴權，經濟繁榮也讓他安於現狀，最後他所制定的憲法，反而束縛自己的手腳。

二、新自由主義的經濟措施

政變後，軍政府在實現國家和平以及統治合法性時，也戮力整頓經濟。全力恢復市場運作及私有財產權、放鬆價格控制，並將企業及莊園歸還原主。此時通膨壓力加大，物價上漲。再者，

失業率上升，工人處境雪上加霜。公民缺乏自由，國內外批評聲浪高漲。因此軍人政府希望讓國家快點富強，以爭取更多支持。

　　這時芝加哥大學培養的經濟學家向皮諾契特獻策，並邀請諾貝爾經濟學獎得主弗里德曼 (Milton Friedman, 1912–2006) 到智利演講。1975 年 3 月，弗里德曼的到訪有助提升軍政府在國際商貿界的影響。弗里德曼主張，讓大多數國營機構私有化、大幅削減政府支出、鼓勵對外貿易，以及吸引外資，發展市場經濟。同時，他建議推動「休克療法」，大刀闊斧，劍及履及。他坦承，短期內需付出高昂的社會代價。銀根緊縮將使需求下降、失業率上升，並加劇貧困。然而，他也預告，智利經濟將徹底好轉，惠及大眾。皮諾契特認可此措施，並授權「芝加哥弟子」積極規劃，希望智利走上發展的道路。

1. 工業發展

　　首先，皮諾契特政府歸還阿彥德政府時期沒收的企業，讓二十五家銀行及四百多家公司私有化。此外，政府依據新自由主義原則，調整經濟結構。之前，智利歷任政府以補貼刺激工業發展，但是軍政府認為補貼造成效率降低，且毫無競爭力。為此，1973 至 1980 年，將平均關稅從 100% 降至 10%。希望透過降低關稅迫使企業提高效率、改進質量，進而與亞、歐及北美商品競爭。

　　「芝加哥弟子」提出應該降低工業生產成本，為此實施勞工改革以削弱工會職權，並允許業主降低工資、過多的補助費和就業稅。然而，因為廠房和機器嚴重受損，企業主急需外部資金，因此軍政府大力扶持金融機構的發展，並取消對借貸外資的限制。

這造成有些企業家，趁機在國內外借貸資金，組成大型聯合企業。

　　初期，「休克療法」讓製造業嚴重受損，1975 年萎縮 25%。但是 1976 至 1980 年開始以 6% 至 7% 的速度持續成長。軍政府認為，這證明新自由主義工業政策有效。此外，芝加哥弟子也支持以適當匯率，讓智利出口多樣化，以減少對銅的依賴度。首先，削減政府開支，全力降低通膨。1973 至 1981 年，通膨從 600% 降至 10%，被譽為奇蹟。再者，1979 年政府將披索匯率與美元掛鉤，但忽略固定匯率可能危害出口，有利進口。市場很快充斥名牌商品，而本國商品則逐漸消失。這導致許多本國企業難以維持，其間有近一千三百家倒閉。

　　此後，危機加重，因為美國聯邦儲備委員會決定提高利率以解決其通膨問題。智利外債迅速增加為一百七十三億美元，因為銀根緊縮及美元升值，無論是企業主或政府都還不起債。因此，智利大型企業向政府施壓，希望不要讓披索貶值，否則他們要攤還更多的債務。1982 年前，軍政府還是讓披索貶值 18%。之後又持續貶值。很多公司的債務超過資產淨值，以銀行遭受的影響最大，大多數幾乎虧空。政府全面接管，以避免金融機構全面崩潰。此時，軍政府猛然發現，目前控制的企業，比阿彥德政府時沒收的企業還多。事實上，世界市場的起伏不定，對私人企業的打擊有時甚至超過社會主義。

　　為此，皮諾契特改組經濟班底。新班底立刻實施高關稅和財政控制的政策，以扶持本國工業與金融機構。但是，此時企業界卻擔心政府會完全放棄新自由主義政策，因此等經濟一復甦，企

業領袖立即要求更換財政部長。新財長將大型國營公司私有化，並允許更多外資投資智利企業。新經濟班底甚至打算將大型銅礦公司私有化，但皮諾契特堅持繼續國營，因為認為銅礦是政府收入及外匯的主要來源。軍隊執政後四年間，銅產量成長 21%。其實到 1990 年，智利在許多經濟領域的成長都已超過銅。1973 年，銅占出口總量的 75%，到 1990 年則不到 50%。同時，農林漁等產品的出口，立刻吸引全球市場的目光。

2.農林漁業的發展

軍人執政後，推翻阿彥德政府實施的國營農場制度，將土地分配給農戶、頒發地契，讓農民擁有土地。這些分配給農戶的土地約占沒收土地的三分之一，另外三分之一歸還原地主，最後的三分之一則在市場拍賣。這不僅改變土地的所有制，也為農業發展投入新的機運。在政府推動倡導下，農業部門開始重視國外市場。新的農民不再像往昔只種植穀物、飼養肉牛，而是積極發展果園和葡萄園，以出口新鮮水果，主要銷往美國，但是要與國外競爭，需可觀投資。

這時，新土地所有人大舉借貸以引進新技術，並且以經營企業般用心經營農場。他們裁減佃農人數，並透過經紀人季節性雇用勞工。因此，多餘的雇農被迫往附近城鎮找工作。這造成農民協會的人數從 1973 年的十三萬，下降到 1981 年不到三萬人，也導致農工失去工資和工作條件的談判權利。此後，智利成為世界最大的食用葡萄出口國。由於季節與北半球相反，這對智利極為有利。而且智利的技術、基礎設施和低工資比阿根廷、澳大利亞

及南非等南半球國家的競爭對手更占優勢。可惜的是,許多小農無法享有此出口榮景。

此外,軍政府也大力推動漁業與林業。智利北部沿海洄游的鯷魚是魚粉業興旺之本。1973 年,漁產品出口總值四千八百萬美元,到 1987 年大幅增加為九億三千八百萬,而且智利捕魚量居全球第四位。但是因為過度捕撈及洋流變化,使得就業形勢和年產量難以預測。此外,安赫利尼家族 (Angelini) 和紐西蘭合夥的公司,控制智利 75% 以上的漁業生產,造成智利漁業為少數企業把持。除魚粉外,智利特別發展鮭魚養殖。1988 年,魚出口總值達到八‧三七億美元。但後來因為飼料及排泄物對智利水域造成汙染,環保人士要求嚴加管制。

至於林業,軍政府時期鼓勵種植生長快速的蒙特雷松,用作紙漿和造紙;另外則是生長較慢的北美黃杉,適合做優質木材。這些為 1970 年代智利造紙的發展奠下基礎。總之,農林漁業的繁榮,讓智利的外貿產生重大變化。出口總值從 1974 年的二十二億美元,攀升至 1989 年的八十一億美元。軍政府成功讓智利出口多樣化,克服長期以來過度依賴銅出口的困境。

三、社會變遷

1.新權貴集團興起

權貴集團支持 1973 年的政變,因為認為軍事執政委員會將恢復他們被阿彥德政府剝奪的財產權和社會主導地位。初期,一派權貴集團希望軍政府強化對經濟的控制;另一派則希望實行新自

由主義、放鬆對經濟的控制。結果皮諾契特採行後者，讓部分權貴大失所望。但是當第一波消費潮出現時，原先反對者都轉而支持新自由主義。他們深信，日漸富裕的生活更能讓民眾支持軍政府。當時，許多權貴擔心恢復民主制，將會讓基民黨重新掌權。

　　然而，軍政府並未歸還依法沒收的莊園和企業，這導致許多權貴家庭後代無法再享有先人曾擁有的至高無上的社會地位。而且，當政府拍賣依法沒收的土地和企業時，許多權貴集團成員因缺乏資金無法購買。這反而讓一些能取得貸款的金融機構老闆，成為土地和企業的新主人，並形成新的權貴集團。這些新興企業家不僅購買本國企業，甚至也購買鄰國實施私有化的企業。他們比原來的權貴集團更富有，並向外國貸款以經營更廣泛的事業。此外，他們也受益於軍方實施的新自由主義政策。但是也面臨一旦改朝換代，他們還能繼續生存、發展的潛在問題。

2. 工人勢力的消長

　　政變後，因為銅礦工人曾反對阿彥德政府，所以軍事執政委員會將其視為盟友；而大多數工人因為支持人民團結陣線，被視為敵人。為此，執政委員會下令禁止政治活動、解散激進的工會組織，藉以掃除共產黨及社會黨對勞工運動的影響。此外，資方不顧先前的合約開除激進勞工分子、解雇工人。1975 年，新經濟班底聲稱要消除對勞動的壟斷，但軍政府卻頒布有違 1931 年勞工法的系列規定，加強控制勞工。1978 年，頒布新勞工法。該法雖然認可勞工組織工會和進行集體談判的權利，但是廢止只雇用工會會員的制度、規定罷工不得超過六十天並允許雇主雇用替代人

選。此外，還撤銷勞工法院、允許雇主隨意解雇工人。

軍政府美其名要實施自由市場勞務制，其實是要削弱勞工組織和葬送集體談判權。軍政府成功將工會人數從 1973 年的六十五萬人，降至 1981 年的四十萬人。此後，工會人數稍有增加；到 1988 年達到四十二‧五萬人。之後，在要求恢復民主運動期間，人數又猛增至六十萬。但是要恢復 1970 年代初期的權利和保障，仍面臨重重障礙。軍人執政時，工人遇到最大的困境是實施「休克療法」。當時，失業率從 1973 年的 4.8%，上升至 1975 年的 14.5%；而且經濟緊縮 13%。因此，政府實施最低就業報酬計畫，提供公共服務就業機會，以緩解困境。1977 年以後，因經濟情勢好轉，失業情況才略有改善。

3.中產階級的變化

阿彥德執政時，許多中產階級參加空鍋遊行、全國大罷工和其他抵制活動。因此軍人掌權後，他們都鬆了一口氣，並歡迎軍人大力維持社會秩序。許多中產階級甚至認為，為了平定混亂的局勢而喪失自由是應該付出的代價；同時，不願相信外媒對軍政府暴行的相關報導，並深信軍隊在拯救國家，免受共產主義之害。

雖然大部分中產階級支持民主聯盟及軍事政變，但是該階級有重大影響力的少數人士卻支持人民團結陣線，並成為阿彥德政府的內閣部長或是大學教授等職務。在軍政府執政的十七年間，約二十萬人流亡國外，其中大多數是中產階級。他們到歐洲、美國及其他拉美國家，而較窮的人家則翻山越嶺，逃到鄰國阿根廷。然而，大部分支持阿彥德的窮人則留在國內，艱苦度日。初期，

流亡海外、特別是東歐國家者，因語言、文化隔閡及失業等問題，日子並不好過。但後來逐漸落地生根，甚至在恢復民主後，他們也只回國看看，決定長居海外。

1973 年 10 月，軍政府取消價格控制，讓食品和租金猛漲，造成中產階級驚嚇不已。不過，當軍事執政委員會將地產和企業歸還所有人後，人們認為私有財產有所保障。隔年，當經濟情勢惡化、失業率上升時，中產階級又開始發愁。然而 1977 年，經濟又開始起飛，失業率下降、進口與信貸增多。同時，建築業蓬勃發展，聖地牙哥面貌大為改觀，住宅區高樓林立。首都向安地斯山東擴，中產階級上層居住較豪華地區；而一般中產階級則貸款在郊區買房，並貸款買車到城區上班。1975 至 1981 年，全國汽車倍增。軍人政權為中產階級帶來期待已久的消費革命，也因此深得人心。但是，1980 年代初期的債務危機及全球金融市場的動盪，讓許多智利人失去田地、企業和房產。經過改組，1985 年經濟才又復甦，並出現另一波消費潮。

4.婦女與政治

自從 1949 年婦女首次獲得選舉權後，女性選民對選舉扮演越來越重要的角色。在阿彥德執政時，中產及上層階級婦女反對政府的原因是，政府威脅到她們的工作和財產。皮諾契特執政後，任命幾位保守的婦女入閣，但都非關鍵性的職務。其中最有名望的是他的妻子希里亞特 (Lucía Hiriart, 1923–2021)，主管全國婦女秘書處及四十九個慈善團體，而最重要的是一萬多所的「母親中心」，有二十多萬成員。名義上，「母親中心」不是政治團體，但

從成立起，各政黨就依其政治目標而加以利用，軍政府也不例外。1988 年，皮諾契特面臨公投決定其去留時，希里亞特鼓勵成員支持。雖然最後失利，但婦女支持皮諾契特留任的選票較男性高。

　　而工人階級婦女支持軍政府，除了害怕阿彥德時期的不安全外，主要是獲得軍政府某些好處，但也有許多工人階級婦女的丈夫、子女和親戚被軍政府逮捕及折磨拷打。再者，「休克療法」政策造成家人失業、挨餓。而有工作者因新勞工法，導致工資減少，工作缺乏保障。1974 年，婦女領袖協助被捕及失蹤人員家屬，尋找他們的親人。1978 年，婦女舉行第一屆全國婦女大會，約三百人參與。在當時的政治氛圍下，算是難能可貴的人數。此外，令人沮喪的形勢，激發婦女參與新的抗議活動。1983 年，婦女甚至

圖 32：皮諾契特執政期間，婦女組成被拘留失蹤者家庭協會，走上街頭示威抗議。

組織「婦女爭生存運動」，動員一萬多名婦女齊聚考伯利坎體育場，反對軍政府的政策。

5.社會保障與醫療保健

1973 年，智利社會保障制度運作失靈，依賴養老金生活的人領到的錢無法糊口。而且因為通膨嚴重，許多退休人員需另找工作才能維生。社會保障金占政府的預算比越來越高，從 1973 年占 20%，到 1980 年上升到占 50%。因此依據新自由主義計畫，勞工部將社會保障私有化。工人按月向「養老金基金管理公司」繳交薪資的 10%，而雇主則不需提撥任何經費。基金公司將款項拿去投資，當工人退休時則依其積存的基金，領取養老金。

此私有化保障制度讓大老闆省下大筆資金，用來投資牟利。但是因未能謹慎投資，基金管理不善，所以 1982 年經濟危機時，養老金管理公司破產，政府被迫接管，隨後又將其拍賣並向外資開放。不久，外國公司控制智利半數的養老基金管理公司。雖然此私有化社會保障制度受到世界高度讚賞，但受益者是股市，而非工人。而且發生經濟大衰退時，此運作模式就失靈。

軍政府上臺前，智利就實施公費制與以勞工養老金為依托的有償服務制雙軌全民醫療健保計畫。公費制看醫生須等候較長時間，而有償服務則能及時且受到較好的照護。但是，雙軌制存在不平等及費用兩大問題。為此，軍政府改革醫療健保。為了讓公費制滿足地方需求，政府將診所納入市政當局管理，由中央提供經費，讓受保人能自己選擇醫生。此外，根據新自由主義經濟政策，軍政府創辦「醫療預防學會」的新型私營醫療體制。雇主按

月繳費，而保險公司則投資股市。「醫療預防學會」支付部分費用，其餘由就醫者支付。智利私人公司主導新型醫療保健業務。

　　由於醫療的改善，使嬰兒死亡率從 1970 年的 82‰，下降至 1990 年的 15‰；人均壽命從六十五歲延長至七十一歲。整體而言，中產階級受益最多。受過良好教育與訓練的醫生和護士以及進口的藥品和器材，讓中產階級也能享受世界級的醫療保健。

四、教育發展

1.公立學校改革

　　軍政府上臺後，首先掃除課堂上的馬克思主義思想，取消人民團結陣線教師的資格。此外，將隸屬智利大學的教育學院，改制為首都教育大學。起初，該大學學生都不願意參加政治活動。

圖 33：1973 年軍事政變時，士兵焚燒馬克思主義著作。

但是 1980 年代，經濟危機嚴重影響民生後，他們開始上街遊行抗議。1979 年，軍政府將公立學校交由地方出資辦學及管理，中央政府補助不收學費的私立學校。因此在聖地牙哥讀私校的學生大幅增加。通常由國家出資、私人管理的學校，辦學績效優於傳統的公立學校；此外，富有與貧窮地區，辦學差異也非常明顯。當時，未受改革影響的是

貴族學校，通常由宗教組織創辦與管理，並收取高額學費。

1974 年，軍政府取消全國教師聯合會，並以教師公會取代，試圖讓學校教師非政治化。1981 年，又以智利教育工作者協會取代。然而這些組織都未能讓 1970、1980 年代智利的教育有顯著的改變，甚至無法提升自己的薪資及工作條件。由於薪水低，影響教師操守。此外，軍政府也無法改善教室老舊、設備短缺、圖書太少等現象。中等學校入學率歷來遠低於初等教育，但 1980 年代，上升至占 75%。此外，學齡前教育人數也顯著增加，從 1974 年的近十一萬人，增加到 1989 年約二十一萬人。這代表學生在進入大學前，受到較好、較長時間的學校教育；這些成就讓更多智利年輕人能完全參與國家現代化的進程。

2. 大學變革

軍人掌權後，積極根除大學裡的馬克思主義，同時將新自由主義模式運用於大學。為此，他們裁撤院系和減少招生人數。軍政府將原校長免職並以軍官取代。新任校長解聘教授、裁撤院系，並將一些院系遷至新址。而且，保守黨人士也要求限制基民黨對大學的影響。此外，軍政府也削弱智利大學的職權，讓各地分校完全自治。因此在 1981 年，智利的大學由八所增加為十七所。例如，智利大學在特穆科 (Temuco) 的分校與國立技術大學合併，成為邊疆大學 (Universidad de La Frontera)。

軍政府取消大學不收學費的傳統作法，規定每學期學費為一千至二千美元。雖然也設立獎學金資助貧困學生，但名額有限。此外，軍政府也鼓勵創辦私立大學。因此，新大學如雨後春筍般

冒出，到 1980 年已增加一倍。這些新大學通常缺乏專職教授，大多聘兼任師資。因為以營利為主，入學標準低於正規大學，所以很多人擔心這些學校淪為「文憑工廠」。

　　長久以來，智利大學生有積極參與政治活動的傳統。然而，軍官出任校長後，因為嚴格控制以及經濟成長，造成公開的政治活動幾乎停擺。不過 1982 年經濟崩潰時，學生再次上街抗議軍政府，甚至占領學校大樓，迫使國民衛隊進入驅趕。因為大學遭到控制，故 1980 年代，歐美國家政府資助獨立研究機構，從事研究、出版書籍，以及舉辦研討會，大力宣揚民主制度，支持民主轉型。

五、否決運動

　　1980 年的憲法明文規定，1988 年前將不再舉行任何選舉；到 1988 年才再次公投，決定皮諾契特是否再執政八年。1980 年，當經濟高速發展時，很少人懷疑政府的時間表。但是當 1982 年經濟危機爆發後，民眾開始質疑軍政府的執政能力。加上種種因素，支持軍政府的人越來越少。

　　1988 年 10 月公民投票前，軍政府宣布皮諾契特是唯一的總統候選人。起初，智利反對派想抵制公民投票，但在權衡得失後，決定動員群眾投反對票。由基民黨、共產黨等十六個政黨組成「爭取投反對票全國指揮部」，提出二十一項綱領。投票前夕，反對黨組織全國「希望大進軍」，在首都有百萬人參加集會，顯示反對派的強大勢力。10 月 5 日投票當天，智利七百五十多萬選民在全國

圖 34：1988 年公投期間，大批民眾上街遊行，呼籲投下反對票。

各地投票，並有二百多名國際人士觀察投票狀況。結果，以 54.68% 對 43.04%，反對皮諾契特繼續執政。出乎意料，皮諾契特快速接受投票結果。因為，他了解憲法保證他可以續任陸軍總司令至 1998 年，而且之後還可以轉任終身參議員。

第二節　民主轉型

1990 年 3 月，艾爾文領導的民主聯盟上臺執政，完成軍人政權向文人政府的和平過渡，結束智利長達十七年的軍人統治。他所承接的是欣欣向榮的經濟但貧富嚴重不均的社會。辦公大樓、公寓大樓、購物中心和不斷擴展的郊區，改變聖地牙哥及各省會

城市的面貌，而且人們到國外度假也司空見慣。但是有 40% 的智利人生活在貧窮線以下，許多鄉村地區尚缺飲水及電力供應。更令人遺憾的是，仍有三千多名智利人下落不明，法院也拒絕審理相關案件。1993 年 12 月的大選，以基民黨為主的民主聯盟再度獲勝。基民黨人弗雷·魯易斯出任總統，任期六年。除繼續保持宏觀經濟穩定外，他也積極推動貿易自由化、大力吸引外資，加速智利貿易國際化，同時注重解決社會問題，改善人民生活條件。

一、民主的發揚與鞏固

1.憲法與皮諾契特

　　1980 年的憲法規定民選總統和議會應遵循的法律準則，雖然艾爾文及弗雷·魯易斯等人曾試圖修憲，以剔除未經選舉的參議員、允許總統有權任命軍隊總司令和修改選舉制度等關鍵條文，但都未能如願。雖然執政黨在參眾兩院獲得多數席次，但憲法授權皮諾契特及軍隊指定其餘九名參議員，所以這些指定參議員及保守黨參議員經常聯手封殺艾爾文政府的許多法案。

　　艾爾文執政時，皮諾契特仍是軍隊總司令，所以一直使用恫嚇手段阻撓任何可能影響他或軍隊的措施。皮諾契特的兒子犯案時，他甚至命令聖地牙哥軍隊假裝暴動，史稱「貝雷帽兵變」，貝雷帽是當時士兵所戴的帽子。為此，艾爾文被迫停止調查，而且為了平息皮諾契特的怒氣，以毀謗罪逮捕相關嫌疑人。1998 年 3 月，皮諾契特總司令任期屆滿，根據憲法規定轉任終身參議員。然而因健康問題，前往英國接受治療。因為是參議員，享有外交

豁免權。此外，他深信因曾協助英國在福克蘭群島戰爭打敗阿根廷，因此英國前首相柴契爾夫人及英國軍方會照應他。但他失算了，在西班牙法官控告他犯有殺害、虐待西班牙公民而要求引渡時，英國司法部將其軟禁，並進行審查。

此時，智利正舉行 1999 年的選舉活動，主要候選人都未特別表態，但是媒體卻大肆宣揚。在拉戈斯 (Ricardo Lagos, 1938–) 上任前夕，英國法院以皮諾契特健康不佳為由，拒絕西班牙的引渡要求，允許他回國。這時，智利法院暫時剝奪其參議員職權，審理期間引起智利國內極大的爭辯。2002 年 6 月，智利最高法院學習英國作法，宣布皮諾契特因健康因素不宜接受審訊。數日後，皮諾契特聲明放棄參議員職務，極不情願地離開政治舞臺。

2.政治演變

隨著 1990 年代民主轉型，許多從前領導抗議活動的人士，都出任國會議員或內閣部長。他們很快放棄遊行與罷工活動，力圖在體制內變革。他們大多出生在 1960 年代重要政治人物的家庭，像 1994 年出任總統的弗雷‧魯易斯，就是前總統弗雷的公子。此時，四處仍可見海報與宣傳車，及電臺、電視臺不斷播送候選人激昂的演說。不同的是，在自由氛圍下，報刊發表評論文章，而人們在喝咖啡或用餐時，不斷談論候選人的優缺點及出身背景。

在 1990 年代曾與軍政府沆瀣一氣的右翼保守派氣勢不再；而以「各黨一致否決聯盟」的中間溫和派聲勢大振。極左的共產黨和極右的獨立民主聯盟都以偏激的主張吸引人們注意，但無法吸引太多的追隨者。在整個 1990 年代，「各黨一致否決聯盟」一直

獲得過半選民的支持，保守同盟支持率不到 40%，而共產黨則只有 5%。1999 年選情開始變化，「各黨一致否決聯盟」在首輪投票中，得票率不到 50%，在第二輪投票時，才勉強以 51% 的選票，讓拉戈斯勝選。這顯示，經十年執政後，人民對「各黨一致否決聯盟」熱情已經消退，這主要是亞洲經濟危機造成失業率攀升至 10% 所致，2000 年美國和歐洲的經濟危機，也進一步讓「各黨一致否決聯盟」失去吸引力。

再者，各黨派對處理皮諾契特的問題意見紛歧。右派和左派都利用此議題爭取支持者，而夾在中間的基民黨則希望息事寧人，避開此棘手問題。另外，讓人不安的是，智利人在初期熱衷選舉後，都不那麼想參加投票了。整體而言，參加總統選舉投票的選民最多，其次是市政選舉，而議會選舉則殿後。

隨著擁有電視機和收音機人數增加，媒體比以前更接近大眾。媒體可能是投票率下降的原因之一，因為各政黨花大筆經費在媒體廣告，而不再花功夫親近選民。此外，後皮諾契特的選舉制度也讓選民直接收到的好處減少。1973 年前高度影響政治活動的庇護制，仍為受過教育的中產階級提供機遇，但工人階級則得不到好處。其次，企業私有化後，政治人物已經無法在國營企業安插職務以酬謝支持者。再者，智利的消費文化越來越像歐美，選民也一樣越來越冷漠。

3. 人權問題

在民主轉型期間，相較於南美洲國家對軍人政府的追究，智利政府對軍人侵犯人權事件，則是另一番景象。1990 年軍人政府

下臺，但其所推動的新自由主義經濟成效可觀，甚至成為許多拉美國家的典範。因此，許多智利人在意識形態和經濟政策方面，仍堅定支持軍方。此外，皮諾契特仍是總司令以及軍方仍掌握相關機構的機密情報，這導致文人政府在追求轉型正義時，仍顧忌軍方，無法全力究責。

1978 年，皮諾契特大赦所有在 1973 年 9 月 11 日至 1978 年 3 月 10 日間犯罪的軍人，以避免文人政府未來追究軍方侵犯人權事件。隨後，最高法院確認此法令合憲。這增加起訴侵犯人權案的難度，因為想修憲重建法律程序並非易事。而皮諾契特也警告文人政府不得輕舉妄動，文人政府只能小心翼翼，以避免軍人再次干政。軍人執政時，近三千名智利人被處決或失蹤，許多人的屍首仍下落不明。最高法院決定，政府有權調查 1978 年大赦令所免除的罪責，但無權起訴，因此政府成立「全國真相、和解委員會」，授權在九個月內，調查侵犯人權事件。

1991 年 3 月，委員會提出近二千頁的報告，陳述有關暗殺、酷刑及失蹤等情事，敦促總統艾爾文向受害者家屬公開道歉，並要求軍方承認對受害者及家屬所造成的痛苦。皮諾契特及其他軍官均未表示歉意，聲稱他們是執行公務。溫和派想和解，但激進派則斷然拒絕。1991 年 3 月及 4 月，左派團體分別暗殺軍醫，以及槍殺 1980 年憲法起草人、法學教授古斯曼 (Jaime Guzmán, 1946–1991)。艾爾文政府宣布成立公共安全局，保證零容忍報復性的暴力行為，之後成立「全國恢復和解協進會」，以清查侵犯人權的負責人，並提供受害者家屬若干補償金。1994 年，新任總統

弗雷‧魯易斯承諾不起訴作證的人，以鼓勵軍人提供證據，結果增加許多新證據。新事證出現後，引起媒體及政治人物指責軍方及法官阻撓伸張正義，但是政府卻阻止這些批評流傳，以安撫不滿的軍事首領。

隨著公眾施壓，政府就不再那麼堅持免起訴軍人。1995 年，國家情報局前局長孔特雷拉斯 (Manuel Contreras, 1929–2015) 被判刑，入獄七年。三年後，孔特雷拉斯宣稱皮諾契特直接負責國家情報局的活動。法官因此起訴皮諾契特，但隨後又宣稱他健康不佳，不宜出庭受審。2003 年，拉戈斯總統提議對作證的軍人免起訴，再次引發爭論。調查侵犯人權案也擴展到國外，直指美國尼克森政府官員涉入「禿鷹行動」(Operación Cóndor)❸。但是，這些訴訟涉及國際法的新準則，亦即可否起訴西方領導人在冷戰時期所執行的秘密行動？

二、經濟發展

1.政策微調

1990 年艾爾文上臺，智利經濟高度成長，但通膨也居高不下。因此，他繼續推動新自由主義模式；同時，提供就業機會、增加稅收、發展公共服務業，以及努力減少貧困。此外，以提供

---

❸ 禿鷹行動是美國在南美洲蒐集情報和暗殺對手的政治迫害和國家恐怖行動。1968 年開始，並於 1975 年在南美洲南錐體的右翼獨裁國家正式實施，領導人有智利皮諾契特等人。其目的是剷除共產主義與蘇聯的影響，並抑制成員國政府的反對派運動。

補貼而非提高關稅來促進製造業的發展。但是財政部長福克斯利 (Alejandro Foxley, 1939–) 卻主張，應優先抑制通膨，以維持長期成長。所以決定提高利率、增加稅收；同時，採取嚴格的貨幣政策以提高儲蓄率、鼓勵投資及吸引外資。1994 年，通膨下降至 9% 以下。此外，出口稅從 15% 降至 11%。然而，嚴格的貨幣政策造成經濟成長從 1989 年的 10%，下降至 1994 年的 4.2%，而且失業率也略有上升。

　　1994 年弗雷‧魯易斯上任時，智利經濟形勢大好，但必須持續對抗通膨。2000 年，快卸任時終於將通膨降至 4.5%，關稅從 11% 降至 6%；同時，繼續私有化政策，甚至將瓦爾帕萊索港出租給私人公司。弗雷執政頭兩年，經濟成長超過 7%，但 1998 年因亞洲金融危機，下降至 3.4%，隔年甚至下滑至 −1%，這是 1983 年來首次負成長。同時，失業率激增至近 10%。此外，因為出口占經濟的比例較大，而出口亞洲又占總出口近三分之一，因此 1990 年代末亞洲流感，對智利影響特別大。

2.採礦與工業

　　民主轉型時，採銅業仍是智利最重要的產業，但已非最主要的出口產品。1973 年，大採礦公司大多是國營企業；但是到 1980、1990 年代私營大礦廠日益增加。日本、加拿大、南非及英美合資公司控制大部分礦山，這顯示昔日美國公司獨占的情況已不復見。三分之二的產品出自私營公司，且成本比本國公司低，因此再度引起銅礦公司是否應私有化的論辯。

　　1970 年代，製造業占國民生產總值的比例起伏不定。1980 年

代持續疲軟,但是整個 1990 年代,年成長維持 6% 以上,高於大部分拉美國家。工業生產集中在金屬、紙漿和紙張等出口產品。至於食品和啤酒,因符合智利人口味,儘管關稅低,這些產品在超市占有率高達 90% 以上。一般認為,當時智利如果大力支持製造業,有可能成為另一個南韓。然而,智利出口的原料有半數未加工。而且 1990 年只有 13% 的出口物是製成品;到 1996 年,增加到 22%。1994 年南方共同市場成立後,智利中小企業在此找到最佳的市場。

3.農林漁業

水果產業持續發展是智利農業的亮點。到 1998 年,水果出口值已經占智利出口總值的 12%,並以食用葡萄出口為主。除了新鮮水果,智利也是葡萄酒出口大國。然而,當智利強力推動種植水果時,卻傷害穀物等傳統農作物的種植,最後迫使智利從阿根廷進口小麥等穀物。此外,農民人數減少是智利農業的另一個負面現象。因為小農不容易取得信貸,無法與大型農場競爭,因此被迫出售土地,移居城市。此外,木材、原木和紙漿出口猛增,從 1990 年的八‧七億美元,增至 2000 年的二十三億,占出口總值的 13%。2000 年,智利造林二十多萬英畝,樹種大多是含纖維量高達 20% 的拉迪亞塔松。此外,企業和政府都不栽種本土苗木,因此林業部門只能加強對國家公園的管理,禁止農民用火清除天然林木。

1990 年代,智利堅持發展魚類及海產品的出口,出口值達十五億美元,占出口總值 11% 以上。捕獲的魚有國產也有養殖場養

的境外的魚，主要供人食用，甚少餵哺動物。1999 年，新鮮和冷凍魚占魚類出口的 60%。僅鮭魚出口值就達六億多美元，亞洲是主要市場。然而，海洋魚場經得起如此大量捕撈嗎？養魚會造成湖水和海灣的汙染嗎？因此，智利環保人士及旅遊業要求漁業部門採取措施，讓智利漁業永續發展。

三、社會變遷

1.工人階級

1980 年代末起，智利工人的就業機會越來越多。就業人數從 1985 年的近三百六十萬，到 1998 年增加至五百四十萬，失業率從 12% 降至 5.3%。1980 年代末，工會迅速發展，但 1990 年代趨緩。皮諾契特政府對於入會以及集體談判的限制，仍抑制工會組織發展，雖然 1990 年代民主政府曾試圖修正，但均未能如願。

「各黨一致否決聯盟」的領袖，運用不斷的經濟成長來增加工人的收入，十年間實際工資增加 25%。1990 年以來，收入及社會支出增加，讓貧困率從占總人口數的 40%，下降為 20%。公共住宅、電力和飲水的發展，也改善窮人的生活。其次，與大多數發達國家一樣，智利從事服務業的人數最多，從占 55% 上升至 59%。工業生產人數維持在 24%，而從事農業人口則從 19% 下降為 12%。再者，在 1990 年代，建築業蓬勃發展，提供許多就業機會。然而，1998 年開始的經濟緊縮，則嚴重打擊建築業。

2.中產階級與權貴集團

1980、1990 年代，智利的富足形成的消費革命，對中產階級

特別有利。此時,中產階級買房、購車及享用精緻食品。他們用自動提款機取款、到商場購物,而且大多數在海濱度假勝地或南方湖區有第二棟房子。但是,1998年經濟開始停滯時,他們卻面臨付不起貸款的窘境。即使在經濟衰退時,有線電視、網際網路及電子遊戲仍深入家戶。所幸,許多年輕人沒有沉迷網路,仍會適時到戶外踢球或去跳舞。此外,有更多中產階級的子女到歐美求學。

跟先進國家一樣,1990年代後,快節奏的步調,讓智利人的生活趨於緊張。在家共用午餐的傳統已經難以維繫。通常上班到很晚,8、9點才回到家,然後邊看電視邊用餐,已成為生活常態。中產階級家庭有些會僱用保母,保母除了燒飯洗衣外,還要照顧小孩。但因為就業機會增加,婦女有更吸引人的工作機會,所以保母越來越難找。後來他們找來自南部的女孩,或是來自秘魯及玻利維亞的偷渡客,填補空缺。此外,因為人口大量湧入聖地牙哥,造成交通擁擠、汙染嚴重。加上網際網路、手機及航空的便捷,年輕人則選擇到外省居住生活。

在新自由主義經濟模式下,一些敢衝的企業家組建大型聯合企業,其發展前景比以往更好,這促成新權貴集團的出現。像愛德華茲這樣歷史悠久的家族依然顯赫,而新發跡的家族則逐漸主宰國家經濟。此外,公司巨頭都在鄰國秘魯及阿根廷大量投資。權貴集團仍享有比其他族群更高的消費水準。但是隨著消費革命,他們已經無法再獨享兩輛車、第二處住房和國外旅遊之便了,權貴集團也不再能控制文化和政府機構,智利已轉型成為中產階級

為主的社會。

3.市景與環保

　　1980、1990 年代，智利經濟發展深刻影響其城鄉面貌。在首都聖地牙哥，最引人注目的是富裕商圈向東擴展。高層玻璃帷幕、鋼骨結構辦公大樓讓中產階級居住區變成銀行、保險和房地產中心。而百貨大樓、珠寶首飾店、超市及高級飯店，更讓此區發生重大變化。此外，郊區向四周擴展。為了滿足交通需求，政府花巨資修築市郊公路。政府計畫擴寬馬波喬河北岸風景如畫的維雅比斯塔 (Bella Vista) 大道時，曾引起軒然大波。附近居民認為不應為來往城郊工作人的方便，而妨礙他們住所的安寧。此外，聖地牙哥以西至鄰近機場和以南直至靠近聖貝爾納多，則是綿延數英里的工人住宅區。住房談不上寬敞舒適，周圍缺乏綠地，而且景色單調。

　　鄉村景觀也發生大變化。從聖地牙哥到瓦爾帕萊索公路兩旁的菜園、牧場，都變成綿延數英里的葡萄園。往南方的泛美公路兩旁則是整齊劃一、標準化的成片果園。鄉土氣息濃厚、靜謐宜人的田園風光快速消失。在安地斯山湖區，農田上蓋起幢幢避暑別墅。此外，儘管旱災頻傳，但智利的大地還是大致維持翠綠。

　　數十年來，智利只顧經濟發展及掠奪自然資源，全然不顧其對環境所造成的影響。1990 年恢復民主後，雖曾對環境問題大加討論，但政府在意的仍是如何維持經濟成長。雖然，艾爾文時成立全國環境保護委員會，但卻沒有賦予實權。剛興起的環保運動，要求重新考慮大型工程計畫。像是馬普切人反對在比奧比奧河上

　　修建水壩，以免淹沒世代耕種的土地。還有，雖然工會及當地利益集團支持，但環保人士反對加拿大鋁公司在南部修築三座水電站，以免破壞此潔淨之地。最後，公司宣布無限期延遲動工。此後，環保問題一直影響智利政府推動建設與經濟發展，如何取得平衡，是重要課題。

迎接二十一世紀
──機會與挑戰 (2000-)

　　迎接二十一世紀，智利的民主更加穩固、經濟穩定發展，但是學生運動、社會抗爭，以及貪腐情事卻越演越烈。在此氛圍中，2000 年左派人士拉戈斯上臺執政，反對皮諾契特軍政府；面對高失業、預算赤字、通貨膨脹，他仍然堅持左派路線。他繼續砸錢實施失業給付、擴大醫療服務、推動國民住宅計畫、加碼社會福利，並延長義務教育為十二年。他還積極推動轉型正義，賠償皮諾契特獨裁時代的受害者，以及修改憲法。這種大開支票，以及轉型正義的措施，讓他在卸任時民意支持度高達 70%。

　　2006 年，社會黨候選人巴契萊特 (Michelle Bachelet, 1951-)當選，成為智利首位女總統，並在 2014 年再度當選。雖然，一上任即面臨三十年來未曾有過的學生示威，以抗議長期僵化的勞動政策導致上層與底層經濟脫離。執政時期，巴契萊特對經濟問題著墨不多，但是醉心推動各種所謂的「進步價值」。身為首位女總統，她最關切男女平權，除了年金優惠生育的女性，並立法規定同工同酬。此外，她特別安排半數閣員由女性出任，但效果不彰，

隨即改弦易轍。再者，在保守的天主教國家，她強力推動同婚法
案、墮胎合法化；對於轉型正義，她更是全心投入。因此卸任時
支持度竟然高達驚人的 84%，但她的超高支持率卻沒有轉換為選
票，陣營接班人前總統弗雷‧魯易斯，第一輪選舉得票率竟然只
有 29.6%。

2010 年 1 月 17 日，皮涅拉 (Sebastián Piñera, 1949–) 以「爭
取變革聯盟」候選人及全新的溫和右派形象，在第二輪投票中當
選，接替巴契萊特，成為智利總統。他是五十二年來智利首位透
過投票當選的右派總統，並結束 1990 年民主化以來，執政聯盟持
續掌權二十年的政治局勢。一上任，地震重建工作，嚴重考驗其
執政能力。初期，智利人民曾一度給他 22% 的超低支持度。隨著
救災工作的成效展現，民意支持度有所回升。第一任期，他沒有
比較重要的改革。2018 年，皮涅拉再度從巴契萊特手中接掌國家
機器。上任後，社會抗爭此起彼落，越演越烈。2020 年 3 月後，
他則帶領智利對抗新冠疫情。

在疫情嚴峻時，2020 年 10 月 25 日，智利舉行修憲公投，
78.27% 選票贊成以新憲取代 1980 年由軍政府制定的憲法；
78.99% 贊成選出全新的制憲委員會。2021 年 5 月 15 日，選出一
百五十五名制憲會議成員，同時確定最遲必須在 2022 年 8 月前
舉行公投，決定是否通過新憲。此外，在 2021 年 12 月 19 日進行
的第二輪選舉中，三十六歲的左派柏里克 (Gabriel Boric Font,
1986–) 以 55.9% 的選票當選，成為智利史上最年輕的總統，並於
2022 年 3 月 11 日上任。

第一節　拉戈斯執政時期

一、政治演變

1. 1999 年大選

1999 年，皮諾契特遭監禁，各黨全力準備總統大選，進行激烈的政治攻防。保守派候選人拉文 (Joaquín Lavín, 1953–) 和「各黨一致否決聯盟」候選人拉戈斯都避談皮諾契特遭監禁問題，但媒體卻大肆報導。此時，智利的政治形勢開始變化。「各黨一致否決聯盟」在首輪總統選舉中得票率未過半。隔年 1 月 16 日，拉戈斯才在第二輪中勉強以超過 51% 的選票勝出。此次選舉顯示，在掌權十年後，選民對「各黨一致否決聯盟」的熱情已消退，這主要是因為亞洲經濟危機導致失業率上升至 10% 所致。

2000 年，美國和歐洲爆發經濟危機，讓「各黨一致否決聯盟」進一步失去吸引力。這反映在 2001 年選舉中出現的選民兩極化，中間派得票率下降，而右派及左派得票率則上升。此時，基民黨發現獨立民主聯盟已經悄悄成為智利第一大黨時，甚為震驚。雖然，兩極化的因素主要歸咎於經濟，但智利若無法解決獨裁者的歷史問題，將不斷加劇公眾的爭論，並讓智利人不是往前看，而是向後看。

2. 轉型正義

拉戈斯受到傳統左派思想的影響，逐漸成為社會民主主義者

和激進左派人士，後來加入社會黨。他在美國獲得經濟學博士學位，曾在智利大學任教。軍事政變後，先流亡阿根廷，之後到美國。1978 年，返回智利從事社會調查研究。同年，他創建爭取民主黨 (Partido por la Democracia)，並成為僅次於基民黨的第二大政治勢力。此外，他曾擔任艾爾文政府的教育部長和弗雷‧魯易斯政府的公共工程部長。

　　與兩位前任不同，拉戈斯執政似乎沒有受到皮諾契特的威脅。1998 年 3 月，伊蘇里埃塔 (Ricardo Izurieta Caffarena, 1943–2014) 出任軍隊新總司令，在四年內讓軍隊現代化，並服從文人政府的指揮。2002 年 3 月改由切雷 (Juan Emilio Cheyre, 1947–) 接任總司令。上任後，切雷發表聲明嚴厲譴責 1973 年發動政變的將領，並公開承認軍隊曾經侵犯人權的事實。此舉讓他和以前的同僚疏遠，但這表明軍隊正視侵犯人權，勇於承擔責任的決心。

　　2003 年 6 月，保守派與「各黨一致否決聯盟」共同修憲，同意刪除軍隊有權維護智利民主的條款，並以國家所有機構都必須遵從憲法的條文取代。最高法院也推翻昔日決議，允許起訴侵犯人權的軍官，以撫慰受過創傷的民眾。2003 年 9 月 11 日，軍事政變三十周年時，拉戈斯在總統府設立阿彥德紀念館。

3. 重要措施及貪腐危機

　　上任後，拉戈斯推動親民政策，開放民眾參觀自政變以來封閉的總統府。他也是智利史上首位全國走透透的總統。然而 2001 年，交通部副部長遭指控貪腐，嚴重打擊其政府形象。2007 年，雖然智利最高法院宣判無罪，但政府已受害甚深。2002 年起，貪

瀆事件越演越烈，公共工程部長克魯茲 (Carlos Cruz, 1951-) 及該部重要官員遭指控，透過外部顧問公司，撥專款支付公共工程部官員額外薪資的自肥案。克魯茲承認本人、副部長及該部總統親信等重要人士，曾收到額外津貼。拉戈斯也承認不諱，但辯稱此作法從艾爾文執政以來已行之多年且經議會通過，不認為是貪腐犯罪行為。

在公共工程方面，拉戈斯積極推動相關建設公辦民營。其政府也推動跨聖地牙哥公車系統，以更新老舊且不合時宜的舊系統。但是因為設計及執行上面臨許多問題，最後在爭議聲中，不斷修正改進。

二、經濟發展

2000 年拉戈斯上臺時，恰逢亞洲經濟正在復甦，但歐洲和北美的經濟卻進入衰退期。2000 年，通貨膨脹上升，但拉戈斯的限制性貨幣政策讓通膨在隔年再度下降。2001 年，經濟成長 2.8%，但不到前十年的一半。這是由公用事業和生產方面的內需，而非外銷所帶動的成長。為了促進外貿發展，拉戈斯與歐盟、墨西哥、中國及加拿大簽署自由貿易協定。2003 年，智利與美國簽署歷經十一年談判達成的自由貿易協定，並於 2004 年 1 月 1 日實施。然而許多智利農場主人則要求政府補貼，以免因美國廉價農產品的傾銷而遭受損失。

2002 年，當阿根廷及其他拉美國家發生經濟衰退與危機時，智利的經濟發展還算不錯。當時智利透過調整貨幣政策，成功化

解來自國內外的衝擊。2002 年,拉戈斯同意調降利率,以振興疲軟的經濟。起初,他曾提議修改勞工法,以加強工會集體談判的影響力。然而,當企業界領袖表明,勞工法的任何變動將影響投資時,他就將議案束之高閣。

2000 年,十分之一的智利人擁有電腦。政府在大、中、小學大量投資資訊技術。此外,拉戈斯總統支持發展全國資訊中心網絡,以幫助不富裕的智利民眾,能免費上網。當時,數位經濟年收入已超過 25% 的年成長;2001 年為五十七億美元,2002 年上升為七十七億美元。電子商務是發展最快的部門,2001 年交易額為十五億美元。2002 年,拉戈斯政府制定六階段發展規劃,以加速電子商務的發展。

此外,2003 年政府建設新的灌溉工程,以促進葡萄業發展。智利農民將葡萄園的生產力提高到接近美國的水準。智利與歐盟簽署貿易協定,為智利水果出口商開拓更多的市場,並確立處理貿易糾紛的方法。至於與墨西哥、加拿大及美國簽署貿易協定,也有利於智利水果的出口。

三、社會、文化政策與發展

在社會政策方面,拉戈斯成立失業保險;推動醫療改革以保障人民受到妥善照護;剷除違章建築;極端貧窮家庭社會保障計畫;實施全天候教育,此計畫在 2006 年遭到學生運動的嚴厲質疑;推動十二年義務教育;成立國家文化藝術委員會,以及跨聖地牙哥公共運輸計畫等。此外,拉戈斯也推動公證結婚法及離婚

合法化，這是智利史上首創；推動刑事訴訟改革，成立家事法庭，以更順暢處理此類判決；通過國家擔保以資助學生的法案，這也遭受學生運動的強力批評；以及大幅修正 1980 年的憲法。

在人權方面，拉戈斯政府成立委員會以調查軍政府時期受拷打、酷刑的情況。在提出《瓦勒茲報告》(Informe Valech) 的前一天，即 2004 年 11 月 28 日，拉戈斯總統宣布政府將補償軍人獨裁時期約三萬名受迫害的人士。為此，2005 年 6 月 15 日，拉戈斯政府提出成立「智利國家人權局」法案，但該機構一直到 2010 年才成立。

在環保方面，拉戈斯執政時期因阿勞科化纖公司 (Celulosa Arauco) 所排放的二氧化物而導致克魯賽斯河 (Río Cruces) 汙染的大災難，並造成黑頸天鵝大量死亡及遷移。因此，環保當局要求公司減少 20% 產量，並在兩年內提出替代方案。公司提議在美福茵 (Mehuín) 海岸，以海底排放管將廢水排至外海，拉戈斯也認同這是唯一可行的替代方案。然而，由於附近漁民及馬普切部落的反對，到拉戈斯卸任時，相關方案都無法執行。此外，在其任期最後幾天，在 2006 年 2 月，一通過環評，國家環保委員會火速核准加拿大跨國公司巴里克黃金 (Barrick Gold) 所提出的巴斯瓜‧拉馬的礦業開採計畫，因此備受爭議。因為，礦區位於三座冰川底下，冰川溶化的雪水滋養華斯科河 (Río Huasco)，這是阿塔卡馬沙漠地區僅存的河流。

拉戈斯的媒體政策則褒貶不一。執政時，媒體過度集中且缺乏多元，大多集中在財團及反對黨手中。2005 年 9 月，拉戈斯致

函智利最大報《信使報》總編輯，表示該報社論已經成為散布仇恨的根源，但拉戈斯政府卻從未討論國家對主要媒體資助的問題。拉戈斯還將當年度政府文宣預算的 80%，直接補助《信使報》及另一家媒體。另一經典事件是，拉戈斯憤慨地批評天主教電視「頻道 13」(Canal 13) 在節目中負面報導政府的相關施政。

四、對外關係與發展

2004 年，拉戈斯政府面臨與南美洲國家的系列緊張關係，這源自於長久以來玻利維亞想藉由智利獲得出海口。此時阿根廷正遭受能源危機，而阿根廷則供應智利天然氣。因此，玻利維亞總統梅薩 (Carlos Mesa, 1953–) 表示，可以供應阿根廷天然氣，但阿根廷不能轉賣給智利。此外，委內瑞拉總統查維斯 (Hugo Chavez, 1954–2013) 也堅決支持玻利維亞獲得出海口。因此，委內瑞拉與智利關係陷入僵局，後來，雙方關係才稍見緩和。此外，2002 年，透過駐卡拉卡斯大使館，智利政府曾是拉美國家唯一承認僅維持幾小時的軍事政變政府，這造成查維斯的不滿與雙方關係一度緊張。

拉戈斯執政時，對外關係中最突出的表現是，先後與歐盟、美國、中國、南韓等國家簽署自由貿易協定。此外，在 2003 年討論美國入侵伊拉克時，智利在聯合國維持堅定的態度，並在克服美國及英國的施壓下，於投票譴責此軍事行動時，扮演關鍵角色。

五、執政評估

拉戈斯執政時，面臨經濟情勢不斷惡化以及保守政治運動抬頭的新挑戰，但是他最大的挑戰來自基民黨的要脅。基民黨表示，若社會黨不重大讓步，該黨將退出「各黨一致否決聯盟」。2003年8月，社會黨人不顧拉戈斯指示，支持工人全國大罷工，表達對經濟蕭條的不滿。不能遺忘基民黨與社會黨在否決運動期間以及連續三屆政府中的合作，才讓智利民主轉型成功。總之，雖然左右派間的對立情緒依然如故，但溫和的語言和選舉活動，在很大程度上取代暴力行為。

1999年大選，拉戈斯成為智利史上首位在第二輪才勝出的總統。初期，因為面臨亞洲經濟危機及貪瀆事件頻仍，執政並不順遂。此外，他與財團關係密切，也備受詬病。2001年，不顧外界觀感，他向國會提出為期十年的捕魚法，欲將80%的捕魚配額分配給安赫利尼集團 (Grupo Angelini)。法案在參議院議長薩爾第瓦 (Andrés Zaldívar, 1936–) 及其弟弟、當時基民黨主席阿道福 (Adolfo Zaldívar, 1943–2013) 的護航下，順利進入議會討論；而且在不到十八個月，法案就公布實施。因為薩爾第瓦家族在安赫利尼集團的大量持股，其強力護航行徑遭到嚴厲批評。

此外，拉戈斯執政時，智利唯一的國家商業銀行國家銀行 (El Banco del Estado de Chile)，當時的總裁私下向陸克斯克集團 (Grupo Luksic) 提供一億二千萬美元融資，以併購智利銀行 (Banco de Chile)。智利銀行總部位於聖地牙哥，是一家商業銀行，

提供大公司、中小企業和私人客戶金融服務。

　　執政後半期，因為經濟成長、與美國、中國及歐盟簽訂自由貿易協定，以及基礎建設的重要進展，民意支持度高達 70%，為史上新高。2005 年他與各黨派達成修改 1980 年憲法的政治協議，但其執政也發生許多備受爭議的事件，例如：以環保為由，強勢處理馬普切人要求歸還土地及自治權的議題；公共工程部 (MOP-GATE) 的貪腐事件；將自來水及公路交通私有化；以總統府保留款資助支持其施政的雜誌 *Siete+7*；預先規劃由巴契萊特政府執行的跨聖地牙哥公車運輸，以及建立由國家擔保的學生貸款等。

　　儘管問題重重，干擾不斷，任內還是完成民主轉型。但是若認為智利政治衝突已然結束，那就太天真了。通常，在國際經濟衰退造成智利經濟放緩時，政治分歧與衝突就會擴大。幸好，面對不斷變化的國際形勢，智利政治人物調整政策的決斷和能力，仍為人稱道。

第二節　巴契萊特政府的施政

一、第一任期 (2006–2010)

　　2005 年 12 月 11 日，智利舉行總統大選及國會議員選舉。因為沒有候選人得票過半，所以由得票最高的巴契萊特及皮涅拉，進入 2006 年 1 月 15 日舉行的第二輪選舉。最後，巴契萊特以

圖 35 ： 巴契萊特　其父阿爾貝托 (Alberto Bachelet, 1923–1974) 是空軍上將，母親赫里亞 (Angela Heria, 1926–2020) 是考古學家和人類學家。1962 年，十一歲的她，因父親職務調動，舉家搬到美國馬里蘭州，在當地學校學習兩年。1970 年，在智利大學醫學院讀醫學系，因 1973 年軍事政變中斷學業。父親被控叛國罪遭逮捕入獄，並於 1974 年因心臟病發去世。她和母親也被拘留近一年，後因伯父營救而被釋放。

之後，她先前往澳大利亞，然後轉到東德學習德語，再轉到柏林洪堡大學繼續攻讀醫學。1979 年 2 月底，她回到智利，復學並於 1982 年畢業，成為外科醫生。之後獲得獎學金再鑽研兒科和流行病學。畢業後在一家兒童醫院工作，並受雇於私人組織，以協助受皮諾契特政權影響的家庭。1990 年，智利恢復民主後，她擔任世界衛生組織的顧問。1994 年至 2004 年間，曾先後擔任衛生部、國防部顧問與部長，亦是拉丁美洲首位女性國防部長。期間，她修改義務役規定、讓女性也能從軍，以及持續軍隊現代化。

在首任總統任期間，積極改變智利的經濟並減少貧富差距。此外，她把施政重點放在社會問題上，提出保健和教育領域的改革方案，並提高社會福利。由於智利憲法規定，不能連選連任；卸任後到 2013 年，她擔任聯合國副秘書長兼婦女署執行主任。在其奔走下，2013 年聯合國制定保護婦女免受暴力侵害的法令。

2013 年 12 月，她以 62.2% 的超高選票，再次當選智利總統。任期間，巴契萊特改革稅制，實施負擔得起的醫療保健，免費教育以及支持同性婚姻。但是也面臨各項問題的挑戰。

53.5% 的選票勝出，並於 2006 年 3 月 11 日宣誓就職，成為智利及南美洲首位女總統。

1.內政發展

　　2006 年 3 月 13 日，上任後兩天，巴契萊特宣布六十歲以上的智利民眾醫療免費，並由政府及反對黨成立特別委員會，改革醫療體系。因此，上任初期致力於在就職一百天時，能完成競選時所承諾的三十六項措施，其中最重要的是改革選舉制度。對此，主要反對黨袖手旁觀，沒有積極參與。此外，初期的許多政策爭議性很高，像是提高燃料價格、通過法律規範前朝實施的勞動力委外承包的作法，以及發現政府在十年前誤認軍政府時代失蹤人士的身分等。同時，在 2006 年 5 月 2 日，頒布新的菸品管制法。

　　2006 年 5 月 21 日，在首次的國情報告中，巴契萊特表示將提供最貧窮家庭冬季消費券、以銅出口的收入支付醫療改革、興建新醫院，以及成立民眾安全部及環保部。5 月底，政府施政開始遭遇許多困難及批評。雖然，巴契萊特宣布已經完成競選承諾的三十六項措施，但遭到許多單位的否認，因為其中許多計畫所需的法案都尚未經國會議決，並有多項尚在執行中。

　　然而，其政府所面臨的最嚴重問題是 5 月初爆發的中學生示威運動，要求教育改革。初期，政府不悅並忽視學生示威活動及訴求，但是後來學生無限期罷課及占領建築物，行動迅速蔓延至全國各地。5 月 30 日，雖然與教育部長協商，但全國 80%、約八十萬名中學生仍參加全國罷課。6 月 1 日，在面臨學生、老師、大學生、工人團體及反對黨宣稱若無滿意的答覆，將進行新的罷

課的情況下，巴契萊特被迫透過國家廣播及電視，宣布將解決學生大部分的訴求。6 月 5 日，中學生再度全國罷課，但力道已逐漸衰退，最後宣布結束行動。

此次罷課顯示，某些部會與內閣政策的不協調，這迫使巴契萊特在 2006 年 7 月 14 日，首次改組內閣。此外，罷課也促成政府於 2007 年 4 月 9 日提出 《世代教育法》 (*Ley Generación de Educación*) ，規定禁止利用公眾資源營利以及取消八年級前的入學考試。然而，禁止利用公眾資源營利的條款遭到接受政府補助之私校代表及反對黨的抗議，但獲得基民黨部分國會議員的諒解。最後，通過新的教育法。

2006 年 6 月，政府推出空間小、品質不佳的社會住宅時，遭到新一波的批評。不過，2010 年任期結束時，全國住房不足下降 14.3%；每年平均完成十萬戶社會住宅，以及補助修繕六萬多戶。這兩項數據都明顯高於前任政府。

2. 政治危機

2006 年 7 月 11 日，巨大天然災害衝擊智利中南部地區，造成許多損害及土地完全被淹沒。巴契萊特宣布比奧比奧第八區為受災區，並前往視察。在視察奇瓜揚特 (Chiguayante) 時，民眾批評她的視察是作秀及為了提升民調。但巴契萊特回應，她視察並關心國家發生的任何災難，沒有其他的算計與考量。

2006 年 12 月 10 日，皮諾契特將軍因為心臟病逝世於聖地牙哥軍醫院。巴契萊特決定不對皮諾契特以前總統身分舉行國葬，也不頒布官方哀悼，只允許陸軍以前總司令身分為其舉辦喪禮，

她也沒有出席追悼儀式。此外，2007 年 8 月，馬丁內茲 (Arturo Martínez, 1943–) 領導勞工統一中心示威遊行，要求重視財富分配不均、提高最低薪資以及兌現總統的承諾。當時有三千多人參加遊行，導致巴契萊特的民意支持度不足 40%。

2007 年 12 月，總統發言人拉哥斯 (Ricardo Lagos Weber, 1962–) 宣布辭職，由畢達爾 (Francisco Vidal, 1953–) 接任。此外，因無法獲得總統的信任與支持，2008 年 1 月 3 日，維拉斯科 (Belisario Velasco, 1936–) 請辭內政部長。對此，反對黨認為巴契萊特缺乏治理能力。1 月 8 日，巴契萊特再度被迫大幅改組內閣。

3.社會與經濟發展

2010 年 10 月，由世界經濟論壇年報《全球性別差距報告》顯示，最近四年，智利是全球改善性別平權最好的十個國家之一。在受評的一百三十四個國家，智利排名從 2006 年的七十八名，上升到 2010 年的四十八名，大幅進步三十名。亦即智利的性別差距縮小 8.6%。

在經濟方面，執政初期，經濟維持拉戈斯政府的成長速度，發展良好。主要關鍵是因為其他國家、特別是中國對銅的需求增加，銅價飆升所致。2006 年 5 月，倫敦每磅銅價超過三．五美元，使智利財政盈餘六十億美元。然而，巴契萊特政府卻決定儲存這些盈餘，引起反對黨、甚至執政聯盟內部的嚴厲批評。執政聯盟原來建議政府運用此盈餘，大幅推動醫療及教育等社會工程。

但是，在面臨 2008 年國際金融危機時，這筆盈餘讓巴契萊特政府能在 2009 年推出智利史上首見、高達四十億美元的財政刺激

方案。這在大多數國家皆負成長時，讓智利經濟仍成長 1%。這些措施，也促成「經濟合作暨發展組織」(OECD) 同意智利入會。2004 至 2008 年，智利的盈餘高達四百二十億美元。此外，2010年 2 月發生大地震時，盈餘政策讓皮涅拉政府有足夠存款，進行國家重建。同時，也因為巴契萊特政府的努力，智利的公共債務降至史上新低。穆迪國際信評機構甚至指出，財政及金融穩定讓智利成功克服大地震帶來的危機。

另外，勞動人口的實質薪資在其執政四年分別成長 3%、0.5%、1.3% 及 6.4%。2006 到 2009 年，通膨分別是 2.6%、7.8%、7.1% 及 −1.4%，平均上揚 4.025%，遠低於拉美其他國家。再者，雖然執政初期即成立環保部，但執政團隊對政府該扮演的角色，缺乏共識。在能源方面，由於智利長期以來依賴進口天然氣發電，因此巴契萊特政府修訂電力法，以鼓勵風能、太陽能等再生能源的發展。此外，決定透過智利國營銅業公司 (Codelco) 建立第二座液化天然氣發電廠，以確保供電無虞，也研究評估設立核電廠的可行性。

巴契萊特政府的財政政策與前朝非常相似，不同的是，其政府運用大量國庫積蓄，於 2007 年提出史上最高的預算計畫。

4. 對外關係

2006 年 3 月 21 日，巴契萊特上任不久即出訪阿根廷及烏拉圭，並與阿根廷簽署戰略協議，雙方加強能源與交通建設的合作。雖然初期雙方關係良好，後來因天然氣販售問題再起爭執。巴契萊特對阿根廷政府的決定，深感失望。此外，執政初期，巴契萊

特試圖強化與拉美國家的關係，以彌補拉戈斯政府過於親近其他洲，而疏忽拉美的情勢。當盛傳巴契萊特意圖與玻利維亞重啟出海口協商時，智利外交部長立刻否認，並表示雙方於 1904 年簽訂的《和平友好條約》，神聖不可侵犯。此外，2006 年 5 月 12 日，巴契萊特首次出訪歐洲，並參加在維也納舉行的歐盟與拉美暨加勒比海高峰會。

同年 6 月 8 日，巴契萊特首次訪問美國，拜會布希總統。當時盛傳布希施壓智利投票反對委內瑞拉成為聯合國安理會非常任理事國，但隨即遭智利否認。雖然巴契萊特猶豫不決，但智利國防部長及駐委內瑞拉大使都認為應投同意票。再者，雖然美國強烈反對，巴契萊特還是簽署同意成立國際刑事法院。此外，2006 年 7 月 28 日，巴契萊特出席秘魯總統賈西亞 (Alan García, 1949–2019) 的就職典禮，並受邀參加閱兵及遊行等慶祝活動。一般認為，這是兩國關係密切的象徵。

11 月，巴契萊特首次參加在越南舉行的亞太經合會議。隨後，國是訪問紐西蘭，希望學習該國成功的經驗。2007 年 3 月，巴契萊特參加在瓜地馬拉首都舉辦的美洲開發銀行會議，並榮獲中美洲最大、最古老的聖卡洛斯大學頒贈榮譽博士學位。2008 年 5 月，智利擔任剛成立的南美洲國家聯盟 (Unión de Naciones Sudamericanas) 的輪值主席。卸任後，她出任聯合國副秘書長兼婦女署執行主任。

二、第二任期 (2014-2018)

2012 年 12 月，智利選舉法規定政黨及政治聯盟可以透過政府主導的初選，決定總統候選人。最終前總統巴契萊特獲得中間偏左的新多數派 (Nueva Mayoría) 73% 的選票勝出；而中間偏右聯盟則是時任部長隆圭拉 (Pablo Longueria, 1958-) 以 51% 勝出，但最後隆圭拉退選。2013 年大選，由於第一輪選舉沒有人獲得過半選票，因此進行第二輪投票，最後巴契萊特以 62.16% 選票再度當選總統。在國會選舉方面，屬於新多數派的政黨取得二十位參議員席次中的十二席，並在眾議院的一百二十個席次囊括六十七席，雙雙過半。本次選舉，智利首次採用區域議員的制度。

1.重要政策與困境

2014 年 3 月 11 日就職隔日，巴契萊特簽署發放最貧窮家庭消費券的法令；之後，頒布命令成立兒童暨青少年委員會以保護他們的權利。上任不到三天，就達成兩項選舉承諾。不過，在上任第一周，她面臨省長、次長等多位政府官員的辭職。但是，她也任命智利出使聯合國、美洲國家組織及其他國際組織的新任大使。此外，3 月 17 日，其政府也決定從參議院撤回上個任期提出的《取得植物法》(*La Ley de Derechos de Obtentores Vegetales*)，終止此爭議法案。

之後，在提出公立教育免費方案前，巴契萊特政府宣布從國會撤回皮涅拉時期提出的三項教育法案。接著，巴契萊特簽署法案，成立婦女及性別平等部，再次完成另一項競選承諾。此外，

她也提出稅務改革，提高對企業徵稅；5 月 14 日，國會通過新的稅務法。2014 年 4 月 1 日，智利北部發生芮氏規模 8.2 級強烈地震。巴契萊特宣布國家緊急狀態，並前往視察。但是，因再次發生多起 7.4 級餘震，巴契萊特被迫撤退。智利災難不斷，4 月 12 日，瓦爾帕萊索發生大火。一天後，巴契萊特立刻宣布給災民二十萬披索的消費券。之後，她任命三名代表，負責地震及火災重建工作。此外，她簽署命令，成立總統顧問委員會，以研究中央分權及地方發展事宜。

2014 年 4 月 23 日，巴契萊特簽署新的選舉法規，將參議員及眾議員名額，分別從三十八及一百二十名，提高到五十及一百五十五名，並規定必須有一定比例的女性名額。另外，巴契萊特政府推動年金改革，並成立委員會負責。5 月 5 日，她簽署上任後的第一個教育法案，以保障大學生學習不中斷。巴契萊特政府也提出能源備忘錄，表示可以在未來十年，避免電價上升 34%。巴契萊特邀請多位前總統會商請益，以因應玻利維亞向海牙國際法庭提出出海口仲裁一事，大家一致認為這是國家重要議題。

5 月 21 日，巴契萊特在首次國情報告中指出，水資源是國家資產應提供大眾使用、墮胎除罪化，同時主張男女應同工同酬。另外，她宣布成立十五個幼兒及青少年藝術創造及發展中心。再者，巴契萊特宣布投資十億美元，改善跨聖地牙哥的交通運輸。

在所有變革中，教育改革是其最重要的招牌。免費大學教育主要受益者是全國二十六萬的貧困家庭，約占大學生的 60%。再者，此改革對公立學校及公私合辦學校產生深刻影響。因為，將

取消入學甄試,而且辦學不再是營利事業。因為過去智利實施新自由主義經濟政策,長久以來教育被認為是營利事業。巴契萊特讓教育免費,並建立教育是公共財的概念。另外,其政府讓墮胎合法化以及讓同婚者與一般婚姻具有同樣的法律地位。

2015 年 2 月,媒體踢爆巴契萊特兒子陷入「卡瓦」(Caval) 貪腐醜聞。卡瓦是出口及管理公司,負責人是巴契萊特的兒媳婦。媒體指出,2013 年 12 月 16 日,巴契萊特勝選兩天後,智利銀行核准卡瓦公司一千萬美元的貸款,而該貸款是為了炒作土地營利。之後,外界得知,在核准貸款前,巴契萊特的兒子及媳婦曾與銀行副總裁會面。隨後巴契萊特的兒子公布財產明細,試圖緩和各界批評。然而,在反對黨及執政黨內部壓力下,兩天後其于辭去所有公職。

2.經濟政策與發展

2015 年 4 月 1 日,巴契萊特向國會提出民主轉型以來最宏偉的稅務改革計畫。5 月 15 日,眾議院以七十二對四十八票通過該法案。此計畫預計將企業稅由 20%,逐步提高到 2017 年的 25%;同時,預計在 2018 年取消稅務基金 (Fondo de Utilidades Tributarias),這是讓企業將收益轉投資而延後納稅的機制。另外,月收入超過一萬美金的稅率由 40% 降為 35%,以及加強稽查課徵占國內生產毛額 0.5% 的逃漏稅。然而,右派及企業群起反對,表示這將造成投資減少及成長下滑。為此,政府加強宣傳及說明。7 月 8 日,與參議院財政委員會達成協議,通過稅改方案。8 月 14 日,法案提交參議院聯席會審查。數日後,前總統皮涅拉強烈

抨擊，並表示四年後國家的稅收會比目前短少；不過遭到政府各部門的強烈反擊，強調政府的稅改，是為了資助教育改革、改善財富分配及醫療服務、以及恢復國家財政的平衡。2015 年 9 月 26 日，政府公布該法案，並在 10 月 1 日實施。

與前任皮涅拉執政時平均成長 5.3% 比較，巴契萊特第二任經濟成長 1–2%，表現不佳。政府缺乏友善的經濟環境以及計畫的不確定性，造成經濟成長緩慢、外國直接投資明顯減少。2014 至 2016 年，外國直接投資是阿彥德執政以來，首度下滑。在 2016 至 2017 年，甚至大幅減少 40%。2017 年，標準普爾國際風險評估機構，在二十五年來首次調降智利的風險信用比排行；並表示，評比下降是因為智利持續低成長損害財政收入、政府債務增加，以及國家總體經濟表現不佳。然而，時任經濟部長卻辯稱這是銅價下跌、成長減緩，以及政府大力推動社會計畫支出所致。此外，國際管理發展研究所，將智利的競爭力從 2013 年全球排名三十名降至 2017 年的三十五名。

3. 施政得失

第二任期快結束前，有些智利人認為巴契萊特執政糟透了。但是她的兩個任期讓智利有深刻的變革，則不容否認。然而，她卻兩度將政權移交給極不喜歡的億萬富豪皮涅拉。首任結束時，巴契萊特獲得智利史上 84% 最高的民意支持度，而且 2013 年以 62% 的選票再次當選。這讓她能放手進行 1990 年民主轉型以來，智利最深刻與宏偉的變革。但是隨著政策的推行與改革的進展，其民意支持度逐漸降低。

此外，巴契萊特修改獨裁時期制定的選舉法。當時的選舉法有利於居少數的右派，讓其在國會與其他黨派平分秋色。根據新法，2017 年首度實施比例代表制，這有利於大幅改善政黨代表以及讓更多政治勢力參與國會。至於貪腐事件，則是巴契萊特執政的大災難。但是，她知道如何將危機化為轉機。為此，通過公職人員財產申報法及政黨法，進一步規範政治獻金及將黨員名冊透明化，這些都讓智利政治運作更加公正與透明。

在環保方面，其政府成功讓智利從能源進口國變成重要出口國。在執政四年，再生能源占比從 5% 上升至 20%；太陽能發電則成長二百倍，目前有八十一座太陽能電廠。此外，智利在陸地及海洋保護區的面積也逐漸擴大。

執政時，經濟平均成長 1.6%，創歷史新低，是其最大的缺憾。雖然銅價下跌及國際局勢影響甚深，但不可諱言，政府對企業加稅等敵視行徑，也嚴重影響企業投資意願。

巴契萊特政府提出稅務、教育、憲法、勞動及年金等洋洋灑灑的改革，因都未深化，且許多半途而廢，備受批評。像稅務改革，無法徵收到預期的稅收，以支付免費教育的開銷，因此最後被迫修正，教育改革也只獲得部分預期成果。勞動改革成效不彰，此改革試圖改善勞資間的嚴重不平等，但最後卻落得雙方都不滿意。至於年金及憲法改革，幾乎沒有任何進展。任期結束前五天，巴契萊特政府才匆促提出修憲，但遭到同陣營議員的批評。

智利民眾都認為巴契萊特與傳統政治人物大不相同，但是兒子深陷貪腐醜聞，失去民眾的信賴，對其傷害尤深。最後，巴契

萊特無法指定政策的繼承者，以及造成支持她的新多數派分裂，
是其執政的最大敗筆。連續兩次，巴契萊特都無法將政權傳承給
同陣線的成員，而是移交給她最大的政敵皮涅拉。不過許多智利
人仍認為巴契萊特政府在價值觀上，促成智利社會深刻且不可逆
轉的變革。也有部分智利人認為這是智利民主轉型以來，最具改
革性的政府。

第三節　皮涅拉政府的施政

　　2006 年 1 月 15 日，皮涅拉在首次參加的總統大選第二輪選
舉中，不敵巴契萊特。2009 年 9 月 1 日，皮涅拉成為「爭取變革
聯盟」的總統候選人，在 2010 年 1 月 17 日的第二輪選舉中，以
51.61% 的選票當選，對手前總統弗雷‧魯易斯則獲得 48.39%。
2010 年 3 月 11 日就職後，皮涅拉成為五十多年來透過大選上臺
的首位右翼總統，結束 1990 年民主轉型以來執政聯盟連續掌權二
十年的局面。2017 年 12 月 17 日，在第二輪投票時，皮涅拉以
54.57% 的選票，當選總統，並在隔年 3 月 11 日，再度從巴契萊
特手中接掌國家機器。

一、第一任期 (2010–2014)

1.震災重建
　　在 227 大地震發生後第十二天，皮涅拉宣誓就職總統。2 月
27 日，智利中南部發生芮氏規模 8.8 級強烈地震。當天，皮涅拉

圖 36：皮涅拉　1949 年 12 月 1 日，皮涅拉出生於聖地牙哥的中產階級家庭，父親是外交官也是智利基督教民主黨創黨元老。因父親的工作，年幼時曾隨家人遷居比利時及美國。1955 年返回智利，完成小學及中學學業。1971 年畢業於智利天主教大學，並任職智利國家生產開發公司。之後，在哈佛大學取得博士學位。

1970 年代，皮涅拉開始涉足政治。初期，他支持基民黨，並曾參加反對智利 1980 年憲法的示威遊行。在 1988 年 10 月否決運動公民投票時，他反對皮諾契特繼續執政。1990 至 1998 年，曾擔任智利參議員。2005 年，首次參選總統，但以微弱差距敗給巴契萊特。

在工作上，他精力充沛，因此有「火車頭」的美稱。儘管已年屆花甲，仍然非常喜歡潛水、足球、滑板以及駕駛私人飛機等運動。此外，他很注重個人儀表，酷愛以年輕新潮的形象出現在公眾面前。他天生幽默，談吐風趣，而且說話表情豐富。

皮涅拉擁有多家知名企業的股份，包括智利航空公司、智利電視臺 (CHV)、智利科洛科洛足球俱樂部等，資產超過十四億美元。1980 年代，他將信用卡業務成功引進智利，獲得巨大利潤，但也因大企業家參政而備受爭議。

即刻以總統當選人身分，搭機前往了解災情。隨後，與總統巴契萊特會面，商討災情。就職後，智利又連續發生四起芮氏規模 5 級以上的強烈餘震。皮涅拉一上臺不僅面臨災後重建重任，更有

對他及右翼勢力執政能力的懷疑目光。這讓皮涅拉的執政沒有蜜
月期，更沒有試驗期。

剛上任，皮涅拉在處理意外災難上，展現出成熟政治家的沉
穩和值得稱許的公關手腕。一方面，他以網路發布震災資訊，呼
籲國際救援；另外，他把握時機，因勢利導，把災難變成全國民
眾的凝聚力。同時，政府立即透過全國緊急事務辦公室，發布海
嘯預警，要求民眾撤離至地勢較高處。另外，他宣布立刻啟動抗
災應急預算，提供災區緊急救援。3月11日，他發表就職演說，
強調災後重建將成為政府的施政重點，並誓言讓智利重生。就職
當天下午，他立即巡視227大地震重災區的康塞普西翁。

除了迅速有效的災後救援行動，他提出「智利崛起」的系列
重建計畫，重點安置災民和協助災區重建。同時宣布，政府將樽
節開支，將節省的七・三億美元納入國家重建基金，這些措施讓
皮涅拉贏得民眾的信任和支持。2010年4月16日，皮涅拉宣布
一系列災後重建的財政措施，在四年內將投資八十四億美元，包
括修改對企業、礦業和菸草的稅收政策、私有化部分國營企業，
以及發行債券。

2.礦難營救

2010年8月5日下午，智利聖荷西銅礦場崩塌，三十三名工
作人員被困在地下七百公尺處。8月7日，皮涅拉緊急停止訪問
哥倫比亞，於當晚抵達事故現場，慰問被困礦工家屬，並親自監
督、指揮救援工作。8月22日、災難十七天後，受困礦工以紙條
報平安，表示三十三人都安全無恙！營救期間，皮涅拉多次視察

圖 37：救援人員以鳳凰號 (Fénix) 逃生艙將受困礦工帶回地面

救援進度並與礦工視訊對話，鼓勵他們。10 月 12 日，最後的救援行動開始前，皮涅拉偕夫人再次到救難現場，等待所有三十三名礦工重返地面。2010 年 10 月 13 日晚上 9 點左右，第三十三名被困礦工成功離開礦井。這表示在各國通力合作並經過縝密計畫，智利完成對礦工艱難的營救任務。成功營救受困礦工讓皮涅拉的支持度，從約 50% 迅速飆升至 70%。此外，他立刻宣布，聖荷西銅礦場將永久關閉，並責成當局懲處相關人員。

3. 重要施政

上任後，皮涅拉提出免除中小企業利潤再投資的稅務、印花稅減半等系列鼓勵投資和創業政策。政府推動競爭計畫，通過系列改革，促進創新和創業，強化科技，提高國家成長潛力。再者，

智利央行和財政部持續升息、縮減公共開支等措施以控制通膨。此外，其政府繼續加強勞動安全，把智利建設成勞動安全的模範國家。因此，政府提出社會安全監察改革法案，創立新的勞動安全體系，改革勞動事故法和監察模式，建立勞動安全的社會文化，將勞動事故率降低25%。

2011年，皮涅拉政府提議建立風險控制和礦業安全規範專門監察部門，並通過關閉枯竭礦山的管理方案，以避免汙染環境。此外，政府提議合併礦業和能源部。再者，皮涅拉政府推動有利於中小家庭的農業政策；同時，將農業部改成農業暨食品部，讓智利成為農業食品和林業強國。皮涅拉政府也提高農業發展機構的預算，促進技術轉移，以提高農業競爭力。

在林業方面，2011年皮涅拉政府立法治理國土沙漠化、水土保持、預防森林火災等。在漁業方面，由於新的衛生和養殖中心等管理措施，鮭魚養殖走出病毒危機，恢復生產和出口水準；2011年，其政府提出人工和工業化捕魚、漁業資源保護等法案。由於主要出口產品價格上漲、外國投資預期良好以及美元疲軟，智利貨幣升值，影響出口產業特別是農業的競爭力。另外，政府透過相關單位增加提供中小農戶貸款額度以支援農業。

在能源方面，皮涅拉提出智利未來能源發展戰略，包括：設立能源局，提高能源供應效率，以解決能源供應不足問題；此外，增加水力發電，從目前占電力供應的34%，提升到占45–50%；液化天然氣發電仍是智利電力供應主體，主張加強本國天然氣資源的開發；方便新的電力企業進入，以增加電力行業競爭，降低

最終用電價格；加強與哥倫比亞、秘魯、阿根廷、玻利維亞以及厄瓜多等周邊國家的電力合作，建立區域電力網絡；由環境部負責，在能源專案審批過程中改善評定標準，加強民眾參與；並宣示其政府不會發展核能發電，但仍將進行相關研究。

2012 年 1 月 15 日，皮涅拉在普拉特軍事基地強調，智利將繼續強化在南極大陸的行動，並表示南極政策將著重建構四大目標。首先，開設新基地以強化智利在南極的存在；其次，強化麥哲倫海峽、智利南極地區作為南極大陸門戶的地位，讓其成為赴南極科學考察船隊的重要補給站；第三，整合智利六十七個與南極有關的法律機構，使其成為單獨部門，同時保證其與《南極條約》體系相容；第四，將麥哲倫海峽、智利南極地區打造為極地旅遊區，以鞏固智利在南極的領導和競爭力。

2012 年 4 月 28 日，皮涅拉宣布調整全國稅收體制，為教育改革提供財源。此次稅改主要包括：將企業所得稅由 17% 提高到 20%、取消一系列不合理的專營稅、將個人所得稅邊際稅率減少 10% 至 15%，以及將貸款印花稅率由 0.6% 降至 0.2%。此外，稅改計畫將對烈酒生產企業徵收社會稅、對環境有負面影響的所有企業徵收綠色稅。同時，設立彈性的燃油稅制度，依油價漲跌相應調整，以緩衝油價波動過大對民眾生活造成的影響。

皮涅拉表示，教育改革是歷史性任務，需要大量的財政資源，為此政府要合理改革稅收。預計，此稅改每年將為政府財政增加七到十億美元，並將其全部用於資助教育改革。因此，他指出，將為全國最低收入家庭及部分中產家庭提供免費優質的兒童學前

教育；中小學教育和高等教育推出相應的免費或財政補貼計畫，以提升公共教育品質。

在外交方面，皮涅拉政府大力推行全方位及務實的外交戰略，經濟外交色彩濃厚，對外交往也十分活躍。他強調智利應優先鞏固和發展與拉美鄰國和南共市國家的關係，積極推動拉美一體化；同時，重視與美國、歐洲的傳統關係，並積極拓展與亞太國家的關係，共同努力實現出口市場多元化。目前，智利與世界一百七十二個國家建立外交關係。2011 年 4 月，智利與秘魯、哥倫比亞、墨西哥在秘魯首都利馬發表《利馬宣言》，宣布成立「太平洋聯盟」，以推動實現沿太平洋國家經貿合作及一體化。2012 年 6 月，智利與中國建立戰略夥伴關係。此外，為了加強對外貿易，

圖 38：2011 年太平洋聯盟成立

政府在外交部新增外貿局；同時，重新布局駐外使館、領館網路，以快速因應國家對外發展的需求。

4.施政得失

雖然受到地震海嘯的影響，執政第一年，經濟仍成長 7%，是拉美和經濟合作暨發展組織成員國中成長最快的國家。執政時，智利經濟保持年均成長 5.8%，人均國民所得接近二萬美元；出口總量從 2009 年的五百五十億美元增至 2012 年的八百億美元，年均增幅超過 40%；2012 年智利成為拉美地區僅次於巴西的第二大吸引直接投資的國家。就業方面，2010 年創造四十八‧七萬個就業機會，為歷史新高，其中半數為女性就業。工資水準平均提高 6.3%，特別是中小企業員工和婦女工資得到提高。

此外，政府用於教育的公共開支達一百二十億美元，占總預算的五分之一。政府計畫推行學前義務教育制度，逐步提供三歲以上兒童教育補貼，並優先補助低收入家庭的孩子。至於大地震後的重建工作，在地震中失去住房的 96% 災民已經或有望搬進新房。另外，遭到地震破壞的公路、港口、機場、住房和學校等教育、醫療和公共基礎設施的重建率達到 90%。

二、第二任期 (2018–2022)

1.重要施政措施

在執政一百天內，皮涅拉簽署許多重要法案。2018 年 4 月 9 日，宣布新的移民法，以規範巴契萊特政府所接受近三十萬的非法移民。新法對委內瑞拉移民實施「負責任移民簽證」及「觀光

簽證」；針對海地移民實施「人道簽證」。4 月 13 日，皮涅拉在參加第八屆美洲高峰會時，嚴厲批評委內瑞拉總統馬杜洛 (Nicolás Maduro, 1962–)，表示委內瑞拉沒有民主。5 月 3 日，皮涅拉簽署法案，規定性侵幼童是犯罪行為，沒有追溯期，以遏止此不法行為。5 月 23 日，皮涅拉提出包含十二項重點的《婦女備忘錄》。5 月 28 日，皮涅拉簽署憲法修正案，以保障男女平權。

　　執政第一年，經濟成長 4%，為近五年來新高。這比巴契萊特政府 2014 至 2017 年間平均成長 1.7%，高出甚多；而投資增加是經濟成長的重要因素之一。此外，工業機具與設備的投資也增加，這說明 2018 年下半年經濟指數表現良好的原因。在競爭力方面，皮涅拉指出，上臺後正在修正前朝所造成的高風險評比。而高風險主要是因為財政赤字快速成長，以及前朝的公共赤字倍增。然而穆迪國際信評機構隨即打臉，表示從 2010 年皮涅拉首次執政起，智利財政已持續惡化。其執政時，公共赤字從 5.8% 上升至 12.7%；而巴契萊特第二任時，公共赤字則從 12.7% 增至 23.6%。

　　此外，巴契萊特第二任結束時，智利經濟自由度在全球排名從第十名下滑至第二十名。2018 年，皮涅拉執政第一年，因為預期政策更有利、可靠，排名上升兩名。而且，前四年緊縮的投資再度復甦。在就業方面，2018 年 8 月 31 日，國家統計局公布的資料顯示，5 至 7 月，失業率上升至 7.3%，為 2011 年、皮涅拉首任以來最高。同年 5 月，皮涅拉政府推動企業管理委員會的性別平等以及保障婦女在托兒所的正式職缺，以回應婦女的大規模示威活動。因為當時只有不到半數的智利婦女能獲得有給職，而

且有三分之一婦女的工作沒有契約，也缺乏社會及醫療保障。

　　2020 年 6 月 3 日，皮涅拉政府頒布《可攜帶的金融法》(*Portabilidad Financiera*)，這讓消費貸款、抵押貸款及金融卡等金融商品更具競爭力，而且可以降低相關支出及方便更換金融機構。2019 年 3 月 12 日，皮涅拉政府提出「大都會運輸網路」(Red Metropolitana de Movilidad)，以徹底改變及改善首都及全國各地區的公共交通運輸系統；3 月 22 日，皮涅拉主持聖地牙哥地鐵三號線的啟用典禮。在內政方面，2019 年 5 月，政府推出「安全街道計畫」(Plan Calle Segura)，增派巡邏警力、增設監視器以及成立虛擬警察局，以防止街道發生犯罪及暴力情事，維護民眾安全。

　　執政時，皮涅拉親近意識形態相近的拉美右派領導人如阿根廷總統馬克里 (Mauricio Macri, 1959–)，並嚴厲批判左派領導人，特別是委內瑞拉的馬杜洛總統。2018 年 10 月 1 日，當海牙國際法庭判決與玻利維亞出海口爭議智利勝訴時，皮涅拉政府與民眾及反對黨大肆慶祝。在 2019 年委內瑞拉出現政權危機時，則與其他國家承認反對派瓜伊多 (Juan Guaidó, 1938–) 為委內瑞拉總統。

2. 社會問題與新冠疫情

(1)社會抗爭

　　雖然從 2006 年以來，智利開始發生常態性的社會抗爭，但是 2019 年 10 月爆發史上最大的抗爭活動。2019 年，在中學連續幾周的罷課抗爭後，10 月 18 日，內政部長決定援引《國家安全法》，控告抗爭相關負責人。當天下午，大部分地鐵停止營運，此舉激化街上的抗議活動。當智利爆發民主轉型以來最大街頭抗爭

時，電視臺報導皮涅拉在高級區的披薩店為其孫子慶生，這引爆民眾更大的怒火。在皮涅拉發布緊急狀態及宵禁後，許多民眾指控軍隊濫權且執法過當，並獲得國家人權局的確認，包括社群網路也提出許多相關指控。

2019 年 10 月 30 日，聯合國人權事務高級專員辦事處專員、前總統巴契萊特發函，查核皮涅拉政府侵犯人權的情事。國際特赦組織的調查表示，事態真的很嚴重。11 月 19 日，依據 1980 年憲法，十位眾議員以皮涅拉引起政治危機，特別是派軍隊執行任務等違憲行為，意圖罷免。但是 12 月 12 日，眾議院以指控不符憲法要求而否決。之後，國會議員、人權律師及相關單位向法院提告皮涅拉及其官員犯反人類罪刑。2020 年 1 月 7 日，聖地牙哥第七法庭宣布受理。

⑵新冠疫情

2020 年 3 月 19 日，皮涅拉宣布智利九十天特別狀態，提前防範新冠疫情的蔓延。他表示，措施的重點在完善保護運送醫療用品的後勤系統、便利患者及醫療人員的照顧和運送，以及人員的疏散，而宵禁是最重要的措施。8 月，智利南部馬普切地區爆發衝突，事態越演越烈，甚至有市政機構遭燒毀。許多卡車工會全國罷工，要求當局重視南部地區的不安全情況。為此，皮涅拉政府向國會提出《巴里歐斯法案》(*Ley Juan Barrios*)，規定當卡車或公共汽車遭到襲擊、燒傷並導致死亡時，肇事者將處十五年以上有期徒刑到無期徒刑。

⑶移民問題

　　在巴契萊特及皮涅拉第二任期時，智利外來移民創新高。許多以前的移民小社區，人口增長迅猛，大多來自委內瑞拉、海地及哥倫比亞。此現象在國會引起廣泛討論，也迫使政府採取相關措施，並制定新的移民法。此外，2018 年 12 月，政府宣布不會簽署《世界移民協定》，但是會簽署《世界難民協定》。某些人士認為應基於人道主義，無條件接受所有移民，另有些人則主張有所限制。政府將失業歸咎於湧入大批移民。2020 年 3 月中，智利的新冠疫情進入四級警戒後，皮涅拉政府宣布從 3 月 18 日起，關閉所有陸海空邊境。然而，委內瑞拉的大批移民仍然從與玻利維亞的邊境進入智利。他們先住在學校，以便之後轉移到其他地區。

3.制憲公投與總統大選

⑴制憲公投

　　2019 年 10 月，智利爆發大規模街頭抗爭，起因是人民不滿政府調漲地鐵票價，但是後來訴求擴大至廢除私人退休金制度、增加教育經費與提升原住民權益等。為了平息民眾怒火，保守的皮涅拉允諾舉辦制憲公投，因為各界認為現行憲法是社會不公的原因。

　　不過，智利民眾對現行憲法意見分歧。一派認為，多年來在拉美鄰國經濟動盪之際，此憲法為智利社會穩定、經濟強勁奠定良好基礎，因為它尊重央行獨立性及確立市場經濟原則。但另一派則質疑，1980 年制定的憲法正當性不足，皮諾契特逮捕、殺害數千名左派人士，才通過此憲法。此外，此憲法過於僵化、抗拒

改變，導致無法進行社會變革。各界期待，新憲法將擴大人民社會權益，並給予新政府更多執行政策的空間，不必擔憂違憲。然而，反對制憲者認為，現行憲法已修正五十多次，許多不合時宜、反民主條文早已被修正，況且沒有任何憲法是完美的。初期，皮涅拉政府反對制定新憲法，因民意支持度屢創新低，後來勉強同意舉辦公投，但選民依舊不買帳。

2020 年 10 月 25 日，智利舉行公投，決定是否起草新憲法，以及由制憲大會或混合式制憲大會起草。最後，78.27% 選票贊成以新憲取代 1980 年由軍政府制定的憲法；78.99% 贊成選出全新的制憲委員會。2021 年 5 月 15 日，智利人民投票選出一百五十五名制憲大會代表，其中男女成員各半，並包含原住民代表。

2022 年 9 月 4 日，智利舉行新憲法公投，62% 的選民以壓倒性票數否決新憲法。總統柏里克接受失敗、改組內閣，並承諾會盡全力凝聚共識，建立新的制憲道路。

制定新憲法草案，旨在讓私有化企業承擔更多責任、建立國家醫療保健系統、要求性別平等、加強環境保護措施，以及大幅度提升原住民權利，並為原住民建立平行的司法系統。此外，新憲法也將改革政府，以地區議會取代參議院的功能，這讓大部分的立法權力集中在眾議院手上。

分析師將智利新憲法公投失利，歸咎於保守派在事前發起捏造訊息的行動，以及總統柏里克上任後政績不佳。此外，新憲法中的「多元民族國家」與承認原住民自決權，引發許多智利人的不安；再者，新憲法草案像是冗長的政治宣言，而非簡潔扼要的

基本權利；亦即新憲內容模糊，且忽略人民最基本的生活需求。經過此次失敗的試驗，智利學者和專家認為，新憲法應該往較溫和的方向推進。

⑵總統大選

　　2021 年 11 月 21 日，智利舉行總統及國會議員選舉。因為沒有候選人獲得過半票數，將由得票最高的卡斯特及柏里克，在 12 月 19 日進行第二輪選舉。這是 1990 年智利恢復民主以來，總統寶座首次不是由傳統的中左及中右派政黨角逐。

　　此次大選，智利政治版圖有深刻的變化。首先，傳統政黨挫敗。在 2021 年 5 月，制憲代表選舉無黨派人士大幅勝出、傳統政黨失利後，在總統大選中，近三十年來於智利掌權的中左及中右兩個傳統政黨，再次挫敗，得票率只排在第四及第五名。智利選民投票給更左傾的柏里克以及極右的卡斯特，他們將進入第二輪選舉。

　　其次，原先不被看好的參選人帕里西 (Franco Parisi, 1967-)，是自由派經濟學家、民粹主義者，定居美國。此次選舉從未回到智利，僅透過網路及社群媒體宣傳就獲得第三高的選票。其支持者未來走向，將左右第二輪選舉的結果。第三，智利北部選區向右轉。智利北部礦區一向是中左派的鐵粉區域，此次因為大量委內瑞拉移民進入該區造成的緊張情勢而向右轉。第四，國會將成為智利未來的政治重心。未來無論誰當選總統，國會將取代總統成為決策中心。雖然在總統選舉表現不佳，但中左及中右派在國會囊括半數以上的席次，特別是中右派獲得半數的二十五席次，

為 1990 年來首見。因此，若左派贏得總統，將受到國會嚴重的
掣肘。

　　在 12 月 19 日第二輪選舉中，左派的柏里克以 55.9% 選票當
選，並在 2022 年 3 月 11 日，宣誓就職。此次選舉創下多項歷史
紀錄。首先，三十六歲的前學運領袖柏里克，成為智利史上最年
輕的總統當選人。其次，投票率 55.5%、近八百三十萬人投票，
史上最高。因為此高投票率，才讓柏里克順利擊敗右翼的卡斯特。
第三，柏里克是智利實施兩輪投票以來，首位在第一輪得票居次，
卻在第二輪勝出的候選人。第四，柏里克獲得四百六十多萬張選
票，也是史上新高。不過，柏里克上任後即將面對的是正在起草

圖 39：參加就職典禮的柏里克，在他身旁的是其任命的內政與國家安
全部長希切斯 (Izkia Siches, 1986–)。

新憲法，且飽受示威動盪所苦的智利。此外，新國會各政黨勢均力敵，柏里克很難在短期內進行全面改革，因此兌現競選承諾的可能性很低。

4.皮涅拉第二任期施政評價

根據富比士記錄，皮涅拉身價二十九億美元。當選總統後，他一直尋求自己的歷史定位，希望成為智利民主時代右派執政的典範，以及成為拉美地區的領導者。2018 年，皮涅拉再度當選總統。在對外方面，他給委內瑞拉難民特別簽證，提供人道援助。在內政方面，他深化自由主義發展模式，終止巴契萊特開啟的社會改革。2019 年 10 月 18 日，因學生抗議聖地牙哥地鐵票價漲價，以及隨後因貧富不均及物價高漲，引爆的史無前例社會抗爭遊行，讓其執政嚴重挫敗，民調幾乎跌到谷底。

原先皮涅拉寄望 2019 年年底，藉智利舉辦氣候變遷及亞太經濟合作會議東道主的身分，鞏固自己成為國際領導人的地位。但是因為社會抗爭益趨激烈，他無奈地取消主辦這兩項重要的國際盛會，也造成其政治影響力下降。最終，社會抗爭讓各黨派達成政治協議，舉行制憲公投選舉。因為各界聚焦在民意、國會及制憲大會，導致皮涅拉政府重要性下降。第一任期結束時，皮涅拉民意支持度還達 50%，但是根據 2021 年 11 月 3 日的民調，其支持度只有 12%。

此外，皮涅拉一直沒有明確表態是否支持召開制憲公投；也一直未明確表態是否支持制定新憲法。這些導致極右派的卡斯特在總統大選中趁勢壯大，也造成執政黨候選人選票，落居第四位。

再者，因為「潘朵拉文件」以及被控社會抗爭期間侵犯人權，在國會強勢主導下，皮涅拉是智利重返民主三十一年來，唯一任內兩度遭國會提案彈劾的總統。

第二任期時，皮涅拉施政比較成功的是在對抗新冠疫情方面，他盡早地讓大多數智利民眾接種疫苗，超越許多富裕國家。此外，2021 年 6 月，雖然遭到支持者的強烈批評，皮涅拉重啟並加速國會審議同婚法及同性伴侶可以領養小孩的法律。2021 年 12 月 6 日，國會通過這兩項法案，再經新總統批准後即可公告實施。

再者，外界批評皮涅拉在第二任期，執政僵化以及不知節制。批評家認為其第二任期表現糟透了。他的僵化導致無法兌現選舉承諾，無法持續推動滿足中低收入階層需求的政策。此外，在擔任總統後，皮涅拉不知節制，讓利益衝突正常化。他持續利用執政優勢，讓他及家族事業獲得更大利益，這嚴重危害智利的政治體制。總之，誠如智利大學教授尤內尤斯 (Carlos Huneeus, 1947–) 所說，作為總統，皮涅拉缺乏政治溝通效率、組織能力、政治才華、治理政府的常識、情緒智商以及宏偉的視野。

總之，迎接二十一世紀，智利的民主更加穩固、經濟穩定發展，但是學生運動、社會抗爭，以及貪腐情事卻越演越烈。2000 年，拉戈斯執政時，堅持左派路線以及推動轉型正義。當時，智利發展迅速，但缺乏平衡。2006 年，社會黨巴契萊特成為智利首位女總統，並在 2014 年再度當選。她對經濟問題著墨不多，但醉心推動各種所謂的「進步價值」。身為首位女總統，她最關切男女平權；此外，他強推同婚法案、將墮胎合法化，更全心投入轉型

正義。

　　2010 年，智利慶祝獨立二百周年；各界積極討論，智利的國家定位以及發展策略，以面對全球化的挑戰。此時，皮涅拉以全新的溫和右派形象，成為智利總統。一上任，地震重建工作，嚴重考驗其執政能力。2018 年，再度掌權。惟上任後，社會抗爭此起彼落，越演越烈。2020 年 3 月，智利爆發抗新冠疫情，嚴重影響經濟發展與民眾生活。

　　2020 年 10 月 25 日，智利舉行修憲公投，78.27% 選票贊成以新憲取代 1980 年軍政府制定的憲法。此外，在 2021 年 12 月 19 日，三十六歲的左派柏里克以 55.9% 的選票當選，成為智利史上最年輕的總統。2022 年 9 月 4 日，智利新憲公投，62% 的選民以壓倒性票數否決。總統柏里克接受失敗、改組內閣，並承諾盡全力凝聚共識，建立新的制憲道路。展望未來，智利的發展仍然充滿各項挑戰。

Chile

附　錄

大事年表

1 萬 2000 年前	在今天的智利就有人類的活動。
6000 年前	智利西部沿海、中央谷地及北部地區，出現發達的社會群體。
十五世紀起	印加人征服智利北部和中部的印第安人。
1520 年	3 月 1 日，麥哲倫通過現今的麥哲倫海峽，首先抵達智利。
1536 年	西班牙征服者阿爾馬格羅率領西班牙遠征軍從秘魯進入智利北部的柯皮亞波。
1541 年	2 月 12 日，瓦爾迪維亞率探險隊抵達智利中部的馬波喬河流域，並建立第一個城市，即今天聖地牙哥城的前身。9 月，印第安人襲擊並完全摧毀聖地牙哥城。
1546 年	瓦爾迪維亞終於征服智利的北部與中部，智利成為西班牙的殖民地。
1550 年	建立康塞普西翁城。
1550 年代	智利征服者越過安地斯山，並在庫約地區建立城市。
1552 年	聖地牙哥地震。
1553 年	馬普切叛亂，瓦爾迪維亞喪生。12 月，勞塔羅指揮部隊襲擊並燒毀夷平圖卡佩爾要塞。
1575 年	瓦爾迪維亞發生嚴重地震與海嘯。

1593 年	耶穌會抵達智利。
1602 年	西班牙被迫與馬普切人訂立協議，比奧比奧河以南歸馬普切人，以北歸秘魯總督區管轄。
1605 年	在聖地牙哥成立智利檢審法庭。
1647 年	聖地牙哥地震及之後的瘟疫，智利再度發生缺乏勞工危機。
1655 年	馬普切人全面起義。
1693 年	西班牙王室頒布禁止奴役印第安人法令。
十八世紀起	智利顯赫的家族大多是商人而非征服者的後代。外國人逐漸定居智利。
1722 年	4 月 5 日，適逢復活節，荷蘭探險家雅可布・洛基文海軍上將在該島登陸，因此命名為復活節島。
1749 年	智利鑄幣廠開工。
1758 年	教會建立智利第一所大學——聖菲利普大學。
1767 年	驅逐耶穌會。
1773 年	西班牙殖民者正式承認馬普切人獨立。
1776 年	西班牙國王調整行政劃分，將庫約劃歸新成立的布宜諾斯艾利斯總督區管轄。
十九世紀初	大批德國移民到智利，大力發展養豬業。
1810 年	9 月 18 日，愛國者召集聖地牙哥最有影響力的市民參加市政會議，決定成立首屆國民政府。
1811 年	2 月 11 日，執政委員會頒布《自由貿易法令》，宣布開放智利四處港口進行國際貿易。
1812 年	秘魯總督派遣遠征軍再度征服智利。
1817 年	奧希金斯和聖馬丁的聯軍翻越安地斯山，在查卡布

	科戰役中，打敗保王軍。一年後，智利獨立。
1818 年	2 月 12 日，奧希金斯在塔爾克簽署獨立憲章。
1823 年	智利頒布廢除奴隸制度、開始發展工藝專科教育，並制定 1823 年憲法。
1826 年	弗萊雷奪取保王黨人盤據的最後據點奇洛埃，完成智利統一。布蘭科・恩卡拉達為智利首位總統，實施聯邦制。
1826–1831 年	政局動盪不安，總統更迭頻繁。
1828 年	智利形成自由黨與保守黨兩大勢力。頒布自由主義憲法，廢除長子繼承權。
1829 年	11 月 7 日，保守黨人普列托在康塞普西翁起義。
1830 年代	瓦爾帕萊索成為智利的貿易中心。
1830 年	4 月 17 日，自由派與保守派軍隊在利爾卡伊交火，保守派獲勝，智利內戰結束，開啟長達三十年的專制共和國。
1832 年	在智利北部的柯皮亞波發現智利史上最大的銀礦。
1833 年	5 月 25 日，智利頒布保守傾向的 1833 年憲法。
1837 年	智利發動對秘魯及玻利維亞聯盟的戰爭。
1839 年	1 月 20 日，智利軍隊獲得最後勝利，秘魯及玻利維亞聯盟瓦解。
1840 年代起	政府主導彭塔阿雷納斯及南部湖區的墾殖活動。
1842 年	智利成立第一所師範學校。
1843 年	成立智利大學。布爾內斯政府派軍隊占領麥哲倫海峽，將智利國境擴大到太平洋南岸。
1844 年	西班牙承認智利獨立。

1845 年	政府頒布移民法,從 1850 年起,在瓦爾迪維亞安置德國移民。
十九世紀中	法國人將不同種類的葡萄酒傳入智利。
1850 年代	德國移民在南方的瓦爾迪維亞開辦啤酒釀造場。
1851 年	蒙特是智利第一位文人總統,讓軍隊聽命文官政府的領導,爆發內戰。智利啟用南美的第一條鐵路,擴大對外貿易。
1851 年起	英國資本大量進入智利,壟斷智利貿易和銅礦開採。
1852 年	啟用聖地牙哥至瓦爾帕萊索的電報線。
1857 年	智利民法施行。
1866 年	3 月 31 日,西班牙海軍轟炸瓦爾帕萊索港。
1869 年	智利成為世界產銅最多的國家。
1870 年代	美國船隻到來,西班牙更難在智利實施貿易壟斷政策。銅礦業成為智利經濟的重要部門。
1871 年	憲法修正案,禁止總統連選連任。
1874 年	智利選舉改革,讓識字男士有選舉權。
1877 年	政府行政命令,開啟智利婦女上大學之門。
1879–1883 年	智利與秘魯及玻利維亞爆發太平洋戰爭。
1880 年代	迪亞斯及佩雷斯成為智利首見的外科女醫師。
1881 年	根據《智利─阿根廷條約》,劃定兩國以安地斯山峰及分水嶺為邊界。
1883 年	10 月 22 日,秘魯與智利簽訂《安孔條約》。根據此條約,秘魯永久割讓塔拉帕卡省;塔克納和阿里卡兩省,由智利管轄十年,期滿由當地居民公投決定歸屬。

1884 年	智利與玻利維亞簽訂停戰協定。
1886 年	將馬波喬河開鑿成運河。
1887 年	共和時代的智利政府將馬普切人納入管轄。智利成立公共工程部，推動及協調各項工程。中產與勞工階級創建民主黨，與權貴集團沒有任何關聯。
1888 年	聖地牙哥大主教創立智利天主教大學。激進黨成立。
1890 年	智利礦工發動第一次全國性大罷工。
1890–1925 年	智利硝石的開採占首要地位。
1891 年	9 月 18 日，巴爾馬塞達總統於任滿當天自殺，結束自由派近三十年的統治。內戰結束，國家政治權力從總統轉移到議會。
1892 年	在瓦爾帕萊索成立智利首家股票市場及足球協會。
1893 年	彭塔阿雷納斯發生大地震，摧毀新建的該城。
十九世紀末	英國人將茶引進智利。
1900 年	保守傾向的《信使報》發行。
1900 年代初	智利政府鼓勵國民屯墾巴塔哥尼亞西部地區。
1902 年	英王愛德華八世仲裁，智利與阿根廷解決邊界糾紛。
1903 年	瓦爾帕萊索爆發大罷工。
1904 年	智利與玻利維亞簽訂和平協議，重建外交關係。
1905 年後	美國替代英國主宰智利銅礦。
1906 年	成立智利大學生聯合會，關注中產階級的問題。8 月 16 日，大地震摧毀瓦爾帕萊索。
1909 年	啟用橫越安地斯山到達阿根廷門多薩的鐵路。
1910 年	9 月 18 日，智利慶祝獨立一百周年。
1912 年	勞工領袖雷卡瓦倫組織激進的勞工政黨——社會主

義工人黨。

1914 年前	英國是智利最主要的貿易夥伴。
1914 年	一次世界大戰爆發，智利宣布中立。
1915 年	成立小學教師協會。
1919 年	在拉巴卡教授的奔走下，成立「婦女委員會」。
1920 年代	智利中產階級支持軍人反對權貴體制。
1920 年	議會通過，規定小學前四年為義務教育。亞力山德里，以極些微的選票贏得總統選舉。
1922 年	雷卡瓦倫將社會主義工人黨改名為共產黨。成立教師總會。成立「女性公民黨」。
1923 年	智利第一家廣播電臺開播。
1924 年	軍隊推翻文官政府，開創軍人權力的世代。
1925 年	1 月 23 日，伊瓦涅斯上校打倒高級將領，恢復文官政府，並讓亞力山德里回國復職。成立中央銀行。頒布新憲，建立總統制及政教分離。
1925–1952 年	強人控制智利政治。
1927 年	5 月 22 日，代表大地主利益的伊瓦涅斯上校，以空前的 97% 選票當選總統。
1928 年	智利政府設立農業開墾銀行，以解決產權問題。成立瓦爾帕萊索天主教大學。
1929 年	與秘魯簽訂《利馬條約》，解決邊境衝突。
1930 年	創建智利空軍及國家航空公司。
1930 年代	世界經濟蕭條打擊，智利軍人進一步削弱政治集團的力量。智利無線電廣播興起。
1931 年	智利頒布勞工法。8 月 23 日，智利發生全國工人總

罷工。

1932 年	6 月 4 日，多位將領發動政變，推翻蒙特羅政府，宣告建立「智利社會主義共和國」。水稻種植傳入智利。10 月，在地主及資產階級的支持下，亞力山德里再度當選總統。
1933 年	成立智利社會黨。
1935 年	婦女首次參加縣市選舉的投票。國家長槍黨成立。
1936 年	4 月，社會黨、共產黨、激進黨、民主黨及勞工聯盟等聯合，組成反法西斯的人民陣線。成立智利工人聯合會。
1937 年	智利國會通過《國內安全法》，根據此法規政府可以關押任何認為會對本國治安造成威脅的人。
1939 年	大地震摧毀奇昂及智利中部地區。
1942 年	開始頒發智利國家獎。
1943 年	智利斷絕與軸心國的關係。
1944 年	與蘇聯建交。
1945 年	詩人米斯特拉成為拉美首位獲得諾貝爾文學獎的作家。詩人聶魯達當選參議員並獲頒國家文學獎。
1947 年	成立國家技術大學。
1948 年	魏迪拉批准《保衛民主法》，建立比薩瓜集中營以及鎮壓罷工和民主運動，人民陣線瓦解。
1949 年	智利加入關貿總協定。魏迪拉簽署法令，婦女享有議會選舉權。
1952 年	智利婦女有權投票選舉總統。伊瓦涅斯再度執政。
1955 年	智利通膨高達 84%。

1956 年	社會黨、共產黨、工黨、人民社會黨及民族民主政黨等左派政黨組成「人民行動陣線」。
1957 年	長槍黨與社會保守黨，合併組成基督教民主黨。智利第一家電視臺於瓦爾帕萊索智利天主教大學開播。4 月，聖地牙哥爆發大規模群眾示威，嚴重衝擊伊瓦涅斯政權。
1958 年	發行國民身分證，以防止選舉舞弊。伊瓦涅斯政府廢除《保衛民主法》，恢復共產黨的合法地位，並修改選舉法。議會通過改革法案，實施智利史上首次秘密投票。代表保守黨和自由黨勢力的亞力山德里，險勝當選總統。亞力山德里將披索改成埃斯庫多，並讓其與美元等值掛勾。
1960 年	5 月 22 日智利南部瓦爾迪維亞地區發生芮氏規模 9.5 級，史上最強烈的地震。造成二千多人死亡，智利南部全毀。
1961 年	議會選舉中，執政的保守黨和自由黨未能獲得多數席次，失去對議會的控制。
1962 年	智利主辦第七屆世界盃足球賽，並獲第三名佳績。亞力山德里頒布土地改革法，規定徵收一百萬公頃的土地。
1964 年	3 月，基督教民主黨弗雷當選總統。
1965 年	議會改選，基督教民主黨在眾議院一百四十七個席次中，獲得八十五席；參議員則從三席增加到十三席。議會通過政府提出的「銅礦智利化」法案。
1966 年	3 月，弗雷調動國民衛隊鎮壓罷工。

1967 年	弗雷政府通過更激烈的土地改革法，重新確定沒收大莊園的標準。瓦爾帕萊索天主教大學學生罷課五十天，要求參與課程設計和推選學校管理人員。智利首次舉辦大學聯考。8 月，聖地牙哥天主教大學學生占領行政大樓並管制人員進出，紅衣主教席爾瓦‧恩里克斯出面協調，任命新校長後，事件落幕。
1968 年	聖米格爾莊園工資談判破裂，社會黨發動農民協會罷工。5 月，學生運動蔓延到智利大學。
1969 年	智利加入安地斯共同體。3 月，國會選舉。為 1970 年總統大選的前哨戰。10 月 21 日，維奧控制駐紮在聖地牙哥市中心的塔克納團，並拒絕服從國防部長和總統。
1970 年後	小麥的種植面積和產量逐漸下降。
1970 年代	智利經濟改革，出口更多元。
1970 年	3 月，阿彥德以微弱的三‧九萬張選票差距勝選，得票率 36.2%；最後經國會推舉為總統。社會黨政府推動銅礦等產業國有化。12 月 15 日，智利成為南美洲第一個與中國建交的國家。
1971 年	3 月，市議會選舉，執政的人民團結陣線獲得 50% 的選票。3 月，國民議會一致通過大銅礦場國有化。10 月，聶魯達榮獲諾貝爾文學獎。12 月 11 日，智利婦女組織「空鍋遊行」。
1972 年	商店開始定量供貨，以打擊囤積。8 月，民主聯盟發動零售商關閉二十四小時抗議。10 月，智利發生大罷工。10 月以後，緊張衝突情事阻礙政府實施多

項計畫。11 月 2 日,阿彥德任命武裝部隊總司令普拉茨為內政部長。年底,物價上漲及物品短缺,工人工資追不上物價飛漲。

1973 年　　　　3 月,議會選舉後,民主聯盟支持者公開鼓動軍隊推翻政府。6 月 29 日,下級軍官起義,坦克部隊朝國防部推進。8 月 22 日,民主聯盟在議會通過決議,指責阿彥德違憲以及不法接管私人財產。9 月 11 日,政變時阿彥德在總統府自殺,軍政府掌權。9 月 23 日,聶魯達辭世。10 月,軍政府取消物價控制,導致食品和租金猛漲。

1974 年　　　　智利頒布第一部林業法。軍人政府成立國家情報局。武裝部隊前總司令普拉茨和其妻子在布宜諾斯艾利斯遭炸彈攻擊身亡。軍政府取消全國教師聯合會,並以教師公會取代。年末,皮諾契特出任智利總統。

1975 年　　　　實施新自由主義經濟政策。3 月,諾貝爾經濟學獎得主弗里德曼到訪,有助提升軍政府在國際商貿界的影響。8 月,臺灣在智利設立辦事處。9 月 15 日,聖地牙哥首條地鐵營運。

1970 年代中起　智利軍政府推動出口導向發展戰略,重視對外貿易發展。

1976 年　　　　前總統弗雷公開反對軍政府侵犯人權的行徑,要求恢復民主。阿彥德政府駐美大使萊特列爾在華盛頓因汽車炸彈爆炸身亡。智利退出安地斯共同體。

1978 年　　　　軍政府頒布新勞工法。智利婦女舉行第一屆全國婦女大會。7 月,皮諾契特強行免職空軍李將軍,導

	致九名空軍將領辭職抗議。皮諾契特頒布法令，大赦在 1973 年 9 月 11 日至 1978 年 3 月 10 日期間犯罪的所有人士，以避免文人政府未來追究軍方侵犯人權事件。
1979 年	智利政府頒布法令規定「奎卡舞」為國舞。設立伊基克自由貿易區。軍政府將披索匯率與美元掛鉤。軍政府將公立學校交由地方管理，由地方出資辦學。
1980 年代初	債務危機及全球金融市場動盪，造成許多智利人失去田地、企業和房產。
1980 年代	麥哲倫海峽歸屬之爭，經過仲裁解決。智利為南美第一、世界第五大漁業國。
1980 年	9 月 11 日，智利公投，大多數選民認可新憲法，皮諾契特可以繼續執政到 1988 年，並賦予軍事統治的合法性。
1981 年	軍政府以智利教育工作者協會取代教師公會。廣設大學，由八所增加為十七所。
1982 年	披索貶值 18%，經濟崩潰，學生再次上街抗議。
1983 年	人民團結陣線激烈左派組成城市游擊組織，成功暗殺聖地牙哥市長。婦女組織「婦女爭生存運動」，動員一萬多名婦女齊聚考伯利坎體育場，反對軍政權的政策。
1985 年	發生芮氏規模 8.0 強震。
1987 年	軍政府取消歷時十四年的宵禁。4 月，教宗若望保祿二世訪問智利。5 月 27 日，伯洛蔻 (Cecilia Bolocco) 贏得環球小姐后冠。

1988 年	軍政府頒布法令，允許地方解聘老教師，終結教師終身制。成立各黨一致否決聯盟。取消國家緊急狀態。10 月 5 日，智利全民公投，否決皮諾契特繼續擔任總統。
1989 年	9 月 22 日，智利在臺設立商務辦事處。12 月 14 日，智利舉行民主轉型後的首次選舉，民主聯盟候選人艾爾文勝出。
1990 年代	曾與軍政府沆瀣一氣的右翼保守派氣勢不再。「各黨一致否決聯盟」一直獲得過半選民的支持。
1990 年	艾爾文上臺，智利經濟高成長，通膨居高不下。3 月，艾爾文領導的民主聯盟上臺執政，結束智利長達十七年的軍人統治。6 月，政府成立「全國真相、和解委員會」，授權在九個月內，調查侵犯人權事件。
1991 年	3 月，「全國真相、和解委員會」提出二千頁的調查報告。3 月及 4 月，左派團體分別暗殺軍醫，以及槍殺 1980 年憲法起草人、法學教授古斯曼。8 月 2 日，智利與阿根廷簽屬《關於邊界問題的聲明》，雙方平分具有爭議的領土。
1993 年	通過印第安民族法。12 月大選，民主聯盟再度勝選。前總統弗雷之子，弗雷·魯易斯出任總統。
1994 年	智利成為亞太經濟合作會議成員。南方共同市場成立後，成為智利中小企業的最佳市場。新總統弗雷·魯易斯承諾不起訴作證者，以鼓勵軍人提供證據。
1995 年	智利與古巴復交。國家情報局前局長孔特雷拉斯被

	判刑，入獄七年。8 月，安托法加斯塔發生芮氏規模 8.0 強震。南部則發生嚴重的暴風雪。
1996 年	智利與南方共同市場簽署自由貿易協定，成為該組織聯繫國。
1998 年	水果出口值占智利總出口值的 12%。經濟緊縮，嚴重打擊建築業。與墨西哥簽署自由貿易協定。10 月，皮諾契特於英國倫敦就醫時，遭英國警方扣留。
1999 年	智利與秘魯簽署協議，解決太平洋戰爭以來的爭議。新鮮和冷凍魚占魚類出口的 60%，鮭魚出口值就達六億多美元，亞洲是主要市場。
1990 年代末	亞洲流感，對智利影響深遠。
2000 年	美國和歐洲的經濟危機，讓「各黨一致否決聯盟」失去吸引力。1 月 16 日，拉戈斯當選總統。1 月，英國政府以皮諾契特身體狀況惡化，不宜引渡西班牙受審；3 月 2 日，同意其回智利。
2001 年	智利廢除死刑。
2002 年	5 月 18 日，智利和歐盟簽署協議，建立全面合作夥伴關係。6 月，智利最高法院學習英國，宣布皮諾契特因健康因素不宜接受審訊。
2003 年	拉戈斯總統提議作證軍人免起訴，再次引發爭議。智利先後與美國、歐盟及南韓簽署自由貿易協定。6 月，保守派與「各黨一致否決聯盟」修憲，刪除軍隊有權維護智利民主的條款。
2004 年	智利獲得雅典奧運網球男子雙打金牌，為智利首面奧運金牌。11 月 28 日，拉戈斯總統宣布政府將補

償軍人獨裁時期約三萬名受迫害的人士。智利面臨與南美洲國家的系列緊張關係。

2005 年　　與中國簽署自由貿易協定。

2006 年　　3 月 11 日，巴契萊特成為智利首位女總統。3 月 13 日，巴契萊特宣布六十歲以上的智利民眾醫療免費。4–6 月，爆發學生抗議浪潮，稱為「企鵝革命」。5 月 12 日，巴契萊特參加在維也納舉行的歐盟與拉美暨加勒比海高峰會。5 月 21 日，政府提供最貧窮家庭冬季消費券。7 月 11 日，巨大天然災害衝擊智利中南部地區。12 月 10 日，皮諾契特逝世。

2007 年　　3 月，巴契萊特榮獲中美洲最大、最古老的聖卡洛斯大學頒贈榮譽博士學位。4 月 9 日，政府提出《世代教育法》，禁止使用公眾資源營利以及取消八年級以前的入學考試。8 月，馬丁內茲領導勞工統一中心示威遊行，要求重視財富分配不均、提高最低薪資以及總統兌現承諾。

2008 年　　1 月 8 日，巴契萊特被迫大幅改組內閣。5 月，智利成為剛成立的南美洲國家聯盟的輪值國主席。阿伊瑪及查騰火山大爆發。

2009 年　　巴契萊特政府推出智利史上首見、高達四十億美元的財政刺激方案。

2010 年　　智利成為經濟合作暨發展組織第三十一個成員國。2 月 27 日，智利發生芮氏規模 8.8 級強震。3 月 11 日，在地震重建中，皮涅拉就職，成為五十多年來透過大選上臺的首位右翼總統。8 月 5 日，阿塔卡

	馬地區礦坑崩塌，三十三名礦工受困，10 月 13 日，全員獲救生還。成立「智利國家人權局」。
2011 年	4 月，太平洋聯盟成立。因為教育問題，爆發學生抗議浪潮。
2012 年	1 月 12 日，皮涅拉提出智利未來能源發展戰略。1 月 15 日，在普拉特軍事基地，皮涅拉強調智利將繼續強化在南極大陸的布署。4 月 28 日，皮涅拉宣布調整全國稅收體制。6 月，與中國建立戰略夥伴關係。6 月 6 日，聖地牙哥高塔成為拉丁美洲最高的摩天大樓。12 月，智利首次舉辦各黨派總統候選人初選。
2014 年	巴契萊特再度當選總統。4 月 1 日，智利北部發生芮氏規模 8.2 級強震。4 月 12 日，發生瓦爾帕萊索大火災。4 月 23 日，巴契萊特簽署新選舉法規，增加參、眾議員名額。
2015 年	2 月，媒體踢爆巴契萊特兒子陷入「卡瓦」貪腐醜聞。爆發多項嚴重政經醜聞。極端氣候影響智利全境，全球最乾燥的阿塔卡馬沙漠下雪。頒布同婚法。4 月 1 日，巴契萊特提出民主轉型以來最宏偉的稅務改革計畫。7 月 4 日，智利獲得首座美洲杯足球冠軍。9 月 16 日，科金博地區發生芮氏規模 8.4 級強震，海嘯摧毀海岸地區。
2016 年	高等教育恢復部分免費。
2017 年	1 月 15 日，智利發生史上最大森林火災。智利頒布墮胎除罪法。首度實施比例代表制。

2018 年	1 月，教宗方濟各訪問智利。3 月 11 日，皮涅拉宣誓就職。4 月 9 日，皮涅拉宣布新移民法。5 月 28 日，皮涅拉簽署憲法修正案，以保障男女平權。10 月 1 日，海牙國際法庭判決與玻利維亞出海口爭議，智利勝訴。
2019 年	2 月 5 日，發生森林大火。3 月 12 日，皮涅拉政府提出「大都會運輸網路」，徹底改善首都及全國各地區的公共交通運輸系統。5 月，政府推出「安全街道計畫」，增派巡邏警力、增設監視器及成立虛擬警察局。9 月 17 日，智利發生史上最嚴重乾旱。10 月 18 日，因貧富不均及物價高漲，爆發社會抗爭遊行。11 月 19 日，十位眾議員依據 1980 年的憲法，意圖罷免總統。12 月 12 日，眾議院以指控不符憲法要求而否決。
2020 年	3 月 3 日，智利發現首例新冠肺炎，疫情爆發。3 月 19 日，皮涅拉宣布智利九十天特別狀態，提前防範新冠疫情的蔓延。8 月，智利南部馬普切地區爆發衝突。8–9 月，卡車工會舉行全國罷工，要求當局重視南部地區的不安全情況。10 月 25 日，智利舉行修憲公民投票，78.27% 贊成修改 1980 年軍政府制定的憲法，並決定舉行制憲委員選舉。
2021 年	1 月 30–31 日，極端氣候影響智利中部地區。2 月 3 日，開始大規模施打新冠疫苗。5 月 15 日，選出一百五十五名制憲大會成員。6 月 21 日，首次將印第安民族日訂為國定假日。7 月 4 日，制憲議會正式

成立。7月18日，辦理各政黨總統候選人初選。9月25日，伊基克爆發反移民遊行。9月30日，政府宣布取消新冠疫情的宵禁令。10月13日，在公布潘朵拉文件後，十五名眾議員指控皮涅拉違憲。11月16日，因未達憲法規定人數，參議院駁回眾議院對皮涅拉違憲指控。11月21日，智利舉行總統大選，沒有候選人得票過半。12月6日，國會通過同婚法。12月19日，在第二輪選舉中，三十六歲左派的柏里克以55.9%的選票，成為智利史上最年輕的總統。

2022年　9月4日，智利新憲公投，62%選民反對，新憲闖關失敗。

參考書目

中文部分

王曉燕，《智利》，北京：當代世界出版社，1995。

王曉燕編著，《列國志——智利》，北京：社會科學文獻出版社，2004。

布拉德福德‧伯恩斯著，王寧坤譯，《簡明拉丁美洲史》，長沙：湖南
　　教育出版社，1989。

江時學主編，《拉美國家的經濟改革》，北京：經濟管理出版社，1998。

何國世，《在地球的彼端——拉丁美洲》，臺北：五南出版社，2015。

李明德主編，《簡明拉丁美洲百科全書（含加勒比地區）》，北京：中國
　　社會科學出版社，2001。

李建忠，《簡明拉丁美洲文化辭典》，北京：旅遊教育出版社，1997。

李春輝、蘇振興、徐世澄主編，《拉丁美洲史稿》，下卷，北京：商務
　　印書館，1983。

李春輝，《拉丁美洲史稿》，第三卷，北京：商務印書館，1993。

洪育沂，《拉美國際關係史綱》，北京：外語教學與研究出版社，1998。

約翰‧雷克特著，郝名瑋譯，《智利史》，北京：中國大百科全書出版
　　社，2009。

郝名瑋、徐世澄著，《拉丁美洲文明》，北京：中國社會科學出版社，
　　2000。

高放等編著，《萬國博覽：美洲‧大洋洲卷》，北京：新華出版社，

1999。

陳芝芸等著，《拉丁美洲對外經濟關係》，北京：世界知識出版社，
1991。

復旦大學拉丁美洲研究室，《拉丁美洲經濟》，上海：上海人民出版社，
1986。

萊斯利‧貝瑟爾主編，《劍橋拉丁美洲史》，第八卷，當代世界出版社，
1998。

楊宗元，《拉丁美洲史》，臺北：華岡出版社，1977。

路易斯‧加爾梅達斯著，遼寧大學歷史系翻譯組譯，《智利史》，瀋陽：
遼寧人民出版社，1975。

維克托‧布爾默－托馬斯著，張凡、吳洪英、韓琦譯，《獨立以來拉丁
美洲經濟的發展》，北京：中國經濟出版社，2002。

蘇振興、徐文淵主編，《拉丁美洲國家經濟發展戰略研究》，北京：北
京大學出版社，1987。

外文部分

Agor, Weston H.. *The Chilean Senate*, Austin: University of Texas, 1971.

Allende, Isabel. *The House of Spirits*, New York: A. A. Knopf, 1985.

Allende, Salvador. *Allende: Su pensamiento político*, Santiago: Editorial
Quimantú, 1972.

Angell, Alan. *Politics and the Labor Movement in Chile*, Pittsburgh:
University of Pittsburgh, 1977.

Arrellano, José Pablo. *Políticas sociales y desarrollo: Chile 1924−1984*,
CIEPLAN, 1985.

Arriagada, Genaro. *Pinochet: The Politics of Power*, London: Unwin

Hyman, 1988.

Bauer, Arnold. *Chilean Rural Society: From the Spanish Conquest to 1930*, New York: Cambridge University Press, 1975.

Bermúndez Miral, Oscar. *Historia del salitre desde sus orígenes hasta la Guerra del Pacífico*, Santiago: Universidad de Chile, 1963.

Bitar, Sergio. *Chile: Experiment in Democracy*, Philadelphia: Institute for the Study of Human Issues, 1986.

Carruthers, David. "Environmental Politics in Chile: Legacies of Dictatorship and Democracy" in *Third World Quarterly* 22, n°3, 2001:343–358.

Caviedes, César N.. *Elections in Chile: The Road toward Redemocratization*, Boulder: Rienner, 1991.

Cavieres Figueroa, Eduardo. *El comercio chileno en la economía mundo colonial*, Valparaíso: Ediciones Universitarias de Valparaíso, 1996.

Clissold, Stephen. *Bernardo O'Higgins and the Independence of Chile*, New York: Praeger, 1969.

Collier, Simon. *Ideas and Politics of Chilean Independence*, New York: Cambridge University Press, 1967.

――― *Chile: The Making of a Republic, 1830–1865*, Cambridge: Cambridge University Press, 2003.

Costable, Pamela y Arturo Valenzuela. *A Nation of Enemies: Chile under Pinochet*, New York: W. W. Norton, 1991.

Cunill, Pedro. *Visión de Chile*, Santiago: Editorial Universitaria, 1972.

De Ramón, Armando y José Manuel Larraín. *Orígenes de la vida económica chilena*, Santiago: Centro de Estudios Públicos, 1982.

De Vylder, Stefan. *Allende's Chile: The Political Economy of the Rise and Fall of the Unidad Popular*, Cambridge: Cambridge University Press, 1978.

Donoso, Ricardo. *Desarrollo político y social de Chile desde la Constitución de 1833*, Santiago: Imprenta Universitaria, 1941.

——— *Las ideas políticas en Chile*, México: Fondo de Cultura Económica, 1946.

Drake, Paul W.. *Socialism and Populism in Chile, 1932–1952*, Urbana: University of Illinois Press, 1978.

Drake, Paul W. and Iván Jaksié. *The Struggle for Democracy in Chile, 1982–1990*, Lincoln: University of Nebraska, 1991.

Ellsworth, P. T.. *Chile: An Economy in Transition*, New York: Macmillan, 1945.

Falcoff, Mark. *Modern Chile, 1970–1989: A Critical History*, New Brunswick: Transaction Publisher, 1991.

Faron, L. C.. *Mapuche Social Structure*, Urbana: University of Illinois Press, 1961.

Faúndez, Julio. *Marxism and Democracy in Chile: From 1932 to the Fall of Allende*, New Haven: Yale University Press, 1988.

Fazio, Hugo. *La transnacionalización de la economía chilena: Mapa de la extrema riqueza al año 2000*, Santiago: LOM Ediciones, 2000.

Fermandois, Joaquín. *Chile y el mundo 1970–1973: la política exterior de la Unidad Popular*, Santiago: Ediciones Universidad Católica de Chile, 1985.

French-Davis, Ricardo. *Políticas económicas de Chile, 1952–1970*,

Santiago: Universidad Católica, 1973.

Gamboa Serazzi, Fernando. *Panorama de la cultura chilena*, CESOC Ediciones Chileamérica, 2000.

Gay, Claudio. *Historia física y política de Chile: Agricultura*, 2ª ed. 2 vols., Santiago: ICIRA, 1973.

Godoy Urzúa, Henán. *Cultura chilena*, Santiago: Editorial Universitaria, 1982.

Góngora, Mario. *Origen de los inquilinos en Chile central*, Santiago: Editorial Universitaria, 1960.

Grayson, George. *El Partido Demócrata Cristiano chileno*, Ithaca: Cornel University, 1966.

Hecth Oppenheim, Lois. *Politics in Chile: Democracy, Authoritarianism, and the Search for Development*, 2ª ed., Boulder: Westview Press, 1999.

Heise González, Julio. *Historia de Chile: El período parlamentario, 1861–1925*, 2 vols., Santiago: Editorial Andrés Bello, 1974 y Editorial Universitaria, 1982.

Hojman, David E.. *Chile: The Political Economy of Development and Democracy in the 1990's*, Pittsburgh: University of Pittsburgh, 1993.

Insulza, José Miguel. *Ensayos sobre la política exterior de Chile*, Editorial Los Andes, 1998.

Klimpel, Felícitas. *La mujer chilena: el aporte feminino al progreso de Chile 1910–1960*, Santiago: Editorial Andrés Bello, 1962.

Lomnitz, Larissa y Ana Melnick. *Chile's Middle Class: A Struggler for Survival in the Face of Neoliberalism*, Boulder: Reinner, 1991.

Lowenthal Felstiner, Mary. "Kinship Politics in the Chilean Independence Movement" in *Hispanic American Historical Review*, 56, n°1, February 1976:58–80.

Marcel, Mario y Alberto Arenas. *La reforma de previsión social de Chile*, Banco Interamericano del Desarrollo, Washington, 1991.

Mares, David R. y Francisco Rojas Aravena. *The United States and Chile: Coming in from the Cold*, New York: Routledege, 2001.

Martner, Gonzalo. *Chile hacia el 2000: Desafíos y opciones*, Volumen 2, Editorial Nueva Sociedad Unitar/Profal, 1988.

Matus, Alejandra. *El libro negro de la justicia chilena*, Santiago: Planeta, 1999.

Millar, René. *La elección presidencial de 1920*, Santiago: Editorial Universitaria, 1981.

Molina, Juan Ignacio. *The Geographical, Natural, and Civil History of Chile*, New York: AMS Press, 1973.

Mostny, Grete. *Prehistoria de Chile*, 14th ed., Santiago: Editorial Universitaria, 1999.

Moulián, Tomás. *Chile actual: Anatomía de un mito*, Santiago: LOM, 1997.

Pendle, George. *Land and the People of Chile*, New York: Macmillan, 1960.

Pérez Rosales, Vicente. *Recuerdos del pasado, 1814–1860*, Santiago: Editora Nacional Gabriela Mistral, 1973.

Sater, William F.. *Chile and the War of the Pacific*, Lincoln: University of Nebraska, 1986.

——— *Chile and the United States: Empires in Conflict*, Athens: University of Georgia Press, 1990.

Smith, Brian H.. *The Church and the Politics in Chile*, Princeton: Princeton University Press, 1982.

Spooner, Helen Mary. *Soldiers in a Narrow Land: The Pinochet Regime in the Chile*, Berkeley: University of California, 1994.

Subercaseaux, Benjamín. *Chile, o una loca geografía*, Santiago: Ediciones Ercilla, 1940.

Urzúa Valenzuela, Germán y Anamaría García Barzelatto. *Diagnóstico de la burocracia chilena, 1818–1969*, Santiago: Editorial Jurídica de Chile, 1971.

Verdugo, Patricia. *Chile, Pinochet, and the Caravan of Deen*, Coral Cables: North-South Center Press, 2001.

Vial Correa, Gonzalo. *Historia de Chile*, 4 vols., Santiago: Editorial Santillana del Pacífico, 1981.

Vicuña Mackenna, Benjamín. *La edad de oro en Chile*, 2ª ed., Buenos Aires: Editorial Francisco de Aguirre.

Villalobos, Sergio. *Chile y su historia*, Santiago: Editorial Universitaria, 1997.

——— *El comercio y la crisis colonial*, Santiago: Universidad de Chile, 1968.

Weyland, Kurt. "Economic Policy in Chile's New Democracy" in *Journal of Interamerican Studies and World Affairs* 41, n°3, 1999:67–97.

Young, George. *The Germans in Chile Inmigration and Colonization, 1849–1919*, New York: Center for Migration Studies, 1974.

圖片出處

圖 1：本局繪製

圖 2：Shutterstock

圖 3：Memoria Chilena

圖 4：智利外交部

圖 5：智利政府

圖 6：Arturo W. Boote 攝／Wikimedia Commons

圖 7：Shutterstock

圖 8：Gustavo Milet Ramírez 攝／Wikimedia Commons

圖 9：Federico de Madrazo y Kuntz 繪／Wikimedia Commons

圖 10：Fray Diego de Ocaña 繪／Wikimedia Commons

圖 11：繪者不明／Wikimedia Commons

圖 12：Raymond Monvoisin 繪／Wikimedia Commons

圖 13：Diego de Villanueva 繪／Wikimedia Commons

圖 14：繪者不明／Wikimedia Commons

圖 15：Narcisse Edmond Joseph Desmadryl 繪／Wikimedia Commons

圖 16：José Gil de Castro 繪／Wikimedia Commons

圖 17：Julio Vila y Prades 繪／Wikimedia Commons

圖 18：Manuel Antonio Caro 繪／Wikimedia Commons

圖 19：Narcisse Edmond Joseph Desmadryl 繪／Wikimedia Commons

圖 20：繪者不明／Wikimedia Commons

圖 21：Raymond Monvoisin 繪／Wikimedia Commons

圖 22：拍攝者不明／Memoria

烏克蘭史——西方的梁山泊

地處歐亞大陸交界的烏克蘭,歷史發展過程中不斷受到周遭勢力的掌控,但崇尚自由的他們始終堅持著民族精神與強鄰對抗。蘇聯解體後,烏克蘭終於獨立,但前途仍然一片荊棘,且看他們如何捍衛自由,朝向光明的未來邁進。

捷克史——波希米亞的傳奇

古老而美麗的布拉格、舉世聞名的文豪、歐洲宗教改革的先驅或努力衝破鐵幕的布拉格之春,看似不相干的字語,卻都是在描述位於歐洲心臟地帶的國家——捷克。這個歷經眾多紛擾卻仍生出璀璨文化的國家,是如何成為今天的模樣?隨著作者的文字,一起踏上捷克,一探究竟吧!

波蘭史——譜寫悲壯樂章的民族

十八世紀後期波蘭被強鄰三度瓜分,波蘭之所以能復國,正顯示波蘭文化自強不息的生命力。二十世紀「團結工會」推動波蘭和平改革,又為東歐國家民主化揭開序幕。波蘭的發展與歐洲歷史緊密相連,欲了解歐洲,應先對波蘭有所認識。

西班牙史——首開殖民美洲的國家

位於南歐的西班牙,是第一個敲響大航海時代鐘聲的國家,成為殖民美洲多地區的帝國。然而隨著時代移轉,西班牙因佛朗哥專制、王室貪腐以及疫情重創,而陷入不確定的年代。西班牙該如何突破困境,重返過去榮光,就讓我們拭目以待。

國別史叢書

奈及利亞史——分崩離析的西非古國

奈及利亞，這個被「創造」出來的國家，是歐洲帝國主義影響下的歷史產物。國內族群多元且紛雜，無法形塑國家認同、凝聚團結意識；加上政治崩壞、經濟利益瓜分不均，使得內戰不斷、瀕臨分崩離析的局面。今日的奈及利亞，如何擺脫泥沼，重展非洲雄鷹之姿？

伊朗史——創造世界局勢的國家

曾是「世界中心」的伊朗，如今卻轉變成負面印象的代名詞，以西方為主體的觀點淹沒了伊朗的聲音。本書嘗試站在伊朗的角度，重新思考那些我們習以為常的觀念與說法，深入介紹伊朗的歷史、文化、政治發展。伊朗的發展史，值得所有關心國際變化的讀者深入閱讀。

阿富汗史——戰爭與貧困蹂躪的國家

經歷異族入侵，列強覬覦，阿富汗人民建立民族國家，在大國夾縫中求生存，展現堅韌的生命力。然而內戰又使阿富汗陷於貧困與分裂，戰火轟隆下，傷痕累累的阿富汗該如何擺脫陰影，重獲新生？

韓國史——悲劇的循環與宿命

位居東亞大陸與海洋的交接，注定了韓國命運的多舛，在中日兩國的股掌中輾轉，歷經戰亂的波及。然而國家的困窘，卻塑造出堅毅的民族性，愈挫愈勇，也為韓國打開另一扇新世紀之窗。

秘魯史──太陽的子民

提起秘魯，便令人不得不想起神祕的古印加帝國。曾有人說，印加帝國是外星人的傑作，您相信嗎？本書將為您揭開印加帝國的奧祕，及秘魯從古至今豐富的文化內涵及歷史變遷。

墨西哥史──仙人掌王國

馬雅和阿茲特克文明的燦爛富庶，成為歐洲人夢寐以求的「黃金國」，然而貪婪之心和宗教狂熱蒙蔽了歐洲人的雙眼，古老的印第安王國慘遭荼毒，淪為異族壓榨的工具，直至今日，身為強大美國的鄰居，墨西哥要如何蛻變新生，請拭目以待。

三民網路書店 會員

獨享好康 大放送

書種最齊全
服務最迅速

通關密碼：A6192

憑通關密碼
登入就送100元e-coupon。
(使用方式請參閱三民網路書店之公告)

生日快樂
生日當月送購書禮金200元。
(使用方式請參閱三民網路書店之公告)

好康多多
購書享3%～5%紅利積點。
消費滿350元超商取書免運費。
電子報通知優惠及新書訊息。

超過百萬種繁、簡體書、原文書5折起

三民網路書店 www.sanmin.com.tw

國家圖書館出版品預行編目資料

智利史：山海環繞的絲帶國／何國世著.——初版一
刷.——臺北市：三民，2022
面；　公分.——（國別史叢書）

ISBN 978-957-14-7491-5　（平裝）
1. 智利史 2. 歷史

758.11　　　　　　　　　　　　　111011107

國別史

智利史──山海環繞的絲帶國

作　者	何國世
責任編輯	王　彤
美術編輯	李唯綸

發 行 人	劉振強
出 版 者	三民書局股份有限公司
地　址	臺北市復興北路 386 號 (復北門市)
	臺北市重慶南路一段 61 號 (重南門市)
電　話	(02)25006600
網　址	三民網路書店 https://www.sanmin.com.tw

出版日期	初版一刷 2022 年 10 月
書籍編號	S750130
I S B N	978-957-14-7491-5

著作權所有，侵害必究
※ 本書如有缺頁、破損或裝訂錯誤，請寄回敝局更換。

三民書局